ein Ullstein Buch

Klaus-Dieter Tangermann

Ullstein Buch Nr. 3326
im Verlag Ullstein GmbH,
Frankfurt/M – Berlin – Wien
Italienische Originaltitel
der Beiträge:
Marxismo e dialettica (1974)
Da Hegel a Marcuse
Rousseau citico della
»società civile«
Mandeville, Rousseau e Smith
(Aus: Ideologia e Società; 1969)
Übersetzt von
Sophie G. Alf

Deutsche Erstausgabe

Umschlagentwurf:
Kurt Weidemann

Printed in Germany 1977
Gesamtherstellung:
Ebner, Ulm
ISBN 3 548 03326 1

CIP-Kurztitelaufnahme der
Deutschen Bibliothek

Colletti, Lucio

[Sammlung <dt.>]
Marxismus und Dialektik. –
Dt. Erstausg. –
Frankfurt/M, Berlin, Wien:
Ullstein, 1977.
([Ullstein-Bücher] Ullstein-Buch;
Nr. 3326)
ISBN 3-548-03326-1

Lucio Colletti

Marxismus und Dialektik

ein Ullstein Buch

Inhalt

Marxismus und Dialektik

1

Ich will hier den Versuch unternehmen, das Problem des Unterschiedes zwischen »realem Gegensatz« (der Realopposition oder Realrepugnanz Kants) und »dialektischem Widerspruch« zu klären, auch wenn dies kaum in einer kurzen Darstellung möglich ist. Es handelt sich in beiden Fällen um zwei Formen von Gegensätzen, jedoch um Gegensätze, die grundsätzlich verschieden voneinander sind. Die »Realopposition« (oder Gegenverhältnis unvereinbarer Gegensätze) ist ein Gegensatz »ohne Widerspruch«. Er verletzt nicht den Satz der Identität und des (Nicht-)Widerspruchs und befindet sich daher in Übereinstimmung mit der formalen Logik. Die zweite Form des Gegensatzes besteht dagegen »durch den Widerspruch« und bringt einen *dialektischen* Gegensatz hervor.

Wie zu zeigen sein wird, hat der Marxismus nie klare Vorstellungen über diese Problematik gehabt. Im weitaus überwiegenden Teil der Fälle ist ihm nicht einmal der Verdacht gekommen, daß es *zwei* Gegensätze gibt, die grundlegend verschieden voneinander sind. In den seltenen Fällen, in denen er davon Notiz genommen hat, hat er die Bedeutung mißverstanden und auch die »Realopposition« als ein Beispiel und einen Fall von Dialektik betrachtet, obwohl diese ein Gegensatz »ohne Widerspruch« und mithin undialektisch ist.

2

Ganz kurz nun zu der Struktur der beiden Gegensätze.

a) *Gegensatz »durch den Widerspruch« oder dialektischer Gegensatz*

Er wird traditionell durch die Formel »A nicht-A« ausgedrückt. Es ist dies der Fall, in dem ein Entgegengesetztes nicht ohne sein Anderes und umgekehrt stehen kann (die wechselseitige Anziehung der Gegensätze). Nicht-A ist die Negation von A. Es ist an und für sich nichts: Es ist *lediglich* die Negation des Anderen. Um nicht-A eine Bedeutung geben zu können, ist es daher notwendig zu wissen, was A ist, d.h. der Gegensatz, den es negiert. Aber auch A ist seinerseits negativ. Ebenso wie nicht-A seine Negation, so ist A die Negation des Anderen.

Und da A sagen in Wirklichkeit das gleiche ist, wie wenn man Nicht/nicht-A sagte, so muß auch A, um einen Sinn zu erhalten, auf das Andere bezogen werden, dessen Negation es ist. Beide Pole sind an sich und für sich nichts, sie sind *negativ*. Aber jeder von ihnen ist Negation-*Relation*. Um tatsächlich zu wissen, was ein Extrem ist, muß man gleichzeitig wissen, was das Andere ist, dessen Negation es ist. Jedes impliziert also, um es selbst zu sein, den Bezug auf das Andere: d.h. die Einheit (die Einheit der Gegensätze). Und nur *innerhalb* dieser Einheit ist es Negation des Anderen.

Der Ursprung der Dialektik liegt bei Platon. Beide Gegensätze sind *negativ* in dem Sinne, daß sie ir-real, Undinge – *Ideen* sind. »Aber der Begriff der wahrhaften Dialektik ist«, sagt Hegel, wo er sich auf Platon bezieht, »daß sie die nothwendige Bewegung der reinen Begriffe aufzeigt, nicht als ob sie dieselben dadurch in Nichts auflöste, sondern eben das Resultat ist, daß sie diese Bewegung sind und (das Resultat einfach ausgedrückt) das Allgemeine eben die Einheit solcher entgegengesetzten Begriffe[1].«

Bewegung *reiner Begriffe* folglich, die sich wechselseitig durchdringen. Das Eine geht in das Andere über und dieses in ersteres. Und in der Tat, jedes ist lediglich das *Nicht* des Anderen. Für sich genommen ist es nichts. Es hat sein Wesen außerhalb seiner selbst, im Entgegengesetzten. Folglich muß es sich, um es selbst sein und seinem eigenen *Nicht* Sinn geben zu können, notwendig auf das Wesen des Anderen, dessen Negation es ist, beziehen. Opposition-*Einschließung*. Hierin liegen in nuce alle Schlüsselbegriffe der platonischen Dialektik. Die συμπλοκή εἰδῶν (vgl. W. G. Runciman, Plato's later Epistemology, Cambridge 1962, S. 111 ff.), d.h. der Zusammenhang oder die wechselseitige Implikation der Ideen. Die κοινωνία τῶν γενῶν, d.h. die Gemeinschaft der obersten Gattungsbegriffe, die μέγιστα γένη (in der Sprache Hegels: »die reinen Begriffe«).

Hier liegt auch das Problem der διαίρεσις oder Trennung nach den Arten (über jenes grundlegende Werk von J. Stenzel, *Studien zur Entwicklung der Platonischen Dialektik von Sokrates zu Aristoteles,* Stuttgart 1931, jetzt Darmstadt 1974, S. 71 ff., hinaus, ist es immer noch nützlich, hierzu auch das alte Buch von A. Diès, *Autour de Platon,* Paris 1926, Bd. 2, S. 470–522, einzusehen)[2].

Es handelt sich natürlich um den späten Platon. Der Unterschied zu seinen früheren Positionen ist in der folgenden Gesamteinschätzung von Cassirer gut erfaßt. »Die erste Fassung der

Platonischen Ideenlehre trennt das Eine und das Viele, die Idee und die Erscheinung, indem sie beides verschiedenen Welten zuweist. Sein und Werden, οὐσία und γένεσις stehen hier als sich schlechthin ausschließende Elemente einander gegenüber. Aber der Fortgang des Platonischen Denkens führt zu einer völlig neuen Problemstellung: denn jetzt wird eine Form der ›Bewegung‹, des κίνησις entdeckt, die nicht mehr dem sinnlichen Dasein und Geschehen, sondern der Idee selbst angehört. Soll ein und dieselbe Erscheinung an verschiedenen Ideen ›teilhaben‹, sollen diese sich in ihr durchdringen, so ist dies nur dadurch möglich, daß unter den Ideen selbst bereits eine ursprüngliche ›Gemeinschaft‹ besteht, kraft deren die eine oder die andere bestimmt und die eine in die andere übergeht. Ohne diese rein ideelle Gemeinschaft, ohne diese κοινωνία τῶν γενῶν ist, wie der Sophites darlegt, kein Wissen, keine Erkenntnis möglich. Wie aber das Werden Sein und Nicht-Sein als notwendige Momente in sich schließt, so ergibt sich hieraus, daß auch das Nicht-Sein nicht schlechthin wesenlos ist, sondern daß es dem Wesen, daß es der reinen Idee selbst innewohnt. Entgegen der Eleastischen Alleinheitslehre und Allstillstandslehre, die auf der absoluten Gegensätzlichkeit von ›Sein‹ und ›Nicht-Sein‹ beruht, muß jetzt der Satz durchgefochten werden, daß ›in gewisser Weise doch das Nicht-Seiende sei und das Seiende nicht sei‹[3].«

Machen wir den Abschweifungen ein Ende und kommen zum Wesentlichen. Was von diesem Abschnitt festgehalten werden sollte, ist die Struktur des Gegensatzes-Widerspruchs. Da jeder Pol des Widerspruchs für sich genommen negativ, lediglich das *Nicht* des Anderen ist und sein Wesen außerhalb seiner selbst, im Entgegensetzten hat, folgt daraus, daß er, um er selbst zu sein, die *Relation* mit dem Anderen, d. h. die *Einheit* der Gegensätze einschließen muß und daß er nur innerhalb dieser Einheit oder Einschließung, Negation oder Ausschließung des Anderen ist. »Dabei werden beide Momente« (des dialektischen Verhältnisses bei Hegel), schreibt Nicolai Hartmann, »doppelsinnig, und der Doppelsinn ist ihnen wesentlich: Jedes ist einerseits eines der Momente und andererseits die Einheit beider[4].« Hegels Philosophie hat erwiesen, »daß die einzelnen Ideen für sich genommen, Abstraktionen sind, daß sie überhaupt nur miteinander und im Verhältnis ihrer Geltung füreinander zu Recht bestehen, daß also ihre ›Gemeinschaft‹, oder ihre ›Verflochtenheit‹ – ihr Hindurchgehen durcheinander – das *Prius* den einzelnen gegenüber ist[5]«.

Später etwas zu dem Unterschied zwischen Hegel und Platon. Hier hat der extreme Schematismus der Darstellung alle Verschiedenheiten im Dunkeln gelassen. Andererseits ist offensichtlich, daß der Bezug auf Platon hier nicht anders, als von der dialektisch-modernen Position Hegels ausgehend, erfolgen konnte, die uns in Wirklichkeit interessiert.

3

Und nun zur zweiten Form des Gegensatzes.

b) *Realopposition oder Gegensatz »ohne Widerspruch«*

Hier ist alles anders. Die Formel, die ihn ausdrückt, ist »A und B«. Beide Gegensätze sind real, positiv. Jeder besteht für sich. Und da jeder, um selbst zu sein, sich nicht auf den anderen beziehen muß, haben wir hier eine wechselseitige Abstoßung der Relation vor uns. Gegensatz-*Ausschließung,* statt Gegensatz-Einschließung. Wie zuvor von der Anziehung der Gegensätze gesprochen wurde, muß jetzt von wechselseitiger Abstoßung, *Realrepugnanz,* gesprochen werden.

Es gibt eine Textstelle bei Marx, die den Charakter der Realopposition als Antithese zum dialektischen Gegensatz gut zum Ausdruck bringt. In der *Kritik des Hegelschen Staatsrechts* von 1843 schreibt Marx: »Wirkliche Extreme können nicht miteinander vermittelt werden, eben weil sie wirkliche Extreme sind. Aber sie bedürfen auch keiner Vermittlung, denn sie sind entgegengesetzten Wesens. Sie haben nichts miteinander gemein, sie verlangen einander nicht, sie ergänzen einander nicht. Das eine hat nicht in seinem eigenen Schoß die Sehnsucht, das Bedürfnis, die Antizipation des andern[6].«

Die *realen* Extreme vermitteln sich also nicht. Es ist verlorene Zeit (und im Grunde noch Schlimmeres), von *Dialektik der Dinge* zu sprechen. Im Falle des Gegensatz-Widerspruchs, der dialektischer Gegensatz der »obersten Gattungsbegriffe«, d.h. der *Ideen* oder »reinen Begriffe« ist: wechselseitige Anziehung, Liebe und Sehnsucht der Beziehung, κοινωνὶα τῶν γενῶν, die *Einheit* als *Prius.* Hier dagegen kein Bedürfnis nach dialektischer Vermittlung: Die Gegensätze, insofern reale, »haben nichts miteinander gemein«[7].

Es soll an dieser Stelle nicht untersucht werden, auf welchem Wege Marx zu dieser Konzeption der Realopposition, d.h. des Gegenverhältnisses unvereinbarer Gegensätze gelangt ist. Er könnte auf direktem Wege über die aristotelische Theorie der Gegenteile oder indirekt über Feuerbach, der diese mehrfach zwischen den Zeilen erwähnt, dazu gelangt sein. Sicher ist, daß der moderne Vater der Theorie der Realopposition Kant ist, und zwar zuerst in »Der einzig mögliche Beweisgrund zu einer Demonstration des Daseins Gottes«, ausführlicher in »Versuch den Begriff der negativen Größen in die Weltweisheit einzuführen« (beide von 1763) und später in »Kritik der reinen Vernunft« in den bewundernswerten Seiten der Anmerkung zur *Amphibolie der Reflexionsbegriffe*.

Da ich mich kurz halten will, beziehe ich mich nur auf das erste Kapitel des »Versuchs« von 1763, einen wegen seiner Einfachheit und Klarheit exemplarischen Text. Hier bestätigt Kant, was bereits gesagt wurde, und bietet weitere Erläuterungen und Entwicklungen an. Die erste Bestätigung betrifft den *doppelten* Charakter des Gegensatzes. Der Gegensatz ist: »entweder logisch durch den Widerspruch, oder real, d.i. ohne Widerspruch«. Kant fügt hinzu: »Die erste Opposition, nämlich die logische, ist diejenige, worauf man bis daher einzig und allein sein Augenmerk gerichtet hat[8].«

Es folgen dann die Betrachtungen über die Struktur der realen Opposition und ihren grundlegenden Unterschied zum Gegensatz-Widerspruch. Die reale Opposition »ist diejenige: da zwei Prädicate eines Dinges entgegengesetzt sind, aber nicht durch den Satz des Widerspruchs [...]. Bewegkraft eines Körpers nach einer Gegend und eine gleiche Bestrebung eben desselben in entgegengesetzter Richtung widersprechen einander nicht und sind als Prädicat in einem Körper zugleich möglich. Die Folge davon ist die Ruhe, welche Etwas (repraesentabile) ist. Es ist dieses gleichwohl eine wahre Entgegensetzung. Denn was durch die eine Tendenz, wenn sie allein wäre, gesetzt wird, wird durch die andere aufgehoben, und beide Tendenzen sind wahrhafte Prädicate eines und desselben Dinges, die ihm zugleich zukommen[9]«.

Auch in der Realopposition gibt es also Negation, Aufhebung, jedoch von einer ganz anderen Art als der des Widerspruchs. Die realen Gegensätze sind nicht wie bei dem Widerspruch für sich genommen negativ, d.h. sie sind nicht bloß das Nicht des Anderen, sondern sind vielmehr beide positiv und real. Hier, sagt Kant, »(sind) beide Prädicate [...] bejahend[10]«. Die Negation, die jedes auf das andere ausübt, besteht nur in der Tatsache, daß sie sich gegenseitig in ihrer Wirkung aufheben. Kurz gesagt, in der Realopposition oder dem Gegenverhältnis sind beide Extreme positiv, auch wenn eines als das negative Gegenteil des anderen bezeichnet wird. Wie Kant sagt, »kann eine der opponierten Bestimmungen bei einer Realentgegensetzung nicht das contradictorische Gegentheil der anderen sein« (nota bene!), »denn alsdann wäre der Widerstreit logisch [. . .]. Demnach müssen in jeder Realentgegensetzung die Prädicate alle beide positiv sein [. . .]. Auf solche Weise sind Dinge, deren eins als die Negative des andern betrachtet wird, beide, für sich genommen, positiv[11].«

Was ist nun mit den negativen Größen? Den Größen, denen in der Mathematik das Zeichen – vorangestellt wird? Der mathematische Ausdruck der negativen Größen, sagt Kant, ist nicht genau genug. Die sogenannten negativen Größen sind in Wirklichkeit selbst positive. »Diejenige Größen, vor denen – steht, haben dieses nur als ein Zeichen der Entgegensetzung, insofern sie mit denen, die + vor sich haben, zusammengenommen werden sollen; stehen sie aber mit denen, vor welchen auch – ist, in Verbindung, so findet hier keine Entgegensetzung mehr statt, weil diese ein Gegenverhältnis ist, welches nur zwischen + und – angetroffen wird. Und da die Subtraction ein Aufheben ist, welches geschieht, wenn entgegengesetzte Größen zusammengenommen werden, so ist klar, daß das – eigentlich nicht ein Zeichen der Subtraction sein könne, wie es gemeiniglich vorgestellt wird, sondern daß + und – zusammen nur allererst eine Abziehung bezeichnen. Daher $-4-5=-9$ gar keine Subtraction war, sondern eine wirkliche Vermehrung und Zusammenthuung von Größen einerlei Art. Aber $+9-5=4$ bedeutet eine Abziehung, indem die Zeichen der Entgegensetzung andeuten, daß die eine in der andern, so viel ihr gleich ist, aufhebe. Eben so bedeutet das Zeichen + für sich allein eigentlich keine Addition, sondern nur in so fern die Größe, davor es steht, mit einer andern, davor auch + steht, oder gedacht wird, soll verbunden werden. Soll sie aber mit einer, davor – steht, zusammengenommen werden, so kann dieses nicht anders als vermittelst der Entgegensetzung geschehen, und da bedeutet das Zeichen + sowohl als das – eine Subtraction [. . .][12].« Mit anderen Worten, in dem Gegenverhältnis, das die Realopposition ist, liegt wohl *Negation*, nicht jedoch in dem Sinne, daß einer der beiden Termini für sich genommen als negativ betrachtet werden könnte, nämlich als *Nicht-Sein*. Wie Kant sagt, »so würde es ungereimt sein darum eine besondere Art von Dingen sich zu gedenken und sie negative Dinge zu nennen, [. . .]. Denn negative Dinge würden überhaupt Verneinungen (negationes) bedeuten, welches aber gar nicht der Begriff ist, den wir festsetzen wollen. Es ist vielmehr genug«, fährt Kant fort, »daß wir die Gegenverhältnisse schon erklärt haben, die diesen ganzen Begriff ausmachen und die in der Realopposition bestehen. Um indessen sogleich in den Ausdrücken zu erkennen zu geben, daß das eine der Entgegengesetzten nicht das contradictorische Gegenteil des andern und, wenn dieses etwas Positives ist, daß jenes nicht eine bloße Verneinung desselben sei, sondern [. . .], als etwas Bejahendes, ihm entgegengesetzt sei: So werden wir nach der Methode der Mathematiker das Untergehen ein negatives Aufgehen, Fallen ein negatives Steigen, Zurückgehen ein negatives Fortkommen nennen, damit zugleich aus dem Ausdrucke erhelle, daß z.E. Fallen nicht bloß vom Steigen so unterschieden sei wie non a und a, sondern ebenso positiv sei als das Steigen, nur mit ihm in Verbindung allererst den Grund von einer Verneinung enthalte. Es ist nun freilich klar: daß ich, da es alles hier auf das Gegenverhältnis ankommt, eben sowohl das Untergehen ein negatives Aufgehen, wie das Aufgehen ein negatives Untergehen nennen kann; imgleichen sind Capitalien eben sowohl negative Schulden, wie diese negative Capitalien sind. Allein es ist etwas wohlgereimter, demjenigen, worauf in jedem Falle die Absicht vorzüglich gerichtet ist, den Namen des *Negativen* beizufügen, wenn man sein reales Gegentheil bezeichnen will. Z.E. So ist es etwas schicklicher, Schulden negative Capitalien, als sie umgekehrt zu nennen, obzwar in dem Gegenverhältnis selbst kein Unterschied liegt, [. . .][13].« Kurzum, es gibt keine Dinge, die für sich genommen *negativ* sind, d.h. Negationen im allgemeinen und somit *Nicht-Sein,* was ihre eigene innere Verfassung anbelangt. Das, was die Folgen von etwas negiert oder aufhebt, ist selbst ein »positiver Grund«. Die sogenannten negativen Größen sind keine Negationen von Größen, d.h. *Nicht*-Größen und somit Nicht-Sein oder das absolute Nichts. Die Dinge, die Gegenstände, die Sachverhalte sind immer *positiv,* d.h. existent und real.

Was in der Mathematik als negative Größen bezeichnet wird, sind für sich genommen selbst positive Größen, auch wenn ihnen das Zeichen – vorangestellt ist. »Wenn es z.E. dem berühmten Herren Dr. Crusius beliebt hätte, sich den Sinn der Mathematiker bei diesem Begriffe bekannt zu machen, so würde er die Vergleichung des Newton nicht bis zur Bewunderung falsch gefunden haben, der die anziehende Kraft, welche in vermehrter Weite, doch nahe bei den Körpern, nach und nach in eine zurückstoßende ausartet, mit den Reihen vergleicht, in denen da, wo die positiven Größen aufhören, die negativen anfangen. Denn es sind die negativen Größen nicht Negationen von Größen, wie die Ähnlichkeit des Ausdrucks ihn hat vermuthen lassen, sondern etwas an sich selbst wahrhaftig Positives, nur was dem andern entgegengesetzt ist[14].« Ziehen wir ein Resumé. Zusammenstoß der Kräfte in der Natur und in der Realität, wie Anziehung und Abstoßung in der Physik Newtons, Kampf entgegengesetzter Tendenzen, Widerstreit gegnerischer Kräfte etc., all dies unterhöhlt nicht den Satz des (Nicht-)Widerspruchs, sondern bestätigt diesen geradezu. Es handelt sich in der Tat um Oppositionen, die, gerade, weil *reale*, ›ohne Widerspruch‹ sind und mit denen also der *dialektische Widerspruch* nichts zu tun hat. Die Pole dieser Oppositionen – man erinnere sich an Marx – »können nicht miteinander vermittelt werden«, auch »bedürfen sie keiner Vermittlung«: »sie haben nichts miteinander gemein, sie verlangen einander nicht, sie ergänzen einander nicht.« Somit wird wieder einmal mit dem alten metaphysischen Gemeinplatz aufgeräumt (auch wenn es sich um die Metaphysik handelt, die die Arbeiterbewegung immer noch mit sich schleppt), daß ohne Dialektik weder Kampf noch Bewegung ist, sondern nur Trägheit und die Bewegungslosigkeit des Todes.

4

Ich habe zuvor gesagt, daß der Marxismus, der doch auf Schritt und Tritt von Gegensätzen und Widersprüchen spricht, keine klaren Vorstellungen über diese Problematik hat. In der überwiegenden Mehrheit der Fälle hat er nicht einmal vermutet, daß es *zwei* Arten von Gegensätzen gibt, die grundlegend verschieden voneinander sind. Ich bin nun dazu verpflichtet, dies nachzuweisen.

Kein Wort über den Unterschied zwischen Realopposition und Gegensatz-Widerspruch (bzw. Gegenverhältnis und Widerspruch) bei Engels. Ebenso bei Plechanov. Desgleichen bei Lukács, dem Berufsphilosophen, der doch die Dialektik auf alle nur erdenklichen Weisen zubereitet hat. Die Verwirrung bei Lenin, schließlich, ist mit Händen zu greifen.

Seine Aufzeichnung in den *Philosophischen Heften,* die den Titel ›Über Dialektik‹ trägt, beginnt mit einem Hinweis auf den

Begriff der Dialektik des platonischen und neoplatonischen (ante litteram) Theologen, Philo der Jude: »Spaltung des Einheitlichen und Erkenntnis seiner widersprechenden Bestandteile (siehe Zitat von Philo über Heraklith am Anfang von Teil III (»Vom Erkennen«) des Lassalleschen Heraklit) ist das Wesen [. . .] der Dialektik – Geradeso stellt auch Hegel die Frage[15].«

Hier also ist die Dialektik die Einheit, die die Entgegengesetzten enthält und sich in sie unterteilt. Damit taucht der Fall wieder auf, der bereits gezeigt wurde (siehe Abschnitt 2): Jedes Entgegengesetzte impliziert die *Einheit* oder Einschließung der Entgegengesetzten und verweist auf diese, und nur *innerhalb* dieser Einheit oder *Prius* ist es die Negation und die Ausschließung des Anderen. Kurzum, wir sind also mitten in der platonischen Dialektik: »das Eine, das sich in zwei teilt« (der berühmte Slogan der chinesischen Kulturrevolution). Dagegen ist nichts einzuwenden: nichts verbietet, Platoniker zu sein.

Jedoch auf dieses Exordium folgt dann eine Aufzählung dialektischer Fälle, die eine Aufzählung von Realoppositionen ist, d.h. von Gegensätzen ohne Widerspruch, die nichts mit Dialektik zu tun haben.

»In der Mathematik + und –. Differential und Integral – In der Mechanik Wirkung und Gegenwirkung – In der Physik positive und negative Elektrizität – In der Chemie Verbindung und Dissoziation der Atome[16].«

In der gleichen Weise verfährt auch der Vorsitzende Mao in seiner berühmten Schrift *Über den Widerspruch*, wo er Lenins Aufzählung wiederholt[17].« Auch hier möchte ich nicht respektlos erscheinen, aber es ist falsch. Alle diese Beispiele von dialektischen Widersprüchen sind in Wirklichkeit Beispiele für Gegenverhältnisse ohne Widerspruch.

Kommen wir nun zu der zweiten Kategorie von Marxisten, zu den seltenen Fällen derer, die von der »Realopposition« gehört, die Texte Kants zur Kenntnis genommen haben und die »Realopposition« dennoch als einen dialektischen »Widerspruch« interpretiert haben.

Karl Korsch in seiner Schrift »Der Empirismus in der Philosophie Hegels«: »In Wahrheit sind die Gegensätze der Dialektik zu denken nicht als entgegengesetzte Behauptungen, sondern als entgegengesetzte *Gegenstände*, oder, um einen Kantischen Ausdruck dafür anzuwenden, als »reale Repugnanzen«. Und von dieser Art von Gegensätzen lehrt nicht nur der dialektische Philosoph Hegel, sondern ebenso auch solche von keinerlei dialektischen Nebenabsichten geleiteten, aber gründlichen und scharfsinnigen Denker, wie Kant und Bolzano, [. . .]. Eine kurze Analyse dieses von Kant und Bolzano definierten Gegensatzbegriffes zeigt, daß die zwischen solchen »Gegensätzen« bestehenden Beziehungen und die durch die »Vereinigung« solcher Gegensätze entstehenden Gebilde alle die wesentlichen Eigenschaften an sich haben, die Hegel für seine Dialektik braucht[18].« Bei aller Achtung vor Korsch: diese Ausführungen entbehren jeglicher Grundlage!

Zum Abschluß ein letzter Fall aus Italien: Cesare Luporini, *Spazio e materia in Kant* (Raum und Materie bei Kant), ein Buch das, nebenbei bemerkt, interessante und nützliche Betrachtungen enthält. Nachdem er richtig bemerkt hat, daß die *Amphibolie der Reflexionsbegriffe* der wahre Leitfaden zur *Kritik der reinen Vernunft* ist[19], interpretiert Luporini Kants Kritik an Leibniz' Grundsatz des Nichtzuunterscheidenden und die Theorie der Realopposition, die Kant in der Anmerkung zur *Amphibolie* wiederaufnimmt, als »Keim« einer »materialistischen Dialektik«[20]. In Polemik mit Hermann Ley, der richtig bemerkt, daß die *Realrepugnanz* nicht auf den »dialektischen Widerspruch« zurückgeführt werden kann (wobei offensichtlich ist, daß Ley Recht hat: die *Realrepugnanz* ist die *Realopposition*, und da diese *ohne* Widerspruch ist, ist nicht einzusehen, wie sie dialektischer Widerspruch sein könnte), besteht Luporini in einer langen, etwas kurzatmigen und verwirrten Anmerkung auf seinem aussichtslosen Kampf: In der Realopposition Kants »liegt der *Keim* der materialistischen Dialektik«[21].

Wenn es erlaubt ist, einen Scherz zu machen, der niemanden verletzen soll, so könnte man sagen, daß der Zusammenstoß zweier Automobile, der ein typischer Fall von »Realopposition« ist, nämlich von zwei Kräften entgegengesetzter Richtung, der tägliche Nachweis des dialektischen Materialismus ist.

5

Und nun ganz kurz etwas zu Hegel. Sein spezifisches Merkmal ist es, daß bei ihm die Dialektik *der Ideen* gleichzeitig auch eine *Dialektik der Materie* ist. Während bei Platon immer, auch in den späten Dialogen die Scheidung zwischen diesen beiden Welten, der der Ideen und der Dinge, aufrechterhalten bleibt, verschwindet diese Trennung bei Hegel.

Ich will mich nicht wiederholen. Aber der Schlüssel zu allem liegt in der Anmerkung über den Idealismus im Ersten Buch der *Wissenschaft der Logik:* »Der Idealismus der Philosophie besteht in nichts Anderem, als darin, das Endliche nicht als ein wahrhaft Seiendes anzuerkennen[22].« Da ihm eine eigene Realität fehlt, muß das Endliche sie aus der Idee schöpfen. »Der Satz, daß *das Endliche ideell ist,* macht den Idealismus aus«. Damit die Philosophie wirklich Idealismus ist, muß andererseits das Prinzip »wirklich durchgeführt«[23] sein, d.h. die Idee Realität werden.

Wenn man aufmerksam liest, bemerkt man sofort, daß das Verhältnis Endliches-Unendliches, Sein-Denken, dem Modell des Widerspruchs »A Nicht-A« folgt. Das Eine außerhalb des Anderen, d.h. außerhalb der Einheit sind beide, das Endliche und das Unendliche abstrakt, irreal[24]. Das Endliche, für sich genommen, hat kein wahrhaftes Sein, ist *Nicht-Sein*: Das Unendliche seinerseits ist die Leere jenseits, bar jeder realen Existenz. Jeder der beiden Pole des Widerspruchs ist für sich genommen negativ, ist lediglich das *Nicht* des Anderen und hat sein Wesen außerhalb seiner selbst, im Entgegengesetzten. Wird das Problem in dieser Weise gestellt, so ist auch die Lösung gegeben. Wenn das Endliche allein genommen, so wie es selbständig oder *außerhalb* des Denkens ist, keine wahrhafte Wirklichkeit hat, so ist offensichtlich, daß es *im Verhältnis* zu dem Anderen gesehen werden muß, nämlich mit und in dem Unendlichen, kurzum, in der Idee oder Vernunft. Auf diese Weise löst sich jedes Ding in der Einheit von »Sein« und »Nicht-Sein« zugleich auf (μέγιστα γένη der Platonschen Dialektik). An die Stelle, wo zuvor das *Ding* war, ist nun der *logische Widerspruch* getreten. Das Sein ist nicht mehr, sondern allein das Denken (»unkritischer Idealismus« der Hegelschen Philosophie gemäß der Marxschen Formulierung von 1844). Andrerseits und umgekehrt ist ebenso, wie das Besondere oder Endliche in dem logischen Widerspruch aufgelöst worden ist, der logische Widerspruch seinerseits ins Endliche transponiert, *in die Objektivität*, in einem Wort: Er wird *verwirklicht,* d. h. vom »Jenseits« der Idee ins »Diesseits« der Welt übertragen, so daß alles was existiert, nun zu seiner Äußerung und positiven Auslegung wird (immer noch »unkritischer Positivismus« der Philosophie Hegels gemäß dem Marx von 1844).

Es ist eine Tatsache, die eindeutig aus dem Wortlaut der Texte selbst hervorgeht, daß die *Dialektik der Materie,* die Dialektik der

Dinge (die das »Spezifikum« des Marxismus sein sollen), bereits vollständig im Werk Hegels enthalten ist. Und dies nicht im Widerspruch zu seinem Idealismus, sondern als dessen Instrument und, Mittel. Hegel selbst hat mehrfach den Ursprungsort dieser »Dialektik der Dinge« im antiken Skeptizismus, im Pyrrhonismus und noch weiter zurückliegend, in Platons *Parmenides* bezeichnet (vgl. seine Schrift von 1801 zum *Verhältnis des Skeptizismus zur Philosophie* und das gesamte Werk der Reifezeit).

Die wesentliche Beziehung, die den Pyrrhonismus und die Philosophie (den Idealismus) Hegel zufolge verbindet, ist, daß der antike Skeptizismus sich mit seinen Tropen gegen den Glauben des gesunden Menschenverstandes an die Existenz der Dinge, an die Materialität der Welt wendet: daß er Skepsis *gegen die Materie* ist. Indem die Dinge im Aufzeigen, daß das was »so und so« bestimmt scheint, »ist« und »nicht ist«, dialektisiert werden, erschüttert jener Skeptizismus die Gewißheit des gesunden Menschenverstandes über die Existenz der Gegenstände, beseitigt den Materialismus und bereitet so den Zugang zu der wahren Philosophie. Die Beschränkung liegt nur darin, sagt Hegel, daß er, nachdem er diese Zerstörung vorgenommen hat, negativ endet, während die wahre Philosophie, d.h. der Idealismus darüber hinausgeht: Sie stellt das zuvor umgangene und transzendierte Endliche wieder her, indem sie es als Vergegenständlichung der Idee darstellt, d.h. als Inkarnation der dialektischen Vernunft (dem göttlichen Logos in der Welt).

Im Unterschied zu dem antiken Skeptizismus, der »philosophisch«, weil skeptisch gegenüber der Materie ist, betrachtet Hegel den modernen Skeptizismus Humes und Kants als »unphilosophisch« (d.h. durchdrungen von dem Materialismus des gesunden Menschenverstandes), weil er noch an den Glauben an die sinnliche Gewißheit gebunden ist. Im übrigen ist es tatsächlich so, daß während das Endliche für Hegel *Nicht-Sein* ist und die Dinge keine wahrhafte Wirklichkeit haben, Kant dagegen, auch in den wenigen bisher herangezogenen Textstellen das Gegenteil behauptet: d.h. daß es keine Dinge gibt, die für sich genommen negativ, Negationen im allgemeinen seien und daß die sogenannten negativen Größen keine Negationen von Quantität, Nicht-Sein oder das Nichts sind, sondern selbst positive Entitäten. Das Drama des Marxismus liegt nun darin, daß er zu einem bestimmten Zeitpunkt (und aus einer Reihe von Gründen, die hier nicht einmal angedeutet werden können, wenngleich auch ein wichtiger Grund später aufgezeigt werden wird), Hegels »Dialektik der Materie« wörtlich übernommen hat (vgl. Engels *Dialektik der Natur),* indem er sie mit einer höheren Form von Materialismus verwechselte. Es wird mir entgegengehalten, daß dies nicht nur für Engels, sondern auch für Marx zutreffe. Auch wenn dies *zum Teil* durchaus stimmt, sehe ich nicht, worin die Stärke dieses Arguments liegt. Entweder beweist man, daß der *Diamat* stichhaltig ist (und die Last dieses Beweises liegt heute ganz bei Geymonat*), oder man läuft Gefahr, beide Begründer des Marxismus verantwortlich zu machen. Ich habe vom »Drama des Marxismus« gesprochen. Für mich liegt außer Zweifel, daß dieses Drama heute wenigstens teilweise auch in dem Verhältnis des Marxismus zur *Wissenschaft,* in erster Linie natürlich zu den Naturwissenschaften, besteht. Das ist nicht lediglich ein theoretisches Problem: es ist vielmehr ein politisches und strategisches. Die Wissenschaft ist tief in der modernen Welt verwurzelt. Und hier beginnen die Probleme der Entwicklung, die Einstellung des Marxismus gegenüber den »Dritte-Welt-Ideologien« und der enormen, wenn auch chaotischen Menge praktischer und ethischer Probleme, die im Verlauf der letzten Jahre aufgetaucht sind. Welchen Standpunkt bezieht hier der Marxismus?

Häufig wird das Problem umgangen, indem der Positivismus und der Szientismus zur Zielscheibe gemacht werden. Das ist die bevorzugte Technik einiger »junger Marxisten« von Bari. Aber das Argument ist keinen Pfifferling wert. Positivismus und Wissenschaft sind nicht dasselbe. Es ist eine gefährliche Politik, sich gegen den Szientismus zu ereifern, ohne zu erklären, wie man über die Wissenschaft denkt. Kolakowskis Buch über die Geschichte des Positivismus von Hume bis zum Wiener Kreis ist dafür ein Beispiel. Die Wissenschaft wird darin dem Positivismus gleichgesetzt. Auf diese Weise wird die Wissenschaft auf *Ideologie* reduziert. Die Wissenschaft ist die Ideologie, die es zu beseitigen gilt. Der Titel der amerikanischen Ausgabe des Buches sagt alles: *The alienation of reason.* Nicht zufällig tauchen am Schluß Bergson und Husserl und mit ihnen natürlich die Transzendenz wieder auf.

Ein weiteres Beispiel ist Pacis Vorwort von 1968 zur italienischen Ausgabe von Husserls *Krisis.* Auch Paci liegt im Kampf gegen »jene

---

* Anspielung auf Ludovico Geymonat, lebender italienischer Philosoph und Vertreter des dialektischen Materialismus (Anm.d.Ü.).

Wissenschaften und Techniken, die einen lebendigen Menschen in ein Ding, einen Gegenstand, einen Teil der industriellen Maschinerie verwandeln«. Es ist jedoch bezeichnend, daß er mit der Verkündigung des Anbruchs einer neuen Theologie schließt: »Die Wahrheit lebt in der Welt, doch gehört sie niemandem: sie gehört nicht der Welt und ist nicht von der Welt. Daher ist das fundamentale Prinzip der Theologie, die im Entstehen begriffen ist, aus dialektischen Gründen gerade jene Theologie, die von den Einfachen und Armen eher verstanden wird, als von den Reichen, den Kultivierten und den Gelehrten. Diese Theologie verkündet eine ganz einfache Sache: Gott ist Leben, aber er hat keine Wirklichkeit.«

Gegen den Szientismus sind wir schließlich alle. Das Problem liegt jedoch darin, wie man gegen den Szientismus und den Positivismus sein und dennoch ein ernsthaftes und reales Verhältnis zur Wissenschaft aufrechterhalten kann und somit dem entgeht, was Lenin als *Pfaffentum* bezeichnet hat. Dazu nützt nun der *Diamat* überhaupt nicht. Wer sich auf die dialektische Physik, die dialektische Chemie beruft und die Probleme der theoretischen Physik mit Lenin lösen will (wie dies unser Geymonat – nicht ohne eine Prise Demagogie – tut), nimmt ein kritisch-negatives Verhältnis zu den bestehenden Wissenschaften ein (oder begünstigt dieses), das sich objektiv (es sei auch mir einmal erlaubt, dieses fatale Adverb zu gebrauchen) mit den Exorzismen gegenüber der Wissenschaft, die die neue Theologie Pacis ankündigt, im Einklang befindet. Alles, was der *Diamat* hergeben konnte, hat er mit Lysenko bereits hervorgebracht.

6

Diese Betrachtungen dienen der Einführung in einen, auf seine Weise vergeblichen und dennoch recht bedeutenden Versuch, den vor nicht allzu langen Jahren einige polnische und ostdeutsche Philosophen und Logiker (die Materialisten, aber keine »dialektischen Materialisten« sind) unternommen haben, die sich ernsthaft mit den Problemen der modernen Wissenschaft auseinandersetzen. Die moderne Wissenschaft kennt keine Dialektik der Materie und weiß mit dieser nichts anzufangen. Sie betrachtet sie zu Recht als eine romantische Naturphilosophie. Wenn Engels schreibt, daß der Mond die »Negativität« der Erde ist[25] oder »Wie Elektrizität, Magnetismus etc. sich polarisieren, im Gegensatz bewegen, so die

Gedanken«[26] oder ». . . ein Wurm, durchgeschnitten, behält am positiven Pol den aufnehmenden Mund und bildet am anderen Ende einen neuen negativen Pol mit ausscheidendem After; aber der alte negative Pol (After) wird jetzt positiv, wird Mund, und ein neuer After oder negativer Pol am Wurmende gebildet. Voilà Umschlagen des Positiven ins Negative«[27], lächelt der moderne Wissenschaftler (vorausgesetzt, er stößt überhaupt noch auf diese Art von Lektüre) und denkt an Schelling oder Baader.

Die Wissenschaft kann nicht mit den drei allgemeinen Grundsätzen der Dialektik arbeiten. Sie bedient sich des Satzes des (Nicht-) Widerspruchs, also gerade jenes Prinzips, das die »dialektischen Materialisten« für das Prinzip der Metaphysik halten, und von dem dagegen jeder Wissenschaftler sehr wohl weiß, daß es das Prinzip der materiellen Bestimmtheit und gleichzeitig überdies das der Kohärenz der Aussage ist. (Übrigens gibt es – nebenbei bemerkt – keinen Grund zur Entrüstung oder zur Angst: die Leninsche Theorie der »Widerspiegelung« verweist streng genommen auf die klassische Theorie der »Korrispondenz«, eine Theorie, die so wenig im Gegensatz zu der modernen Wissenschaft steht, daß sich selbst Tarski auf sie beruft: »Wir wünschten, unsere Definition könnte jenen Auffassungen, die sich auf die *klassische aristotelische Konzeption der Wahrheit* beziehen, Gerechtigkeit widerfahren lassen[28].« Was also können Wissenschaftler oder Philosophen tun, die mit den Problemen der Wissenschaft beschäftigt sind, um die Beziehung zum Marxismus aufrechtzuerhalten? Das ist der Hintergrund des Versuchs, der sich im Verlaufe der langen (und zum großen Teil vergeblichen) Diskussion *Über Fragen der Logik* abzeichnete, die ab 1953 über mehrere Jahre hinweg in der »Deutschen Zeitschrift für Philosophie« geführt wurde[29]. Überflüssig zu erwähnen, daß dieser Versuch eine verlorene Minderheit zu seinen Protagonisten hatte, die bald von dem chaotischen Stimmengewirr der Barden des Regimes überspült und betäubt wurde und dennoch in einigen Büchern eine Spur hinterließ. Welche Form nahm diese Diskussion an? Sie berief sich auf die *Realopposition* Kants. Nicht jedoch um wie Luporini das Nicht-Beweisbare zu beweisen: nämlich daß auch in der Realopposition Kants ein »Keim des dialektischen Materialismus« liegt, vielmehr um mit reichlich größerer Berechtigung zu vertreten, daß das was die »dialektischen Materialisten« als *Widersprüche* in der Natur darstellen, in Wirklichkeit *Gegenverhältnisse*, Oppositionen ohne Widerspruch sind und also der Marxismus sehr wohl fortfahren kann, von Konflikten und von *objektiven Gegensätzen* zu sprechen, ohne deswegen gezwungen zu sein, dem Satz des (Nicht-) Widerspruchs den Kampf anzusagen und sich gegen die Wissenschaft zu stellen.

»Das Wort ›Widerspruch‹«, begann Wolfgang Harich (der später aus politischen Gründen zu zehn Jahren Gefängnis verurteilt wurde), »(ist) seit Hegel durch Aequivokationen belastet [. . .], die unmittelbar mit dem idealistischen Charakter der Hegelschen Dialektik zusammenhängen. [. . .] Nimmt man das Wort ›Widerspruch‹ in seiner buchstäblichen Bedeutung – und nicht anders versteht es die Logik –, so sind Widersprüche ausschließlich Sache des Urteils, kommen nur im Denken und Sprechen von Personen vor, die allein imstande sind, ›Sprüche‹ zu machen, also auch ›Sprüche‹ kontradiktorisch entgegengesetzten Inhalts. [. . .] Versteht man indessen unter ›Widerspruch‹ etwas anderes als das im schlichten Wortsinn Gemeinte, nämlich Widerstreit, Kampf der Gegensätze, Kampf zwischen Neuem und Altem, Gegensätzlichkeit zweier Seiten einer Sache . . .«, dann handelt es sich um *Realrepugnanz*[30].

Zur Unterstützung Harichs (aber auch um einige Verwirrung und Unsicherheit zu korrigieren, die bei diesem wahrscheinlich auf Überlegungen hinsichtlich der politischen Opportunität zurückgingen) griff dann Paul Linke aus Jena mit einem Artikel in die Debatte ein, der ebenso kurz und entschieden wie kohärent war. Nachdem er die objektive und materialistische Bedeutung des Satzes des Nicht-Widerspruchs betont hatte (». . . die logische Harmonie alles seienden, die Unmöglichkeit von Widersprüchen in ihm: weil die logischen Gesetze letzten Endes ontische Gesetze sind . . .«) und nachdem er gegen die »oberflächliche, aber heute im Westen wie Osten gleich verbreitete Meinung . . ., daß es in der Wirklichkeit Widersprüche gäbe«[31], polemisiert hat, die die Anwendung einer »besonderen dialektischen Logik« erforderlich mache, »gewissermaßen eine Logik höherer Art« als die »gewöhnliche ›formale‹ Logik«, endete auch Linke mit einem Hinweis auf Kant. Nachdem er eingeräumt hatte, »daß Hegel dieses Wort (›Widerspruch‹) mit schwerwiegenden Äquivokationen belastet hat, die bis heute ihre Spuren hinterlassen haben«, schloß Linke: »Man sollte endlich mit der Verwendung dieses Wortes in Zusammenhängen aufhören, in denen in Wahrheit etwas ganz anderes gemeint ist: nämlich *Kampf der Gegensätze* und sonst im wesentlichen das, was Kant ›Realrepugnanz‹ genannt hat: es hat mit dem *logischen* Widerspruch überhaupt gar nichts zu tun[32].«

Es ist hier nicht möglich bei den anderen Betrachtungen zu verweilen, die Linke am Ende seines Artikels formuliert hat, obwohl diese viele gewichtige Implikationen enthalten. In engem Zusammenhang mit den zuvor berührten Problemen liefert er dort eine kurzgefaßte Übersicht zur Geschichte des ontologischen Gottesbeweises, um in Erinnerung zu rufen, daß dieses Thema von der neuzeitlichen Philosophie wiederaufgenommen und wiederbelebt worden sei: »Descartes, Spinoza und in einem gewissen Ausmaße selbst Leibniz sind hier zu nennen. Erst Hume hat ihn erneut bekämpft oder doch wenigstens das Material für seine erfolgreiche Bekämpfung bereitgestellt. Kant hat Wesentliches für diese Bekämpfung geleistet, sie aber mit so fragwürdigen Theorien unterbaut, daß seine Nachfolger die seltsame Lehre in einer mehr oder minder verschleierten Form wieder aufnehmen konnten – bis dies bei Hegel deutlich und vollkommen unverschleiert geschehen ist[33].«

Es ist hier interessant, auf den Standpunkt hinzuweisen, den der hervorragende polnische materialistische Logiker, Kazimierz Ajdukiewicz (der auch in die Debatte in der »Deutschen Zeitschrift für Philosophie« eingriff) in seinem Buch »Abriss der Logik« eingenommen hat. »Der Satz des Widerspruchs schließt aus«, schreibt er, »daß zwei kontradiktorisch entgegengesetzte Sätze zugleich wahr sein können. Damit schließt er aus, daß in der Wirklichkeit sich widersprechende Sachverhalte bestehen können, daß also dies und dies der Fall ist und zugleich nicht der Fall ist. Das bedeutet keineswegs«, fährt Ajdukiewicz fort, »daß der Satz des Widerspruchs das Bestehen von Widersprüchen in der Wirklichkeit dann verneint, wenn man unter ›Widerspruch‹ entgegengesetzt wirkende Kräfte oder antagonistische Tendenzen versteht. Das Verhältnis von Aktion und Reaktion, Wirkung und Gegenwirkung ist nicht dasselbe wie das Verhältnis zwischen dem Sein und dem Nichtsein ein und desselben Sachverhaltes, zwischen dem Dasein und Nichtdasein von etwas; die Reaktion ist nicht dasselbe wie das Nichtsein der Aktion, und die Gegenwirkung ist nicht dasselbe wie das Nichtsein der Wirkung; im Gegenteil: wenn die Aktion oder die Wirkung eine Kraft ist, so ist die Reaktion bzw. die Gegenwirkung auch eine Kraft und nicht etwa das Nichtsein jener Kraft. Somit steht der sogenannte ›vierte Grundsatz der Dialektik‹, der Grundsatz von der Einheit und dem Kampf der Gegensätze (der besagt, daß allen Gegenständen und Erscheinungen innere ›Widersprüche‹ eigen sind, deren Kampf das bewegende Moment ihrer Entwicklung und ihres Fortschritts ist) nicht im Konflikt mit dem Satz des Widerspruchs. Denn jene ›inneren Widersprüche‹, von denen die Dialektik spricht, sind nicht sich widersprechende Sachverhalte [...] sondern diese ›inneren Widersprüche‹ sind gegenseitg sich bekämpfende, in entgegengesetzten Richtungen wirkende Kräfte. Der vierte Grundsatz der Dialektik meint also das Wort ›Widerspruch‹ in anderer Bedeutung als der Satz des Widerspruchs[34].«

Ich bitte um Entschuldigung für dieses lange Zitat, aber ich denke, daß der aufmerksame Leser seine Bedeutung erfaßt haben wird. Hier wird nicht nur der Versuch weitergeführt, der sich bereits in der Debatte in der »Deutschen Zeitschrift für Philosophie« abgezeichnet hatte, sondern ein neues Element eingebracht, das politischer Natur, aber deswegen nicht minder bedeutsam ist. Im wesentlichen Teil seiner Ausführungen bestätigt Ajdukiewicz das, was bereits Harich und, besser als dieser, Paul Linke gesagt hatten. Der aristotelische Satz des Nicht-Widerspruchs vereint nicht die Existenz von Widersprüchen in der Realität ... *»unter der Bedingung, daß unter ›Widerspruch‹ antagonistische Tendenzen verstanden werden«,* d.h. unter der Bedingung, daß unter ›Widerspruch‹ nicht Widerspruch, sondern Gegenverhältnisse, *Nicht-Widerspruch,* die ›Realopposition‹ Kants verstanden wird. Das ist um so richtiger, als alles, was Ajdukiewicz sehr gut über Aktion und Reaktion, Wirkung und Gegenwirkung sagt, wörtlich Kants Ausführungen über Steigen und Fallen, Aufgehen und Untergehen und im allgemeinen über die sogenannten negativen Größen reproduziert. »Fallen (ist) nicht bloß vom Steigen so unterschieden [...] wie non a und a, sondern eben so positiv [...] als das Steigen«; »es sind die negativen Größen nicht Negationen von Größen«, d.h. Nicht-Größen und somit Nicht-Sein oder das Nichts, sondern vielmehr selbst positive.

Soweit stimmt alles und es taucht kein Problem auf. Das Problem entsteht hingegen, wenn das, was ich das »politische« Element genannt habe, hervortritt, d.h. wenn Ajdukiewicz – nachdem er gesagt hat, was er gesagt hat – sich überzeugt davon zeigt, daß seine Ausführungen mit dem vereinbar seien, was er merkwürdigerweise als den *vierten* Grundsatz der Dialektik bezeichnet (Engels hat bekanntlich nur drei aufgezählt), nämlich das *dialektische* Prinzip des Kampfes und der *Einheit* der Gegensätze.

Obwohl Ajdukiewicz tatsächlich am Ende der Seite wiederholt, daß es immer noch darum ginge, den »Widerspruch« im metaphorischen Sinne zu verstehen (und d.h. nicht als Widerspruch, sondern als *nicht widersprüchliches* Gegenverhältnis, ist es offensichtlich daß er zu intelligent und zu stringent ist, als daß man hier nicht wahrnehmen müßte, daß sich ein »Moment« von politischer Konzession eingemischt hat, von dem man nicht weiß, ob es freiwillig geleistet oder abgenötigt worden ist.

Man müßte sich jetzt noch mit der Resonanz befassen, die die Debatte in der deutschen philosophischen Zeitschrift in Georg Klaus' Buch *Einführung in die formale Logik* gefunden hat, jedoch werden wir darauf nur ganz kurz eingehen. Die wichtigsten oder bedeutsamsten Punkte für das uns interessierende Problem sind folgende:

a) die erneute Betonung der objektiven ontischen (oder wie Klaus sagt »ontologischen«) Bedeutung des aristotelischen Satzes des Nicht-Widerspruchs. »Dem Gesetz vom ausgeschlossenen Widerspruch liegt also ein fundamentales Gesetz der Wirklichkeit zugrunde«, sagt Klaus, »und dieses Gesetz widerspiegelt sich in unserem Denken als Satz vom ausgeschlossenen Widerspruch[35].«

b) die Wiederholung des Vorwurfs an Hegel, den Begriff »Widerspruch« mit Äquivokationen belastet zu haben, indem er ihn mit dem des Gegenverhältnisses verwechselte (obwohl Klaus auf den folgenden Seiten etwas Verwirrung stiftet, indem er hinsichtlich dieses Punktes gegen das Buch von M. Aebi, *Pouvoir de l'Esprit sur le Réel,* polemisiert)[36].

c) die politisch-metaphorische Verwendung des Ausdrucks »Widerspruch«, wie bereits bei Ajdukiewicz[37].

7

Ich bin so lange bei dem Versuch, der sich im Verlauf der Debatte in der »Deutschen Zeitschrift für Philosophie« abzeichnete, verweilt, weil dieser in einigen grundlegenden Punkten mit den Ergebnissen übereinstimmt, zu denen Della Volpe einige Jahre früher auf dem Höhepunkt einer langen originalen und gegen den Strom gerichteten Erfahrung in seiner *Logica come scienza positiva* (Logik als positive Wissenschaft) gelangt war. Bis auf den hier nicht interessierenden Unterschied, daß Della Volpe den dialektischen Widerspruch als rationales *Instrument,* um die objektive oder reale Opposition *denken* zu können, aufrechterhielt, besteht zwischen den Leitgedanken Della Volpes und der ostdeutschen und polnischen Logikers eine auffällige Übereinstimmung.

a) Vindizierung des aristotelischen Prinzips der Determination, d.h. des »exakten« und nicht-widersprüchlichen Charakters des *subjectum* oder materiellen Gehalts des Urteils.

b) Kritik der Hegelschen Hypostasierungsprozesse, d.h. der spekulativen Umkehrung von Vernunft und Materie, also der Verwirrung, die Hegel zwischen logischem Widerspruch und materiellem Gegenverhältnis bzw. zwischen Opposition-Einschließung und Opposition-Ausschließung als Gegenverhältnis unvereinbarer Gegensätze angerichtet hat (diese Umkehrung besteht, wie wir gesehen haben, einerseits darin, daß er die materiellen Unterschiede auf Unterschiede *innerhalb* der Vernunft reduziert, (d.h. auf ein Moment des logisch-dialektischen Widerspruchs), und dann unter der Hand den zuvor transzendierten materiellen Nicht-Widerspruch, nämlich die Realoppositionen wiederherstellt, um sie als Äußerungen oder Daseinsweisen ihres Gegenteils, nämlich des *Widerspruchs* und der auf diese Weise verselbständigten dialektischen Vernunft darzustellen).

c) Vindizierung der Ansätze der antispekulativen, antimetaphysischen Kritik Kants und im besonderen seiner grundlegenden Kritik an Leibniz: Vindizierung, die noch heute Entrüstung und Bestürzung auslöst, obwohl Lenin bereits in *Materialismus und Empiriokritizismus*, ohne daß er die Kritik der reinen Vernunft gelesen hätte, intuiert hatte (vgl. das gesamte Kapitel »Die Kritik des Kantianismus von links und von rechts«), daß Kant unter gewissen Aspekten »Materialist ist« oder zumindest »zum Materialismus neigt«.

Ich will mich hier nicht lange über die Überheblichkeit oder die gemessene Würde auslassen, mit der die Vestalinnen des italienischen Marxismus in der Prägung Croces die theoretischen Ergebnisse Della Volpes aufnahmen.* Hier kann es genügen, daran zu erinnern, daß sogar Togliatti sich die Ärmel aufkrempelte und sich *ex abrupto* an das Studium des Verhältnisses zwischen Marx und Hegel machte (das er dann zu seinem Glück nicht zu Ende führte). Dagegen ist es wichtig festzustellen, daß es damals fast niemandem in den Sinn kam, daß hinter dem, was als der Versuch eines ver-

---

* An dieser Stelle wurde vom Autor selbst eine geringfügige Änderung des Originaltextes vorgenommen. (A.d.Ü.)

schrobenen und rückwärtsgewandten Philosophen erschien (man stelle sich vor: die Wiederaufnahme von Aristoteles und Kant!), ein ungeheuer aktuelles Problem von entscheidender Bedeutung stand, nämlich das Verhältnis des Marxismus zur Wissenschaft. Die Wiederherstellung des Prinzips des Nicht-Widerspruchs war hier der obligatorische Durchgangspunkt. Um jenes Prinzip wiederherzustellen, war es notwendig, sich von den schwerwiegenden Äquivokationen zu befreien, mit denen Hegel den Ausdruck »Widerspruch« belastet hatte und mit der idealistischen Dialektik abzurechnen. Della Volpe begann und vollendete auch diese Arbeit, indem er mit dem alten und heruntergekommenen Diamat aufzuräumen begann, was angesichts der Tatsache, daß man in Italien und nicht in der DDR war, andere übernahmen und zu Ende führten.

Es ist schnell gesagt, zu welchem Ergebnis diese von Della Volpe begonnene Unternehmung führte. Ein großer Teil des philosophischen Werkes von Engels wurde liquidiert, und zwar nicht aus Voreingenommenheit, sondern weil genau darin die Quelle des *Diamat,* d.h. jener metaphysischen Kosmogonie, jenes regelrechten »philosophischen Romans« lag, auf den der Marxismus (ausgehend von der Epoche der III. Internationale) reduziert worden war, was gleichzeitig mit seiner Paralyse als *historischem Materialismus,* nämlich als politisch-ökonomischer Analyse der Gesellschaft und der modernen Welt einherging. Die wenigen und verstreuten Aussagen, in denen auch Marx für die »Dialektik der Materie« Partei zu ergreifen scheint, wurden übergangen, dagegen hob man vielmehr die große und unumstößliche Tatsache hervor, daß Marx das *Kapital,* die *Grundrisse* und die *Theorien über den Mehrwert* hinterlassen hat, d.h. keine Kosmogonie, sondern eine Analyse des modernen Kapitalismus.

Die gesamte vordergründig abstruse und merkwürdige Abhandlung über die Dialektik, den Widerspruch und das Gegenverhältnis war auf ein bestimmtes Ziel ausgerichtet. Da alles, was die *Diamatiker* als Widersprüche in der Realität darstellten und darstellen, in Wirklichkeit Gegenverhältnisse, d.h. Realoppositionen und somit *Nicht-Widersprüche* sind, kann und muß der Marxismus weiterhin von Konflikten und *objektiven Gegensätzen* in der Realität sprechen, jedoch ohne daß er deswegen eine eigene spezielle Logik (die Dialektik) für sich beanspruchen dürfte, (und um so weniger versuchen dürfte, diese der Wissenschaft aufzuzwingen), die sich von der Logik der bestehenden Wissenschaften unterscheidet und gegen diese gerichtet ist.

Mehr noch: der Marxismus kann fortfahren von den Kämpfen und den objektiven Konflikten in der Natur und in der Gesellschaft zu sprechen, indem er sich der nicht-widersprüchlichen Logik der Wissenschaft bedient, besser noch, indem er selbst Wissenschaft ist oder sich dazu macht.

Das also waren die Überlegungen, die Della Volpes Formel von Marx »als dem Galilei der moralischen Welt« zugrunde lagen (eine eindrucksvolle und großartige Formel, wenn sie nur wahr sein könnte). In einer modernen Sprache und mit einem außerordentlichen Reichtum an historisch-philosophischen Bezügen wurde eine alte und tiefgreifende Bestrebung des Marxismus wiederaufgenommen, die bereits Engels an Marx' Grab, Lenin in den »Volksfreunden« und Hilferding im »Finanzkapital« ausgesprochen hatten und nach ihnen Tausende andere: die Bestrebung des Marxismus, zum Fundament der Sozialwissenschaften zu werden, d.h. zu der *Wissenschaft von der Gesellschaft*: und Wissenschaft nicht im metaphorischen Sinne, sondern in der ernsthaften Bedeutung des Wortes, nämlich Wissenschaft in der gleichen Weise (wenn auch mit anderen Techniken) wie die Naturwissenschaften.

Hegel, so schien es, hatte nichts mit dem *Kapital* zu tun. Der Konflikt zwischen Kapital und Lohnarbeit war nichts anderes als eine *Realopposition,* d.h. ein Widerstreit von Kräften, vom Prinzip her denen nicht unähnlich, die Galilei und Newton analysiert hatten: ein scharfer und radikaler Konflikt, der dennoch (oder vielmehr gerade deswegen) nicht mit dem dialektischen Widerspruch verwechselt werden durfte. In den Vordergrund rückte, was Labriola, ohne deswegen des Positivismus bezichtigt zu werden, zu seiner Zeit als die »Naturalisierung« der Geschichte durch den Marxismus bezeichnet hatte. Und es tauchte der Begriff der »ökonomisch-sozialen Formationen« auf. Marx war der Wissenschaftler, der jene besonderen »artifiziellen« oder historischen Gattungen, die die im Lauf der menschlichen Geschichte aufeinandergefolgten Gesellschaftstypen sind, analysiert oder doch der Analyse erschlossen hatte. Und ». . . genauso wie die an einer ausreichenden Anzahl von Tatsachen bewiesene Idee des Transformismus auf das gesamte Gebiet der Biologie ausgedehnt wird, obwohl für einzelne Tier- und Pflanzenarten die Transformation noch nicht mit Sicherheit festgestellt werden konnte«; genauso »wie nun der Transformismus keineswegs den Anspruch erhebt, die ›gesamte‹ Geschichte der Entstehung der Arten zu erklären, sondern nur den, die Methoden dieser Erklärung auf die Höhe der Wissenschaft zu bringen, hat auch der Materialismus in der Geschichte nie den Anspruch erhoben, alles erklären zu wollen, sondern nur den, die nach einem Ausdruck von Marx (»Das Kapital«) ›einzig wissenschaftliche‹ Methode der Erklärung der Geschichte herauszuarbeiten[38].«

Zusammen mit all dem – mit der Vorstellung des Marxismus als materialistischer Soziologie – rückten auch die Vorstellung und das Interesse für den Begriff der Verallgemeinerung und wissenschaftlichen *Wiederholbarkeit* in der Geschichte in den Vordergrund (ein Problem, über das auch Luporini seinerzeit einen Aufsatz schrieb, der immer noch wichtig ist). Kurz gesagt, die Vorstellung von einer wechselseitigen Verbindung von Soziologie und Geschichte, genau in der Weise, wie sie einige Jahre später E. H. Carr in seinen sechs Vorlesungen zur Geschichte (»Was ist Geschichte?«, Stuttgart, [4]1974) formuliert hat, wo er schreibt: »Es ist unsinnig zu behaupten, Verallgemeinerungen seien der Geschichte fremd; die Geschichte gedeiht auf dem Boden von Verallgemeinerungen« (S. 63), und »je soziologischer die Geschichte und je historischer die Soziologie wird, desto besser für beide Teile« (S. 65). Das theoretische Instrumentarium war (oder schien) somit wiederhergestellt und verbessert: bereit einer Bewegung zu dienen, die gerade damals (Stalin war gestorben und der »Geheimbericht« bekanntgeworden), wenn auch um den Preis schwerer Mühen und aufbrechender Risse am Anfang einer radikalen Erneuerung und damit der Zurückgewinnung einer neuen Vitalität zu stehen schien. Es schien der Frühling der Welt zu sein. In Wirklichkeit und viel bescheidener war es nur der einiger von uns.

8

Der Punkt, über den die gesamte Argumentation in die Krise geraten mußte, reifte nach und nach heran. Indem ich das *Kapital,* vor allem jene ersten Abschnitte, die, wie Marx selbst zugegeben hat, die schwierigsten sind (und an manchen Stellen geradezu esoterisch) wieder und wieder las, glaubte ich zu verstehen, daß die Werttheorie und Theorie der Entfremdung und des Fetischismus eins sind. Die »abstrakte« oder »wertschöpfende« Arbeit ist die entfremdete Arbeit selbst[39]. So gewann Stärke, was ich schon viele

Jahre zuvor (am Anfang des VI. Kapitels meiner Einführung zu Lenins »Philosophischen Heften«) intuitiv erfaßt hatte, ohne daß es mir danach gelungen wäre, da ich innerhalb der Gedankengänge Della Volpes blieb, dies zu entwickeln und herauszuschälen: nämlich, daß die Hypostasierungsprozesse, die Substantialisierung des Abstrakten, die Verkehrung von Subjekt und Prädikat usw. weit davon entfernt waren, für Marx lediglich fehlerhafte Weisen der Hegelschen Logik, die Realität widerzuspiegeln, sondern daß dies vielmehr Prozesse waren, die er in der Struktur und Funktionsweise der kapitalistischen Gesellschaft selbst wiederfand (oder wiederzufinden glaubte: der Unterschied hat hier geringe Bedeutung).

Es schien mir unleugbar, daß in dieser Darstellung etwas Wahres liegt. Della Volpe ist es nie gelungen, über die Theorie des Fetischismus bei Marx Rechenschaft zu geben, und dies offensichtlich nicht, weil er es nicht wollte, sondern weil diese Theorie in seinem Argumentationsschema keinen Platz finden konnte. Dennoch (und trotz des schrecklichen Namens, auf den ich gern verzichten würde, wenn dies möglich wäre) ist diese Theorie in den ökonomischen Ausführungen Marxens wesentlich. Sie ist konstituierender Teil der Theorie des Kapitals, des Profits, des Zinses und der Grundrente, wie unter anderem auch die folgenden Abschnitte aus dem III. Band der *Theorien über den Mehrwert* zeigen.

»Die Form der Revenue und die Quellen der Revenue drücken die Verhältnisse der kapitalistischen Produktion in der *fetischartigsten* Form aus. Es ist ihr Dasein, wie es an der Oberfläche scheint, von dem verborgnen Zusammenhang und den vermittelnden Zwischengliedern getrennt. So wird die *Erde* die Quelle der *Grundrente,* das *Kapital* die Quelle des *Profits* und die *Arbeit* die Quelle des *Arbeitslohns.«* Dies wird nicht von der Weise, in der die Ökonomen die Wirklichkeit verkehrt verstehen, gesagt, sondern von der Weise, in der sich die Wirklichkeit selbst darstellt. Dafür spricht, was Marx gleich anschließend hinzufügt: »Die verdrehte Form, worin die wirkliche Verkehrung sich ausdrückt« (nota bene!) »findet sich natürlich reproduziert in den Vorstellungen der Agenten dieser Produktionsweise[40].« »Während der Zins bloß ein *unter besonderem Namen fixierter Teil* des Profits ist, erscheint der Zins hier als das dem Kapital als solchem, vom Produktionsprozeß getrennt, und daher nur dem bloßen Eigentum desselben, dem Eigentum von Geld und Ware (Geschuldete), getrennt von den Verhältnissen, die diesem Eigentum den Charakter des kapitalistischen Eigentums, weil den Gegensatz gegen die Arbeit, geben; [. . .][41].« Auch hier betrifft das Gesagte nicht die Weise, in der die *Vulgärökonomie* die Dinge darstellt, sondern vielmehr die Weise, in der *sich* die kapitalistische Wirklichkeit selbst *darbietet.* »Die vollständige *Versachlichung, Verkehrung* und *Verrücktheit* des Kapitals als zinstragendes Kapital[42]«, schreibt Marx hier der *Wirklichkeit* des Kapitals selbst zu – wie mißlich auch immer diese Betrachtungsweise sein mag – und nicht dem *Begriff,* den sich die Ökonomen davon gemacht haben. Seine These ist, kurz gesagt, daß »alles in dieser Produktionsweise sich verkehrt darstellt«[43].

Diese Darstellungsweise, die den Begriffen des *Werts,* des *Geldes,* des *Kapitals* selbst zugrunde liegt, hat natürlich nichts mit der Ökonomie Smith' und Ricardos zu schaffen. Das Geld Ricardos ist der numéraire. Um dagegen zu verstehen, was das Geld bei Marx ist, muß man das Kapitel über das Geld in den *Grundrissen* lesen. Während das Geld bei Ricardo ein Maß ist, ist es bei Marx ein Produkt der Entfremdung (der »Gott der Waren«): einer Entfremdung, die in der gleichen Weise strukturiert ist wie bei Feuerbach, wobei sie dort wiederum in der gleichen Weise strukturiert ist (wenn auch verkehrt) wie die Entfremdung Hegels. Die gesamte Diskussion, die von Bortkiewicz begonnen und von Sraffa zu Ende geführt wurde, schwebt unter diesem Blickwinkel in der Luft. Bortkiewicz nimmt an, daß das »Geld« Marxens das »Geld« Ricardos ist. Unter dem Gesichtspunkt des Ökonomen ist es *vielleicht* notwendig, das zu tun, unter dem Gesichtspunkt dessen, was Marx sagen wollte, hat es keinerlei Sinn.

Ich will diese Ausführungen nicht unnötig in die Länge ziehen. Der Sinn, dessen was ich sagen will ist, daß es zwei Marx gibt. Auf der einen Seite gibt es den Marx der Vorworte zum *Kapital,* dessen Werk eine Weiterführung und Vollendung der politischen Ökonomie als *Wissenschaft,* wie von Smith und Ricardo begonnen, darstellt. Auf der anderen Seite gibt es den Marx, der *Kritiker der politischen Ökonomie* ist (nicht der *bürgerlichen* politischen Ökonomie, sondern der politischen Ökonomie *schlechthin*), der die Analyse Smith' und Ricardos mit einer Theorie der Entfremdung verflicht (und umstülpt), von der die Ökonomen nichts wissen. Im ersten Fall wird die ökonomisch-wissenschaftliche Analyse auf eine Realität bezogen, die positiv vorausgesetzt wird, wie dies jede Wissenschaft tut. Im zweiten Fall ist die Realität, von der die Rede ist, verkehrt, »auf den Kopf gestellt«: es ist nicht die Realität *sic et simpliciter*, sondern die Realisierung der Entfremdung. Es ist keine positive Realität, sondern eine, die umgestürzt und verneint werden muß.

Wie tief diese Kluft ist, muß nicht gesagt werden. Auf der einen Seite die politische Ökonomie, die insofern als sie Wissenschaft ist, objektive ökonomische Gesetze untersucht und feststellt (die berühmten »ökonomischen Bewegungsgesetze der modernen Gesellschaft«), die in allem den Naturgesetzen gleich sind und die Marx selbst im Vorwort zum *Kapital Naturgesetze* nennt (»An und für sich handelt es sich nicht um den höheren oder niedrigeren Entwicklungsgrad der gesellschaftlichen Antagonismen, welche aus den Naturgesetzen der kapitalistischen Produktion entspringen. Es handelt sich *um diese Gesetze selbst*, um diese mit eherner Notwendigkeit wirkenden und sich durchsetzenden *Tendenzen*« – Hervorhebungen L. C.). Einerseits also verfährt die politische Ökonomie wie die Naturwissenschaft selbst: »Die ökonomischen Gesetze, von denen die klassische politische Ökonomie sprach«, schreibt Dobb, »waren objektive Gesetze, die die Menschen, welches auch immer ihre bewußten Pläne waren, wie in einer ›unsichtbaren Hand‹ hielten, ein Reich des Gesetzes auf sozialem Gebiet ähnlich dem des Determinismus, den die Wissenschaft zu jener Zeit auf dem Gebiet der Natur zu entdecken begann. Entweder gibt es diese Gesetze, diese objektiven Tendenzen, oder es gibt sie nicht: im letzteren Fall ist die politische Ökonomie, so wie sie traditionell aufgefaßt war, eine reine Illusion[44].«

Andererseits sind diese scheinbar materiellen oder objektiven Gesetze nichts anderes als die *fetischistische Verdinglichung* der gesellschaftlichen Verhältnisse der Menschen, die deren Kontrolle entglitten sind. Sie sind keine natürliche Objektivität, sondern Entfremdung. Derart, daß Marx über Ricardos Betrachtungen zum Fall der Profitrate schreiben kann: »Es zeigt sich hier in rein ökonomischer Weise, d.h. vom Bourgeoisstandpunkt, innerhalb der Grenzen des kapitalistischen Verstandes, vom Standpunkt der kapitalistischen Produktion selbst, ihre Schranke, ihre Relativität (. . .)[45].«

Man könnte einwenden, daß gerade die Überlegungen, die ich hier entwickle, Della Volpe von der Kritik freisprechen, die ich zuvor an ihm geübt habe. In seinem Marx-Verständnis war kein Platz für die Fetischismustheorie, gerade weil er an der Interpretation von Marx als »Wissenschaftler« festhielt. Mit ihm wiederholte sich, in anderen Worten, eine Konstante in der Geschichte der Marx-Interpretation, die bereits bei Kautsky, Hilferding, Lenin, Bucharin u.a. vorhanden ist: daß es ausgehend von der Einschätzung von Marx als Wissenschaftler unmöglich wird, jenen anderen Aspekt seines Denkens (wenngleich er auch im Werk des reifen Marx so tief verwurzelt ist), nämlich die Theorie der Entfremdung und des Fetischismus, aufrechtzuerhalten und ihm Ausdruck zu verleihen.

Nicht zufällig übrigens hat sich Althusser, der diese Theorie als Residuum Feuerbachs im jungen Marx betrachtet, als er sie nicht nur in den *Pariser Manuskripten* von 1844, sondern fast im gesamten späteren Werk Marxens vorgefunden hat, gezwungen gesehen, den Zeitpunkt der *coupure* immer weiter nach vorn zu verlegen, bis er dahin gelangte, von dem gesamten Marxschen Werk nur jene wenigen Seiten zu retten, die dieser kurz vor seinem Tode unter dem Titel *Randglossen zu Adolph Wagners »Lehrbuch der politischen Ökonomie«* geschrieben hat. (Die Gegenprobe für diesen Sachverhalt ist allseits bekannt: der Lukács von *Geschichte und Klassenbewußtsein,* der Korsch von *Marxismus und Philosophie* und auf ihren Fährten die gesamte Frankfurter Schule, müssen, indem sie sich auf die Fetischismustheorie und auf die Interpretation von Marx als »Kritiker der politischen Ökonomie« stützen, alle Brücken zu der These des Marxismus als Wissenschaft abbrechen.)

Kehrt man nun jedoch zu Della Volpe zurück, so sind die exegetischen und theoretischen Grenzen seiner Marx-Interpretation offensichtlich. Indem er nicht die beiden Aspekte des Marxschen Werkes erkannte (die einander entgegengesetzt sind und sich widerstreiten, sich andererseits jedoch auch wechselseitig verlangen und deren Nebeneinanderbestehen also problematisiert werden muß, wenn auch nicht leicht zu sehen ist, auf welche Weise sie zusammengefügt werden könnten), blieb er der Aporie verhaftet, die die Geschichte der Marx-Interpretationen kennzeichnet. Wo der Marxismus eine *wissenschaftliche* Theorie des gesellschaftlichen Werdens ist, ist er allenfalls eine »Zusammenbruchstheorie«, jedoch keine Theorie der Revolution; umgekehrt läuft er, wo er eine Revolutionstheorie ist, Gefahr, sich als das Projekt einer utopischen Subjektivität zu erweisen, weil er *nur* eine »Kritik der politischen Ökonomie« ist. Diese Aporie widerspiegelt sich in Della Volpes Werk in der Form einer tiefgreifenden Unsicherheit hinsichtlich der Natur des Marxismus als Sozialwissenschaft. Während nämlich *Logica come scienza positiva* (Logik als positive Wissenschaft) gerade auf die These von der Identität der Natur- und der Sozialwissenschaften hinausläuft (Identität der Logik, wenn auch nicht der Techniken), wird diese Identität in den späteren Arbeiten aufgegeben (vgl. z.B. den Aufsatz *Sulla dialettica* von 1962), was so weit führt, daß der Autor sich veranlaßt fühlt, sogar den Titel seines Hauptwerkes abzuändern.*

9

Nehmen wir die zentrale Überlegung dieser Ausführungen wieder auf. Die Widersprüche des Kapitalismus – von dem Widerspruch zwischen Kapital und Lohnarbeit bis hin zu allen anderen – sind für Marx keine »Realoppositionen« (wie ich selbst, Della Volpe folgend, bis gestern geglaubt habe), d.h. objektive Gegensätze, jedoch »ohne Widerspruch«: Vielmehr sind die *dialektische Widersprüche* im wahrsten Sinn des Wortes. Was mir also vor allem zu tun bleibt ist, diese Behauptung zu beweisen. Danach werde ich unter Einbeziehung all dessen, was zuvor gesagt wurde, versuchen ein Resumé zu ziehen. Hier muß ich einige Aussagen heranziehen, die einer der wichtigsten Abhandlungen entnommen sind, die Marx über die Krisentheorie hinterlassen hat (eine Theorie, die im übrigen bekanntlich unvollendet blieb), die sich im letzten Teil des zweiten Bandes der *Theorien über den Mehrwert* findet. Im besonderen handelt es sich um den Begriff der (abstrakten) *Möglichkeit* der Krise, den Marx dem sogenannten »Gesetz der Absatzmärkte« von James Mill und Say entgegensetzte, die sogar die einfache Möglichkeit der Krise leugneten.
Diese Möglichkeit tritt dagegen für Marx bekanntlich bereits mit der Trennung von Ware (W) und Geld (G) auf. Kaum ist das Geld aufgekommen, können Kauf und Verkauf, die im Tauschhandel unmittelbar zusammenfallen, *zeitlich und räumlich* auseinanderfallen, nämlich so, daß der Verkäufer weder gezwungen ist, unmittelbar wieder zu kaufen, noch (selbst angenommen, er würde dies sofort tun wollen) dies auf demselben Markt tun müßte, auf dem er vorher verkauft hat. Diese Trennung von Kauf und Verkauf, worin die Zirkulation oder Metamorphose der Ware

* (Della Volpe änderte den Titel »Logica come scienza positiva« – »Logik als positive Wissenschaft« in »Logica come scienza storica« – »Logik als historische Wissenschaft« ab. Anm.d.Ü.)

(W-G-W) besteht, schafft nun genau – Marx zufolge – die erste abstrakte Möglichkeit der Krise. *Abstrakt:* in dem Sinne, daß gewiß die Kategorien von Ware und Geld, die auch allen vorkapitalistischen Gesellschaften gemein sind, nicht ausreichen, um die Krise, die ein typisch modernes Phänomen ist zu erklären. Und andererseits jedoch *Möglichkeit,* in dem Sinne, daß wenn auch die Trennung von Kauf und Verkauf, von Geld und Ware gewiß keine *hinreichende* Bedingung für das Eintreten der Krise ist, so ist sie dennoch eine *notwendige.*

Die hier vorweggenommenen Formulierungen finden sich auch in einer besonders komplexen Stelle des ersten Bandes des *Kapital,* die hier vorläufig nur wiedergegeben werden und später erläutert werden soll. »Keiner kann verkaufen, ohne daß ein andrer kauft. Aber keiner braucht unmittelbar zu kaufen, weil er selbst verkauft hat. Die Zirkulation sprengt die zeitlichen, örtlichen und individuellen Schranken des Produktentausches eben dadurch, daß sie die hier vorhandne unmittelbare Identität zwischen dem Austausch des eignen und dem Eintausch des fremden Arbeitsprodukts in den Gegensatz von Kauf und Verkauf spaltet. Daß die selbständig einander gegenübertretenden Prozesse eine innere Einheit bilden, heißt ebensosehr, daß ihre innere Einheit sich in äußeren Gegensätzen bewegt. Geht die äußerliche Verselbständigung der innerlich Unselbständigen, weil einander ergänzenden, bis zu einem gewissen Punkt fort, so macht sich die Einheit gewaltsam geltend durch eine *Krise.* Der der Ware immanente Gegensatz von Gebrauchswert und Wert, von Privatarbeit, die sich zugleich als unmittelbar gesellschaftliche Arbeit darstellen muß, von besondrer konkreter Arbeit, die zugleich nur als abstrakt allgemeine Arbeit gilt, von Personifizierung der Sache und *Versachlichung* der Personen – dieser immanente *Widerspruch* erhält in den Gegensätzen der Warenmetamorphose *seine entwickelten Bewegungsformen.* Diese Formen schließen daher die *Möglichkeit,* aber auch nur die Möglichkeit der Krisen ein. Die Entwicklung dieser Möglichkeit zur Wirklichkeit erfordert einen ganzen Umkreis von Verhältnissen, die vom Standpunkt der einfachen Warenzirkulation noch gar nicht existieren[46].« (Hervorhebungen L. C.)

Alle kapitalistischen Widersprüche sind für Marx die Entwicklung des der Ware innewohnenden Widerspruchs von Gebrauchswert und Wert, von nützlicher oder individueller und abstrakter gesellschaftlicher Arbeit. Der *innere* Widerspruch der Ware *äußert sich* in dem Widerspruch von Ware (W) und Geld (G). Der Widerspruch von Ware und Geld entfaltet sich seinerseits in dem Widerspruch zwischen Kapital und Lohnarbeit, d.h. zwischen dem Besitzer des Geldes (G) und dem Besitzer jener besonderen Ware (W), der Arbeitskraft, deren Gebrauchswert die Eigentümlichkeit hat, Quelle des Werts und damit des Kapitals selbst zu sein.

Da nun die beiden Enden, die Pole des Gegensatzes, innerhalb dessen sich die »Möglichkeit« der Krise entwickelt, Ware und Geld sind, d.h. Größen, die eine wirkliche Existenz haben und *deren eine selbständig von der anderen existiert,* liegt auf der Hand, daß, wenn wir die Ausführungen von Marx aus der *Kritik* von 1843 darauf anwenden wollten, wir den Schluß ziehen müssen, daß, da es sich um wirkliche Extreme handelt, Ware und Geld nicht nur »nicht miteinander vermittelt werden können«, sondern daß sie »auch keiner Vermittlung bedürfen, da sie entgegensetzten Wesens sind. Sie haben nichts miteinander gemein, sie verlangen einander nicht, sie ergänzen einander nicht.« Dies war im wesentlichen die Schlußfolgerung, die ich selbst bislang immer (im Kielwasser Della Volpes) hinsichtlich des Wesens der kapitalistischen Gegensätze gezogen hatte. Jedoch ist diese Schlußfolgerung, wie die Texte über die Krise (die wir sehen werden) *ad abundantiam* zeigen, offensichtlich falsch. In der Tat wird uns in derselben Textstelle aus dem *Kapital,* die wir angeführt haben, mitgeteilt, daß, wenn es auch stimmt, daß Ware und Geld »äußerlich verselbständigt« sind, sie doch »innerlich unselbständig, weil einander ergänzend« sind: so daß, geht ihre äußerliche Verselbständigung bis zu einem gewissen Punkt fort, »sich die Einheit gewaltsam geltend (macht) durch eine – *Krise*«.

Vermutlich lachen sich die »dialektischen Materialisten« an diesem Punkt ins Fäustchen. Ich fürchte jedoch, daß sie auch dieses Mal nicht richtig verstanden haben. Wenn es tatsächlich stimmt, daß die Trennung von Ware und Geld für Marx ein *dialektischer Widerspruch sich gegenseitig ergänzender Gegensätze* ist und daß sich dieser Widerspruch zwischen wirklichen, d.h. voneinander selbständigen Gegensätzen entwickelt (was alles umzustürzen scheint, was wir bisher vertreten haben), so stimmt jedoch auch, daß die *Wirklichkeit* dieser Extreme hier von einer ganz speziellen Art ist. Auf S. 510 des zweiten Bandes der *Theorien über den Mehrwert* erklärt Marx, daß die »Möglichkeit der Krise« die »Möglichkeit (ist), daß Momente, die zueinander gehören, die untrennbar sind, sich zertrennen und daher gewaltsam vereint werden, ihre Zusammengehörigkeit durch die Gewalt, die ihrer wechselseitigen Selbständigkeit angetan wird, durchgesetzt wird[47]«. Man beachte: die Pole des Widerspruchs sind hier wohl selbständig, getrennt – und dennoch *untrennbar*. Sie haben Wirklichkeit angenommen, insofern sie sich getrennt haben, aber insofern sie untrennbar, voneinander selbständig sind, sind sie real geworden, obwohl sie es nicht wirklich sind. Sie sind als Sachen real geworden, obwohl sie keine Sachen sind: sie sind, kurz gesagt, ein Produkt der Entfremdung, sie sind an sich irreale, wenn auch *versachlichte* Größen.

Und dies ist der rote Faden, der sich durch alle diese Seiten über die Krise zieht. Zweiter Band (der *Theorien über den Mehrwert*), S. 509: *Soweit aber Austausch stattfände,* fielen seine Momente nicht auseinander; die »Möglichkeit der Krise« liegt somit in der »Möglichkeit der Zerreißung und des Auseinanderfallens wesentlich sich ergänzender Momente«.

Man beachte ferner: die Krise tritt ein, wenn die Momente des Tauschs (Ware und Geld, Kauf und Verkauf), obwohl sie Momente sind, die wesentlich zusammengehören, die sich wechselseitig ergänzen und *nicht* selbständig voneinander existieren – sich trennen und beanspruchen selbständig voneinander zu sein, d.h. sich eine selbständige Realität zu verschaffen suchen, dann macht sich ihre »innere Einheit« gewaltsam geltend und setzt mit der Krise die Untrennbarkeit der getrennten Momente durch.

Wir ersparen dem Leser den Kommentar zu den anderen Passagen, die alle mit unverwechselbarer Klarheit die gleiche Argumentation wiederholen. Es liegt mir hier einzig daran, kurz nachzuweisen, warum der »dialektische Materialismus«, der in der Marxschen Theorie des *kapitalistischen* Widerspruchs die Bestätigung der eigenen Thesen zu finden glaubt, sich gewaltig irrt. Für den dialektischen Materialismus ist der Widerspruch die Grundeigenschaft *jeder beliebigen* Realität. Sein grundlegendes Prinzip sind die Aussagen, die Hegel im Zweiten Buch der *Logik der Wissenschaft* macht:

»*Alle Dinge sind an sich selbst widersprechend*«[48]; »etwas ist also lebendig, nur insofern es den Widerspruch in sich enthält, und zwar diese Kraft ist, den Widerspruch in sich zu fassen und auszuhalten«[49]. Aus diesen Voraussetzungen folgert der dialektische Materialismus, wie bereits gesagt, daß »Realität« und »dialektischer Widerspruch« die gleiche Sache sind, d.h. austauschbare Ausdrücke und Begriffe. Für ihn ist *alles* Widerspruch. Widerspruch sind die mechanische Bewegung und die Zelle, Aktion und Reaktion in der Physik, ebenso wie das Verhältnis von Lohnarbeit und Kapital: es gibt keine Sache oder Realität, die nicht den Widerspruch in sich trüge.

Im Falle der hier untersuchten Ausführungen von Marx ist dagegen alles anders. Der kapitalistische Widerspruch rührt für ihn nicht daher, daß auch der Kapitalismus eine »Realität« ist[50]. Im Gegenteil: der Kapitalismus ist für Marx widersprüchlich, weil er eine verkehrte Realität ist, umgestülpt, d.h. »auf dem Kopf stehend«. Kurz gesagt: während der dialektische Materialismus erlaubt, von jedem Objekt mit axiomatischer Gewißheit und von jeglicher Analyse zu behaupten, daß ihnen gleich allen Dingen des Universums Widersprüche innewohnen, ist der Widerspruch für Marx dagegen das spezifische Merkmal des Kapitalismus, die Charakteristik oder Eigenschaft, die ihn nicht nur gegenüber allen anderen Gesellschaftsformen, sondern gegenüber allen Erscheinungen des Kosmos kenntlich und eigentümlich macht.

»Die *Trennung*«, schreibt Marx, »erscheint als das normale Verhältnis in dieser Gesellschaft. Wo sie also nicht faktisch stattfindet, wird sie supponiert und, wie eben gezeigt, sogar richtig; denn (im Unterschied z.B. von altrömischen oder norwegischen Zuständen oder amerikanischen im Nordwesten der United States) *erscheint hier die Vereinigung als zufällig, die Trennung als normal* (Hervorhebung L. C.), und wird daher die Trennung als das Verhältnis festgehalten, selbst wenn die Person die verschiedenen Funktionen vereinigt[51].«

Von neuem: die Trennung oder das Auseinanderfallen dessen, was untrennbar ist, d.h. von »Momenten, die sich wesentlich ergänzen« und die sich dennoch voneinander verselbständigen; und – mit dieser Trennung oder Zertrennung – die Verkehrung oder Umstülpung: wodurch das, was wesentlich ist (die Einheit), zufällig wird und umgekehrt das Zufällige die Norm. Die Theorie des Fetischismus oder der kapitalistischen Entfremdung und die Theorie des Widerspruchs fügen sich hier ganz eng zusammen: sie erweisen sich lediglich als zwei verschiedene Ausdrucksweisen derselben Sache. Das ging übrigens bereits aus der am Anfang dieses Abschnitts angeführten Textstelle aus dem *Kapital* hervor: wo der durch die Tatsache verursachte *Widerspruch,* daß sich in der Krise zwei Momente als »einander äußerlich selbständige gegenübertreten, die innerlich unselbständig, weil einander ergänzende sind«, mit der Verkehrung oder dem Fetischismus verbunden war, aufgrund deren sich die »Personifizierung der Sache« und die »Verdinglichung oder Versachlichung der Person« herstellen. *Die Theorie der Entfremdung und die Theorie des Widerspruch sind also wie eine einzige und identische Theorie – die (wie wir jetzt hinzufügen können) die Werttheorie selbst in sich einschließt und umfaßt.* Weil der Grundwiderspruch (man siehe erneut die angeführte Stelle aus dem *Kapital*), auf den alles zurückgeht, die der Ware innewohnende *Trennung* »von Gebrauchswert und Wert, von Privatarbeit, die sich zugleich als unmittelbar gesellschaftliche Arbeit darstellen muß, von besonderer konkreter Arbeit, die zugleich nur als abstrakt allgemeine Arbeit gilt«, ist.

Der Widerspruch entsteht, kurz gesagt, aus der Tatsache, daß der individuelle und der gesellschaftliche Aspekt der Arbeit, die »aufs engste verbunden« sind (weil es Aspekte einer Arbeit sind, die das Individuum *in* Gesellschaft verrichtet), eine voneinander *getrennte* Verkörperung und Existenz annehmen: der individuelle oder konkrete Aspekt der Arbeit im »Gebrauchswert« der Ware; der gesellschaftliche Aspekt dagegen eine andere, ihm eigentümliche Existenz – getrennt und deswegen *abstrahiert* von der des ersteren – im »Wert« der Ware.

Der Widerspruch geht also auf das Wesen dieser Gesellschaft selbst zurück. In dieser sind die Individuen, obwohl sie in Gesellschaft leben, nicht nur voneinander getrennt und miteinander in Konkurrenz, sondern sind auch, gerade weil sie voneinander getrennt sind, auch von der Gesellschaft, d.h. von ihrem Gesamtverhältnis getrennt. Hier wo alle voneinander unabhängig sind, wird auch ihr wechselseitiges Verhältnis *unabhängig* von allen Individuen. Das bedeutet, daß das gesellschaftliche Verhältnis (die Gesellschaft) eine eigene Existenz gewinnt, die getrennt oder an sich im Geld und im Kapital besteht und die gerade, weil sie eine *selbständige* Existenz ist, der Kontrolle der Menschen, deren Verhältnis sie doch ist, entgleitet.

In einem Wort ist dies der Widerspruch von *Individuum* und *Gattung,* von Natur und Kultur, den alle größten Erforscher der »bürgerlichen Gesellschaft« des 18. Jahrhunderts von Rousseau und Kant bis zu Hegel bereits festgestellt haben und der (wenn auch mit tiefgreifenden Veränderungen) in das Marxsche Werk übergeht. Die moderne Gesellschaft ist die Gesellschaft der Trennung (Entfremdung, Widerspruch). Was früher einmal vereint war, ist nun zerrissen und getrennt. Die »ursprüngliche Einheit« des Menschen mit der Natur und des Menschen mit dem Menschen ist nun zerbrochen. Und gerade weil diese Einheit ursprünglich und deswegen »gegeben« war, muß Marx zufolge nicht sie erklärt werden, sondern vielmehr die *Trennung*, die mit der Entwicklung in der Geschichte des Kapitalismus und der »bürgerlichen Gesellschaft« aufgetreten ist. »Nicht die *Einheit* der lebenden und tätigen Menschen – mit den natürlichen, unorganischen Bedingungen ihres Stoffwechsels mit der Natur, und daher ihre Aneignung der Natur – bedarf der Erklärung oder ist Resultat eines historischen Prozesses, sondern die *Trennung* zwischen diesen unorganischen Bedingungen des menschlichen Daseins und diesem tätigen Dasein, eine Trennung, wie sie vollständig erst gesetzt ist im Verhältnis von Lohnarbeit und Kapital[52].« »Der Mensch«, fügt Marx hinzu, »vereinzelt sich erst durch den historischen Prozeß. Er erscheint ursprünglich als ein *Gattungswesen, Stammwesen, Herdentier* [. . .]. Der Austausch selbst ist ein Hauptmittel dieser Vereinzelung. Er macht das Hürdenwesen überflüssig und löst es auf[53].« Marx schließt: »Der historische Prozeß war die Scheidung bisher verbundner Elemente – sein Resultat ist daher nicht, daß eins der Elemente verschwindet, sondern daß jedes derselben in negativer Beziehung auf das andere erscheint –, der freie Arbeiter (der Möglichkeit nach) auf der einen Seite, das Kapital (der Möglichkeit nach) auf der andren. Die Scheidung der objektiven Bedingungen von seiten der Klassen, die in freie Arbeiter verwandelt worden, muß ebensosehr als eine Verselbständigung dieser selben Bedingungen am entgegengesetzten Pol erscheinen[54].«

Eine ursprüngliche Einheit also, auf die das Zeitalter des fortschreitenden Zerbrechens und der Trennung folgt, die im Kapitalismus ihren Höhepunkt erreichen sollten; und schließlich auf der Grundlage der neuen und entwickelteren Bedingungen die Wiederzusammenfügung des Widerspruchs von Individuum und Gattung, d.h. Überwindung der Trennung des Menschen vom Menschen ebenso wie der des Menschen von der Natur. Hier taucht, wenn auch abgewandelt, das Schema der Hegelschen Geschichtsphilosophie wieder auf. Und gerade hierin entdeckt man das zweite Antlitz von Marx, neben dem des Natur*wissenschaftlers* und Empirikers.

Ziehen wir nun das Resumé aus der gesamten Argumentation.

a) Das grundlegende Prinzip des Materialismus und der Wissenschaft ist – wie wir gesehen haben – das Prinzip des Nicht-Widerspruchs. Die Realität verträgt keine dialektischen Widersprüche, sondern nur Realoppositionen, Widerstreit von Kräften, Gegenverhältnisse. Und dies sind Gegensätze *ohne Widerspruch*, d.h. Nicht-Widersprüche statt dialektische Widersprüche.

Auf diese Aussagen kann ich nicht verzichten, weil sie das Prinzip der Wissenschaft sind. Und die Wissenschaft ist die einzige Weise, die Realität zu begreifen, die einzige Weise, die Welt kennenzulernen. Es kann keine zwei (qualitativ verschiedene) Formen von Erkenntnis geben. Eine Philosophie, die beansprucht, sich einen eigenen, von dem der Wissenschaft verschiedenen Kanon zu geben, ist Erbauungsphilosophie, d.h. (kaum verschleierte) Religion.

b) Andererseits sind die kapitalistischen Gegensätze für Marx dialektische Widersprüche und nicht Realoppositionen. Wir haben gesehen, daß dies nicht den *Diamat* zu rehabilitieren vermag. Der Kapitalismus ist für Marx nicht widersprüchlich, weil er eine Realität ist, sondern vielmehr weil er eine verkehrte, auf dem Kopf stehende Realität ist (Entfremdung, Fetischismus).

c) Wenn dies auch gewiß nicht den *Diamat* rehabilitieren kann, so ist es doch eine Bestätigung dafür, daß Marx zwei Gesichter hat, das des Wissenschaftlers und das des Philosophen. Ich beschränke mich vorerst auf diese Feststellung, der ich keinerlei abschließende Bedeutung beimesse. Die Sozialwissenschaften haben noch keine wirkliche Begründung gefunden. Daher weiß ich nicht, ob diese Doppelgesichtigkeit verhängnisvoll oder gewinnbringend ist. Sicher ist jedoch, daß es darum gehen wird herauszufinden, ob und wie die beiden Gesichter sich wieder zusammenfügen lassen, was ernsthaft und ohne jegliche verbale Ausflucht zu geschehen hätte.

Anmerkungen

1 Hegel, G. W. F., Vorlesungen über die Geschichte der Philosophie, Stuttgart 1928, Bd. XVIII, S. 222 f.
2 Vgl. auch W. C. Kneale und M. Kneale, The development of logic, Oxford 1962 (At the Clarendon Press), S. 20 f.
3 Cassirer, E., Das Erkenntnisproblem in der Philosophie und Wissenschaft der neueren Zeit, Berlin 1920, III. Bd., S. 306 f.
4 Hartmann, N., Die Philosophie des deutschen Idealismus, 3. unveränderte Aufl., Berlin 1974, S. 428
5 Ebda., S. 382
6 Marx, K., Kritik des Hegelschen Staatsrechts, in: MEW 1, S. 292
7 Kroner, R., Von Kant bis Hegel, Tübingen 1924, 2. Bd., S. 352, Anmerkung 1, gibt, wo er von den empirischen Gegensätzen handelt, einige nützliche Erklärungen, indem er hervorhebt, »daß sich diese empirischen Begriffe (verhalten) wie Positives und Negatives zueinander, *sie schließen sich aus; aber sie ergänzen sich nicht* . . .«.
8 Kant, I., Vorkritische Schriften II, Berlin 1968, S. 171
9 Ebda., S. 171 f.
10 Ebda., S. 172
11 Ebda., S. 176
12 Ebda., S. 173
13 Ebda., S. 175
14 Ebda., S. 169. Die Behandlung der Unterscheidung zwischen logischer Opposition und Realopposition durch Kant von seiten der Interpreten ist allgemein sehr unzureichend, nicht nur was die ›Vorkritischen Schriften‹, sondern auch was die ›Kritik der reinen Vernunft‹ anbelangt. Vgl. z.B. N. Kemp Smith, A Commentary to Kant's »Critique of Pure Reason«, II. ed., New York 1962, S. 421 ff. Nützliche Überlegungen finden sich dagegen bei Cassirer, Kants Leben und Lehre, Berlin 1918, jetzt Darmstadt 1972, S. 77 f.
15 Lenin, W. I., Aus dem philosophischen Nachlaß, in: Werke Bd. 38, S. 338
16 a.a.O.
17 Mao Tse-tung, Ausgewählte Werke Bd. I, Peking 1968
18 Korsch, K., Der Empirismus in der Philosophie Hegels. Auf Deutsch bisher unveröffentlichtes Manuskript der am 27. Oktober 1931 bei der Gesellschaft für empirische Philosophie, Berlin, abgehaltenen Konferenz.
19 Luporini, C., Spazio e materia in Kant, Florenz 1961, S. 59
20 Ebda., S. 74
21 Ebda., S. 116
22 Hegel, G. W. F., Wissenschaft der Logik. Erstes Buch. Stuttgart 1928, Bd. IV, S. 181, Anmerkung 2
23 a.a.O.
24 Kroner, Von Kant bis Hegel, a.a.O., 2. Bd., S. 360
25 Engels, F., Dialektik der Natur, MEW 20, S. 512
26 Ebda., S. 483
27 Ebda., S. 486
28 Tarski, A., La concezione semantica della verità e i fondamenti della semantica. In: »Semantica e filosofia del linguaggio, Mailand 1969, S. 29 (direkt nach der veränderten italienischen Übersetzung zit.). Deutsch: Tarski,

Der Wahrheitsbegriff in den formalisierten Sprachen. In: »Studia Philosophica«, Vol. 1 (1936)

29 Ausführliche Hinweise auf diese Diskussion finden sich bereits bei N. Merker, Le origine della logica hegeliana (Die Ursprünge der Hegelschen Logik), Mailand 1961, S. 120, S. 358–60 und ff.

30 Harich, W., Beitrag zur Logik-Debatte. In: »Deutsche Zeitschrift für Philosophie«, 1953, Nr. 1, S. 205

31 Linke, P. F., Über Fragen der Logik. In: »Deutsche Zeitschrift für Philosophie«, 1953, Nr. 2, S. 358. Die Behauptung, daß die Realität Nicht-Widerspruch ist und somit in der Realität keine Widersprüche existieren, geht natürlich zusammen mit der Anerkennung, daß in der Realität Konflikte und Realopposition existieren.

32 Ebda., S. 359

33 a.a.O.

34 Ajdukiewicz, Abriss der Logik, Berlin 1958, S. 79 f.

35 Klaus, G., Einführung in die formale Logik, Berlin 1959, S. 50

36 Ebda., S. 52 f.

37 Ebda., S. 50 f. und 54 f.

38 Lenin, W. I., Ausgewählte Werke Bd. 1, Berlin 1952, S. 39

39 Dieser Aspekt meiner Forschung ist von C. Napoleoni in seiner Einleitung zu P. M. Sweezy, La teoria dello sviluppo capitalistico (deutsch: Theorie der kapitalistischen Entwicklung), Turin 1970, sowie in seinen Lezioni sul Capitolo sesto inedito di Marx, Turin 1972 (deutsch: Vorlesungen über das VI. unveröffentlichte Kapitel des Ersten Bandes des »Kapital« von Marx, in: Napoleoni, Ricardo und Marx, Frankfurt 1974) wiederaufgenommen und weiterentwickelt worden. Eine umfassende Rekonstruktion der gesamten theoretischen Auseinandersetzung enthält die Einleitung von Christina Pennavaja zu Napoleoni, Ricardo und Marx, a.a.O., S. 20–26

40 Marx, K., Theorien über den Mehrwert, Bd. 3, MEW 26,3, S. 445

41 Ebda., S. 453

42 Ebda., S. 448

43 Ebda., S. 468

44 Dobb, H. M., in Dobb, Lange, Lerner: Teoria economica e economia socialista (Ökonomische Theorie und sozialistische Wirtschaft), Mailand 1972, S. 49 f. (der angeführte Passus wurde direkt aus der italienischen Ausgabe übersetzt, da deutsche Übersetzung nicht zugänglich – A.d.Ü.)

45 Marx, K., Das Kapital, Bd. 3, MEW 25, S. 270

46 ders., Das Kapital, Bd. 1, MEW 23, S. 127 f.

47 MEW 26,2

48 Hegel, Wissenschaft der Logik. Zweites Buch. A.a.O., S. 545

49 Ebda., S. 547

50 So dagegen bei Lenin, der ohne weiteres behauptet, daß »die Dialektik der bürgerlichen Gesellschaft bei Marx nur ein spezieller Fall der Dialektik (ist)«, vgl. Aus dem philosophischen Nachlaß, a.a.O., S. 340

51 Marx, K., Theorien über den Mehrwert, Bd. 1, MEW 26,1, S. 384

52 ders., Grundrisse der Kritik der politischen Ökonomie, Frankfurt, S. 389

53 Ebda., S. 395 f.

54 Ebda., S. 402 f.

Von Hegel zu Marcuse

1. Hegel und die Verwirklichung der Philosophie

Hegels Philosophie gründet auf drei Aussagen. Erstens, die Philosophie ist immer Idealismus:

»Der Satz, daß das Endliche ideell ist, macht den Idealismus aus. Der Idealismus der Philosophie besteht in nichts Anderem als darin, das Endliche nicht als ein wahrhaft Seiendes anzuerkennen. [. . .] Die Philosophie ist es so sehr als die Religion; denn die Religion anerkennt die Endlichkeit ebensowenig als ein wahrhaftes Sein, als ein Letztes, Absolutes, oder als ein Nicht-Gesetztes, Unerschaffenes, Ewiges[1].«

Zweitens, das Problem der Philosophie besteht darin, das Prinzip des Idealismus zu verwirklichen:

»Jede Philosophie ist wesentlich Idealismus oder hat denselben wenigstens zu ihrem Prinzip, und die Frage ist dann nur, inwiefern dasselbe wirklich durchgeführt ist[2].«

Drittens, die Verwirklichung des Prinzips des Idealismus schließt die Auflösung des Endlichen und die Vernichtung der Welt ein, denn wie Hegel ausführt:

»Diese Durchführung hängt zunächst davon ab, ob neben dem Fürsichsein nicht noch das endliche Dasein selbständig bestehen bleibt[3].«

Die erste Aussage bedarf keiner Erläuterungen: Das Prinzip des Idealismus ist die Idee, das Unendliche oder der christliche Logos. Die zweite Aussage wird am Schluß dieses Abschnitts erklärt. Am schwersten verständlich ist die dritte, wobei hinzuzufügen ist, daß ihr auch in den Forschungen über Hegel die geringste Aufmerksamkeit zugewandt worden ist: d.h. a) warum der Idealismus, um sich zu verwirklichen, das Endliche auflösen, die Welt vernichten muß und b) wie diese Vernichtung vonstatten gehen kann.

Der Punkt a) ist leicht zu beantworten. Das Prinzip des Idealismus schließt die Auflösung des Endlichen ein, weil, solange das Endliche besteht, das Unendliche nicht erfaßt werden kann.

»Das Unendliche so gestellt«, sagt Hegel, »ist Eines der beiden; aber als nur eines der beiden ist es selbst endlich, es ist nicht das Ganze, sondern nur die eine Seite; es hat an dem Gegenüberstehenden seine Grenze; es ist so das endliche Unendliche. Es sind nur zwei Endliche vorhanden[4].«

In der *Enzyklopädie* heißt es: »Der Dualismus, welcher den Gegensatz von Endlichem und Unendlichem unüberwindlich macht, macht die einfache Betrachtung nicht, daß auf solche Weise sogleich das Unendliche nur das Eine der Beiden ist, daß es hiermit zu einem nur Besonderen gemacht wird, wozu das Endliche das andere Besondere ist. Ein solches Unendliches, welches nur ein Besonderes ist, neben dem Endlichen ist, an diesem eben damit seine Schranke, Grenze hat, ist nicht das, was es sein soll, nicht das Unendliche, sondern ist nur endlich. In solchem Verhältnisse, wo das Endliche hüben, das Unendliche drüben, das erste diesseits, das andere jenseits gestellt ist, wird dem Endlichen die gleiche Würde des Bestehens und der Selbständigkeit mit dem Unendlichen zugeschrieben; das Sein des Endlichen wird zu einem absoluten Sein gemacht; es steht in solchem Dualismus fest für sich. Vom Unendlichen sozusagen berührt, würde es vernichtigt; aber es soll vom Unendlichen nicht berührt werden können, es soll ein Abgrund, eine unübersteigbare Kluft zwischen beiden sich befinden, das Unendliche schlechthin drüben und das Endliche hüben verharren[5].«

Dazu einige Erläuterungen, damit der Leser den Sinn dieses Textes vollkommen verstehe. Das Unendliche als »Eines der Beiden«, d.h. das falsche Unendliche, ist das Unendliche des »Verstandes«. Das Unendliche als Ganzes ist das Unendliche der »Vernunft«. »Die Hauptsache ist«, sagt Hegel, »den wahrhaften Begriff der Unendlichkeit von der schlechten Unendlichkeit, das Unendliche der Vernunft von dem Unendlichen des Verstandes zu unterscheiden[6].«

Der »Verstand« ist das Prinzip des Nicht-Widerspruchs: das Prinzip des wechselseitigen Ausschlusses oder Trennung der Entgegengesetzten. Die »Vernunft« ist das Prinzip des dialektischen Widerspruchs oder der Übereinstimmung der Entgegengesetzten. Ersterer ist das logische Allgemeine, dessen besonderer oder realer Gegenstand außerhalb seiner selbst steht. Letztere ist die Einheit von Endlichem und Unendlichem im Unendlichen, die Einheit von Denken und Sein im Denken, d.h. »Selbstheit« und »Andersheit«, Tauto-Heterologie oder Dialektik.

Die oben angeführte Stelle aus der *Enzyklopädie* zählt alle Mängel auf, die Hegel dem »Verstand« zuschreibt: 1. Er läßt das Endliche bestehen, löst es nicht auf, sondern macht es zu einem »festen Sein«. 2. Er ver-endlicht das Unendliche. 3. Er setzt das

Endliche »diesseits«, das Unendliche »jenseits«, d.h. er macht das Endliche zur *wirklichen* oder irdischen Existenz und das Unendliche lediglich zu etwas Abstraktem oder *Idealem*. Der Kernpunkt dieser Ausführungen liegt darin, daß der »Verstand«, das Prinzip des Nicht-Widerspruchs, der gemeine Menschenverstand, der Standpunkt des Materialismus (Empirismus) und der Wissenschaft ist. Alles, was die Philosophie oder der Idealismus aussagt, nämlich daß das Endliche »nicht ist« und das Unendliche »ist«, stellt der »Verstand« verkehrt dar. Der Materialismus und die Wissenschaft sind also die Unphilosophie, d.h. die Antithese oder Verneinung der Philosophie.

Nun kurz zum Problem der traditionellen, d.h. der vorkritischen Metaphysik (Descartes, Spinoza, Leibniz), die ebenfalls die Methode des Nicht-Widerspruchs anwendet. Hegel vertritt, daß das Prinzip dieser Philosophie, insofern sie Metaphysik sei, das Unendliche, das Absolute sei, daß diese Philosophie folglich wahre Philosophie oder Idealismus sei. Ihr Fehler liege jedoch in der Methode. Der Inhalt jener Metaphysik sei richtig, ihre Form jedoch falsch[7].« Die Substanz sei »philosophisch«, die Methode platt »wissenschaftlich«. Daraus folge, daß die Anwendung des Prinzips des Nicht-Widerspruchs die traditionelle Metaphysik daran hindere, den Idealismus zu *verwirklichen*.

Hegel greift zur Bestätigung dessen häufig auf die Untersuchung der metaphysischen Gottesbeweise zurück. Ein ausgezeichnetes Beispiel liefern die kosmologischen Gottesbeweise. Ausgangspunkt für ihre Verfechter, sagt Hegel, »ist allerdings die Weltanschauung, auf irgendeine Weise als ein Aggregat von Zufälligkeiten [. . .] bestimmt«[8], d.h. wie eine Anhäufung wertloser Dinge. Während diese Beweise im Prinzip jedoch anerkennen würden, daß die Welt nur Vergänglichkeit und Unwert sei, und daß Gott, allein Gott, die wahrhafte Wirklichkeit sei, mache die von ihnen angewandte Beweismethode tatsächlich den Sinn ihrer Ausführungen zunichte. Sie wollten die Existenz Gottes aus der Welt folgern und meinen, daß die Existenz der Schöpfung die des Schöpfers beweisen könne. Sie nähmen aber auf diese Weise nicht wahr, daß ihr Syllogismus die Welt, die das Nichts sei, zur Grundlage des Beweises mache und Gott, der Alles sei, lediglich zu einer Folge oder etwas Mittelbarem. Die Schöpfung, die das zweite sei, werde zum ersten, der Schöpfer, der das erste sei, zum zweiten. Jacobi habe jenen Beweisen »den gerechten Vorwurf« gemacht, sagt Hegel, daß in ihnen

»Bedingungen (die Welt) für das Unbedingte aufgesucht werden, und das Unendliche (Gott) auf solche Weise als begründet und unabhängig vorgestellt werde[9]«.

Mit anderen Worten: »Die metaphysischen Beweise vom Dasein Gottes sind darum mangelhafte Auslegungen und Beschreibungen der Erhebung des Geistes von der Welt zu Gott, weil sie das Moment der Negation, welches in dieser Erhebung enthalten ist, nicht ausdrücken oder vielmehr nicht herausheben, denn darin, daß die Welt zufällig ist, liegt es selbst, daß sie nur ein Fallendes, Erscheinendes, an und für sich Nichtiges ist. Der Sinn der Erhebung des Geistes ist, daß der Welt zwar Sein zukomme, das aber nur Schein ist, nicht das wahrhafte Sein, nicht absolute Wahrheit, daß diese vielmehr jenseits jener Erscheinung nur in Gott ist, Gott nur das wahrhafte Sein ist. Indem diese Erhebung Übergang und Vermittlung ist, so ist sie ebensosehr Aufheben des Übergangs und der Vermittlung, denn das, wodurch Gott vermittelt scheinen könnte, die Welt, wird vielmehr für das Nichtige erklärt; nur die Nichtigkeit des Seins der Welt«, schließt Hegel, »ist das Band der Erhebung, so daß das, was als das Vermittelnde ist, verschwindet, und damit in dieser Vermittlung selbst die Vermittlung aufgehoben wird[10].«

Der Sinn dieser Ausführungen liegt, wie man sieht, darin, daß der »Verstand« als das Prinzip des Nicht-Widerspruchs derart eng mit dem Materialismus verbunden ist, daß es selbst dann, wenn dieses Prinzip auf metaphysische oder idealistische Voraussetzungen angewandt wird, den Sinn der »Philosophie« verkehrt und sie dazu zwingt, das Gegenteil von dem auszusagen, was sie im Sinn hat. Der Verstand verfestigt das Endliche, das das Nichts ist, er macht aus ihm ein »festes Sein« oder einen Grund. Das Unendliche, das die wahrhafte Wirklichkeit ist, wird dagegen auf etwas Begründetes und Abhängiges reduziert. Das Endliche, das das Negative ist, wird zum Positiven, d.h. zur wirklichen Existenz; das Unendliche hingegen, das die wahrhafte Wirklichkeit ist, wird zu etwas Unwirklichem oder Negativem, d.h. »eine Leere jenseits«, etwas Abstraktes oder Gedankliches.

Verstand und Vernunft sind also zwei verschiedene logische Prinzipien. »Im gewöhnlichen Schließen«, sagt Hegel, »erscheint das Sein des Endlichen als Grund des Absoluten; darum weil Endliches ist, ist das Absolute. Die Wahrheit aber ist, daß darum weil das Endliche [. . .] nicht ist, das Absolute ist. In jenem Sinne lautet der Satz des Schlusses so: Das Sein des Endlichen ist das Sein des Absoluten[11].«

Ziehen wir ein erstes Resumé. Alle wahren Philosophien sind Idealismus oder gehen zumindest vom Idealismus als ihrem Prinzip aus. Der Materialismus und die Wissenschaft sind Unphilosophie. Alles kommt jedoch darauf an, wieweit es einer Philosophie gelingt, dieses Prinzip durchzuführen, d.h. den Idealismus zu verwirklichen.

Die Bedingung, von der diese Verwirklichung abhängt, ist die Auflösung des Endlichen, die Vernichtung der Welt. (Wir werden später darlegen, wie Hegel zu dieser Vernichtung gelangt.) Mit der Auflösung des Endlichen geht das Unendliche (d.h. der Geist oder Gott), das die »intellektualistische« Metaphysik ins »Jenseits« verweist, vom Jenseits zum Diesseits über, es wird also existent und wirklich. Dies ist die Verwirklichung der Philosophie. Sie ist die Immanentwerdung der Transzendenz, die »Verweltlichung des Christentums«[12], die Menschwerdung oder Realisierung des göttlichen Logos. Mit anderen Worten, der Unterschied zwischen der alten und der neuen Metaphysik liegt in dem Unterschied zwischen gemeiner und spekulativer Theologie, zwischen Theismus und Philosophie, zwischen vorkritischer Metaphysik und absolutem Idealismus.

Feuerbach hat dies richtig gesehen. Die spekulative Theologie, sagt er am Anfang seiner *Vorläufigen Thesen zur Reform der Philosophie,* unterscheide sich dadurch von der gemeinen, »daß sie das von dieser [. . .] in das Jenseits entfernte göttliche Wesen ins Diesseits versetzt, d.h. vergegenwärtigt, bestimmt, realisiert«[13]. Und in den *Grundsätzen der Philosophie der Zukunft* fügt er hinzu, ». . . daß sie (die spekulative Theologie) den Gott, welcher im Theismus nur ein Wesen der Phantasie, ein ferngehaltenes, unbestimmtes, nebuloses Wesen ist, zu einem gegenwärtig bestimmten Wesen gemacht [. . .] hat«[14].

2. Das Problem in der linkshegelianischen Schule

Die »Verwirklichung« der Philosophie (von Hegel) ist das zentrale Problem der Linkshegelianer (Feuerbach und Marx ausgenommen). Das Wesentliche ist jedoch, daß das Problem hier ein politisches wird, nämlich das Problem der radikal-liberalen Revolution in Deutschland.

In Hegels Philosophie besteht, nach dem Verständnis der Linkshegelianer, ein Widerspruch zwischen den »Prinzipien« und den »Folgerungen«. Die Prinzipien seien revolutionär, die Folgerungen konservativ.

Die Ursache dafür liege in der Tatsache begründet, daß die volle Ausreifung des Hegelschen Denkens mit der Restaurationszeit zusammengefallen sei.

»So fiel er selbst seinem Anspruch anheim, daß jede Philosophie nur der Gedankeninhalt ihrer Zeit ist. Andererseits wurden zwar seine persönlichen Meinungen durch das System geläutert, aber nicht ohne auf die Konsequenzen desselben zu influieren. So wäre die Religions- und Rechtsphilosophie unbedingt ganz anders ausgefallen, wenn er mehr von den positiven Elementen, die nach der Bildung seiner Zeit in ihm lagen, abstrahiert und dafür aus dem reinen Gedanken entwickelt hätte. Hierauf lassen sich alle Inkonsequenzen, alle Widersprüche in Hegel reduzieren. Alles, was in der Religionsphilosophie zu orthodox, im Staatsrecht zu pseudohistorisch erscheint, ist unter diesem Gesichtspunkt zu erfassen. Die Prinzipien sind immer unabhängig und freisinnig, die Folgerungen – das leugnet kein Mensch – hier und da verhalten, ja illiberal[15].«

Diese Stelle stammt aus der Jugendschrift *Schelling und die Offenbarung,* die Engels als Wortführer des Berliner Doctorclubs 1842 unter dem Pseudonym Oswald veröffentlichte. Hier finden sich alle wesentlichen Motive der Interpretation der Hegelschen Philosophie, die damals bei den Linkshegelianern gängig waren:

a) die Entdeckung eines (angeblichen) Widerspruchs zwischen revolutionären Prinzipien und konservativen Folgerungen in Hegels Philosophie;

b) die These, daß alle »Unstimmigkeiten«, alle »Widersprüche«, die sowohl in Hegels Religions- als auch in seiner Staatsphilosophie nachweisbar seien, nicht Ursachen entsprungen seien, die seinem Denken innewohnten, sondern lediglich der Tribut gewesen seien, den er seiner Epoche, der Restaurationszeit gezollt habe: das Ergebnis eines persönlichen Kompromisses, mit dem Hegel den Widerstreit zwischen der Kühnheit seiner Prinzipien und der Rückständigkeit der deutschen Situation zu versöhnen geglaubt habe.

Es ist an dieser Stelle nicht möglich, eine in die Einzelheiten gehende Analyse zu leisten. Das Wesentliche an dieser gesamten

Interpretationsrichtung ist, daß den Linkshegelianern zufolge, die berühmte Hegelsche Identität von Wirklichem und Vernünftigem nicht als Anerkennung oder als Konsekration eines bestehenden Zustandes verstanden werden darf, sondern vielmehr als ein zu verwirklichendes Programm. Die Hegelsche Identität bedeutet demnach, daß das Vernünftige wirklich werden muß. Alles was ist und nicht der Vernunft entspricht, scheint zu sein, aber in Wirklichkeit ist es nicht: es muß umgestülpt werden, um einer neuen Wirklichkeit Platz zu machen. Formal ist das Problem dasselbe wie bei Hegel: Es geht darum, die Philosophie zu erfüllen, die Idee zu verwirklichen. In Wirklichkeit aber ist alles in die Begriffe der politischen Revolution umgesetzt. Das Programm der Verwirklichung des christlichen Logos, der Immanentwerdung Gottes ist zum Programm der radikal-liberalen Revolution geworden.

Ganz kurz nun zum Schicksal dieser Interpretation. Sie wurde vom jungen, noch linksliberalen Engels aufgenommen, der diese Auslegung 1888 im *Ludwig Feuerbach* mit der berühmten These über den Widerspruch zwischen der revolutionären dialektischen Methode und dem konservativen idealistischen System bei Hegel erweiterte. Von Engels ging sie dann auf Plechanov und Lenin über, womit sie zum Bestandteil der Orthodoxie des russischen »dialektischen Materialismus« zu werden begann.

Die Interpretation des Doctorclubs und im besonderen der Engelsschen Jugendschrift war jedoch bereits auch auf eine andere Weise nach Rußland gelangt. Sie hatte eine entscheidende Rolle in der Entwicklung des Denkens der »demokratischen Revolutionäre« (Belinskij, Herzen und Černyševskij), deren Einfluß auf Plechanov und Lenin wohlbekannt ist.

Die oben wiedergegebene Textstelle des jungen Engels gelangte Belinskij durch eine fast wörtliche Übersetzung seines Freundes, des Kritikers Botkin, zur Kenntnis und fand seine begeisterte Zustimmung[16]. Die Schrift *Schelling und die Offenbarung* wurde im gleichen Jahre 1842 auch von Herzen kommentiert. Hegel, schreibt Herzen, habe das »Heldentum der Konsequenz« gefehlt, die Kraft, die Folgen seines Denkens, die klar ersichtlichen Ergebnisse seiner Prinzipien zu akzeptieren. Er habe darauf verzichtet, weil er »das Bestehende liebte und achtete«; »er sah, daß er den Schlag nicht aushalten würde, und wollte darum nicht selbst schlagen«. Vorerst konnte es ihm auch genügen, überhaupt so weit gekommen zu sein. Aber seine Prinzipien »waren ihm (Hegel) treuer als er sich selbst, treuer ihm, dem von seiner zufälligen Person, Epoche u.a. losgelösten Denker«[17].

Wir werden später auf die von der linkshegelianischen Schule recht verschiedene Hegelinterpretation Feuerbachs und des jungen Marx eingehen[18]. Hier genügt es, darauf hinzuweisen, daß Marx sowohl in seiner Doktorarbeit als auch in den *ökonomisch-philosophischen Manuskripten* von 1844 energisch den Versuch zurückgewiesen hat, die Hegelsche Philosophie und ihren angeblichen Widerspruch zwischen den »Prinzipien« und den »Folgerungen« als Ergebnis eines Kompromisses zu erklären, den Hegel mit dem preußischen Staat abgeschlossen habe.

»Auch in betreff Hegels ist es bloße Ignoranz seiner Schüler«, schreibt Marx in einer Anmerkung zu seiner Doktorarbeit, »wenn sie diese oder jene Bestimmung seines Systems aus Akkomodation und dergleichen, mit einem Wort moralisch erklären. (. . .) Daß ein Philosoph diese oder jene scheinbare Inkonsequenz aus dieser oder jener Akkomodation begeht, ist denkbar; er selbst mag dieses in seinem Bewußtsein haben. Allein was er nicht in seinem Bewußtsein hat, ist, daß die Möglichkeit dieser scheinbaren Akkomodation in einer Unzulänglichkeit oder unzulänglichen Fassung seines Prinzips selber ihre innerste Wurzel hat. Hätte also wirklich ein Philosoph sich akkomodiert, so haben seine Schüler aus seinem inneren wesentlichen Bewußtsein das zu erklären, was für ihn selbst die Form eines exoterischen Bewußtseins hatte. Auf diese Weise ist, was als Fortschritt des Gewissens erscheint, zugleich ein Fortschritt des Wissens. Es wird nicht das partikulare Gewissen des Philosophen verdächtigt, sondern seine wesentliche Bewußtseinsform konstruiert, in eine bestimmte Gestalt und Bedeutung erhoben und damit zugleich darüber hinausgegangen[19].«

Aber der Interpretation Feuerbachs und Marx' wurde in der Hegelforschung bekanntlich wenig Bedeutung beigemessen. Selbst Lukács' Monographie *Der junge Hegel*, in der immerhin mehrmals an die Schriften Feuerbachs aus der Zeit von 1839–43 und die Marxschen *Manuskripte* erinnert wird (nicht jedoch an *Kritik des Hegelschen Staatsrechts*), nimmt ihre Interpretation nur auf, um sie in einen Argumentationszusammenhang einzubringen, der in eine völlig andere Richtung zielt. Er nimmt sie gewissermaßen nur auf, um ihre Wirkung abzuschwächen und sie leichter »verdauen« zu können.

Außer in der Frage der »Dialektik der Materie«, auf die noch zurückzukommen sein wird, folgt Lukács der von den Linkshegelianern eingeschlagenen Richtung. Das war übrigens für Lukács um so unvermeidlicher, als diese Interpretation oder zumindest ihre zentrale Aussage (der Widerspruch zwischen »Methode« und »System«), wie bereits erwähnt, mit Engels *Ludwig Feuerbach* auch zur Interpretationsrichtung des »dialektischen Materialismus« geworden war.

Alle oben erwähnten Motive, einschließlich des grundsätzlichen Atheismus Hegels und der diplomatischen »Doppeldeutigkeit« seines Denkens (religiös in der »exoterischen«, atheistisch und revolutionär in der »esoterischen« Form)[20], die im Doctorclub recht verbreitet waren – und im besonderen von Heine entwickelt wurden –, sind von Lukács in seiner Monographie geschickt wiederaufgenommen und verwertet worden, von wo aus sie dann, mehr oder weniger, zur gesamten coterie der französischen Neu-Hegelianer gelangten. Lukács' Werk legt letztlich die entscheidende Betonung auf das bereits von Bauer, Ruge u.a. entwickelte Argument der damaligen Zurückgebliebenheit der deutschen Gesellschaft als »Schlüssel« zum Verständnis des gesamten Hegelschen Werkes.

Marcuses *Vernunft und Revolution* bewegt sich gänzlich in der gleichen Richtung. Hegel ist das philosophische Pendant Robespierres[21] (»Robespierres Vergötzung der Vernunft zum Höchsten Wesen ist das Gegenstück zur Glorifizierung der Vernunft in Hegels System«). Hegels Philosophie ist die Philosophie der Revolution, da die Identität zwischen Wirklichem und Vernünftigem so zu verstehen ist, daß die Vernunft sich verwirklichen muß und daß »die ›unvernünftige‹ Wirklichkeit so verändert werden (muß), daß sie mit der Vernunft zur Übereinstimmung gelangt«[22]. Nach Hegel habe die französische Revolution reason's ultimate power over reality zum Ausdruck gebracht. »Die in dieser Feststellung enthaltenen Forderungen«, schreibt Marcuse, »führen mitten ins Zentrum seiner Philosophie. [. . .] Was die Menschen für wahr, gerecht und gut halten, sollte in der tatsächlichen Organisation ihres sozialen und individuellen Lebens verwirklicht werden[23].«

Die gleiche Bedeutung hat bei Marcuse das Argument des »Kompromisses«. Die berühmte, von Hegel behauptete »Versöhnung« von Vernunft und Wirklichkeit geht nicht aus dem Prinzip seiner Philosophie selbst hervor, sondern ist das Ergebnis einer subjektiven Akkomodation. »Jedoch wird der radikale Sinn der grundlegenden idealistischen Begriffe allmählich aufgegeben, und sie werden in ständig wachsendem Maße dazu gebracht, sich der herrschenden gesellschaftlichen Form anzupassen. [. . .] Die besondere Form, die die Versöhnung von Philosophie und Wirklichkeit in Hegels System annahm, war jedoch bedingt durch die reale Lage Deutschlands während der Periode, in der er sein System ausarbeitete[24].«

Marcuse nimmt nicht nur die Vorstellung des Kompromisses wieder auf, vielmehr weist er dieser noch größere Bedeutung zu, ohne daß sie jedoch dadurch ihren psychologistischen Charakter verlöre. Der Konflikt, der Widerspruch zwischen der »Bereitschaft, sich mit der gesellschaftlichen Wirklichkeit (Deutschlands) auszusöhnen«, und dem »kritischen Rationalismus« oder dem Drang nach Revolution, der Hegels Philosophie zugrunde liegt, kennzeichnet nicht nur sein Denken, sondern das des gesamten deutschen Idealismus. Diese »Bereitschaft« zur Versöhnung sei der deutschen Kultur durch den Protestantismus eingeflößt worden[25].

Dies sind die allgemeinen Grundlinien der Marcuseschen Hegelinterpretation. Hätte es damit sein Bewenden, so brauchten wir uns nicht bei ihm aufzuhalten. Was Marcuse in Wirklichkeit gegenüber der gesamten Interpretationstradition der Linkshegelianer und des »dialektischen Materialismus« an Neuem und in gewissem Sinne Wichtigem darstellt, ist die Wiederentdeckung des zentralen Motivs des Hegelschen Denkens, das, wie wir bereits angedeutet haben, fast immer im Dunkeln geblieben ist: nämlich das Thema der *Auflösung des Endlichen* und der *Vernichtung der Welt.* Die »soziale Funktion« der Philosophie Marcuses hat hier heute ihren Ursprung.

3. Der dialektische Materialismus und Hegel

Man sollte jetzt betrachten, wie sich diese Auflösung des Endlichen bei Hegel vollzieht und sie mit der Bedeutung vergleichen, die sie dagegen bei Marcuse annimmt. Bevor jedoch dieser Punkt berührt wird, ist es angebracht, auf die Hegelinterpretation des »dialektischen Materialismus« hinzuweisen.

Auf das Wesentliche reduziert, lautet diese Interpretation wie folgt: die Dialektik ist bei Hegel eine Dialektik *der Begriffe,* nach der materialistischen »Umstülpung« durch Marx und Engels wird die Hegelsche Dialektik dagegen zur Dialektik *der Materie* und der

Dinge. Marx hat von Hegel die »Dialektik« übernommen, hat jedoch dessen System, den Idealismus, zurückgewiesen.

Diese Interpretation der »Umstülpung« hat Engels im *Antidühring* und in *Ludwig Feuerbach* entwickelt, im russischen dialektischen Materialismus wurde sie dann zur Orthodoxie. Diese ist das Ergebnis einer Verschmelzung zweier recht verschiedener Interpretationsansätze.

Im Nachwort zur zweiten Auflage des *Kapital* hatte Marx von der »Mystifikation, welche die Dialektik in Hegels Händen erleidet« gesprochen, indem er an seine eigenen Jugendschriften von 1843–44 erinnerte, und hatte hinzugefügt: »Man muß sie (die Hegelsche Dialektik) umstülpen, um den rationalen Kern in der mystischen Hülle zu entdecken[26].«

Diese Wendung aus dem *Kapital*, derzufolge *innerhalb der Hegelschen Dialektik* selbst ein rationaler Kern von einer mystischen Hülle[27] unterschieden werden muß, wurde vom »dialektischen Materialismus« mit der Engelsschen Formulierung vereinigt – die im Kreise der Linkshegelianer entstanden war –, nach der die Methode den revolutionären Aspekt und das System die konservative Seite der Hegelschen Philosophie darstellte. Das Endergebnis davon war, daß auf diese Weise der rationale Kern zur Hegelschen Methode selbst wurde, die mystische Hülle dagegen lediglich zu dem System.

Es ist müßig, sich hier bei dieser Frage aufzuhalten. Der wesentliche Punkt, der hervorgehoben werden soll, liegt darin, daß sowohl der »dialektische Materialismus« als auch seine Kritiker die »Dialektik der Natur« immer für die Besonderheit des »dialektischen Materialismus« selbst gehalten haben. Demzufolge wäre der Marxismus vor allem kraft seiner Naturdialektik Materialismus. Die Dialektik der »Dinge« und der »Materie« sei das vorrangige Unterscheidungsmerkmal, der größte und auffälligste Unterschied zwischen dem Marxismus und Hegel. In Wirklichkeit liegen die Dinge anders. Nicht nur enthält das Hegelsche System eine Naturphilosophie, die mit der *Dialektik der Natur* bei Engels völlig identisch ist, sondern die gesamte Hegelsche Philosophie gründet auf der »Dialektik der Materie« – der Dialektik der Dinge und des Endlichen. Das geht so weit, daß man anhand der Texte nachweisen kann, daß der »dialektische Materialismus« von der ersten bis zur letzten Aussage lediglich eine mechanische Übertragung der Hegelschen Philosophie ist (so die Aussage, daß jedes

Ding es selbst und sein Entgegengesetztes, es selbst und gleichzeitig seine Verneinung ist, die Definition der Wirklichkeit als »Bewegung« und »Werden«, der »Bewegung« als »Widerspruch« etc.). Viel entscheidender ist indes das Problem, das weder der *Diamat* noch seine Kritiker je wirklich hinterfragt haben, was eigentlich eine »Dialektik der Materie« bedeutet und ob diese, wie immer angenommen worden ist, tatsächlich eine materialistische Auffassung einschließt.

Um einstweilen eine blasse Idee von der so entstandenen hermeneutischen Situation zu geben, soll hier wenigstens ein Beispiel aus Hegels *Wissenschaft der Logik,* Buch II, angeführt werden. Die dritte Anmerkung zum zweiten Kapitel beginnt mit der Behauptung, daß *alle Dinge an sich selbst widersprechend sind.* Es folgt die Definition des dialektischen Charakters der Bewegung: »Es bewegt sich etwas nur, nicht indem es in diesem Jetzt hier ist und in einem andern Jetzt dort, sondern indem es in einem und demselben Jetzt hier und nicht hier, indem es in diesem Hier zugleich ist und nicht ist.« Hegel fährt fort: »Ebenso ist die innere, die eigentliche Selbstbewegung, der Trieb überhaupt [. . .] nichts anderes, als etwas in sich selbst, und der Mangel, das Negative seiner selbst, in einer und derselben Rücksicht ist. Die abstrakte Identität mit sich ist noch keine Lebendigkeit, sondern daß das Positive an sich selbst die Negativität ist, dadurch geht es außer sich und setzt sich in Veränderung. Etwas ist also lebendig, nur insofern es den Widerspruch in sich enthält, und zwar diese Kraft ist, den Widerspruch in sich zu fassen und auszuhalten[28].«

Der Kommentar, den Lenin der Abschrift dieser Stelle in seinen philosophischen Heften beifügt, ist bezeichnend: »Bewegung und ›Selbstbewegung‹ [. . .], ›Veränderung‹, ›Bewegung und Lebendigkeit‹, ›Prinzip jeder Selbstbewegung‹, ›Trieb‹ zur ›Bewegung‹ und zur ›Tätigkeit‹ – Gegensatz zum ›toten Sein‹ – und würde glauben, daß das der Kern der ›Hegelei‹, des abstrakten und abstrusen [. . .] Hegelianertums ist? Diesen Kern mußte man entdecken, begreifen, ›hinüberretten‹, herausschälen, reinigen, was Marx und Engels auch bewerkstelligt haben[29].«

Lassen wir Marx beiseite. Es ist eine Tatsache, daß Lenin ebenso wie Engels in dieser Stelle der *Logik* den zu rettenden »Kern« der Hegelschen Philosophie sahen, den Einbruch eines unverfälschten Realismus im Gegensatz zu der »Hülle« des Systems und der »Mystik der Idee«. Lenin ist in diesem Punkt von der gleichen

Überzeugung beherrscht, die er zum Kriterium seiner gesamten Hegel-Lektüre erhoben hat: »Ich bin überhaupt bestrebt, Hegel materialistisch zu lesen. Hegel ist der auf den Kopf gestellte Materialismus (nach Engels) – das heißt, ich lasse den lieben Gott, das Absolute, die reine Idee etc. zum größten Teil weg[30].«

In Wirklichkeit stützt sich Lenins »Lesart« dieser Seiten auf ein grundsätzliches Mißverständnis. Er war »bestrebt«, Hegel gerade dort »materialistisch« zu lesen, wo dieser dabei ist, ... die Materie zu vernichten. Weit davon entfernt, das realistische Moment im Gegensatz zum Idealismus des Systems darzustellen, bedeutet die »Dialektik der Materie« nur die Art und Weise, wie Hegel das Endliche auflöst und die Welt vernichtet.

Diese Behauptung mag erstaunen, ist jedoch unanfechtbar. Das Kapitel des zweiten Buches der *Wissenschaft der Logik,* das mit der Aussage beginnt, »alle Dinge sind an sich selbst widersprechend«, endet mit der bereits erwähnten Kritik der kosmologischen Gottesbeweise. Diese schließen von der Welt auf Gott, weil es ihrer »intellektuellen« Methode nicht gelingt, das Endliche aufzulösen und die Welt zu vernichten. »Die Wahrheit aber ist«, wendet Hegel ein, »daß darum weil das Endliche der an sich selbst widersprechende Gegensatz, weil es nicht ist, das Absolute ist [...]. Das *Nichtsein* des Endlichen ist das *Sein* des Absoluten[31].«

Die Möglichkeit also, Gott als den *Unbedingten* zu beweisen, ohne den Fehler der traditionellen Metaphysik zu wiederholen, welche Gott zugleich als bedingt und verursacht vorgestellt hatte, setzt gerade die »dialektische« Auffassung des Endlichen voraus. In der Tat fällt die Widersprüchlichkeit der Dinge mit ihrer Vergänglichkeit und Nichtigkeit zusammen. Der »liebe Gott« und die »Mystik der Idee« nisten also genau in jenen Seiten, in denen Lenin und vor ihm Engels den Materialismus Hegels zu finden geglaubt hatten.

4. Hegel und die Dialektik der Materie

Nun rasch zur Dialektik der Materie bei Hegel und wie es ihm gerade diese Auffassung erlaubt hat, das Endliche aufzulösen. Diese Frage wird ausführlich in der *Logik* behandelt. Hegel vertritt folgende These: die Philosophie hat das Endliche immer als Vergänglichkeit und Nichtsein betrachtet; und somit ist die Philosophie, die dieser Bezeichnung würdig ist, immer Idealismus gewesen. Was jedoch den Idealismus daran gehindert hat, »sich zu verwirklichen«, war der irrige Glaube, daß das Endliche, eben weil es als Vergänglichkeit und Unwert betrachtet wurde, vom Unendlichen getrennt und unterschieden werden müsse, und daß das Unendliche »rein und fern« davon zu stehen habe.

Diese »intellektualistische« Trennung war Hegel zufolge der Ursprung aller Fehler. Denn »unvereinbar mit dem Unendlichen bleibt es (das Endliche) absolut auf seiner eigenen Seite«. Die Möglichkeit, in das Andere »überzugehen« ist ihm verschlossen. Seine Vergänglichkeit hat keinen Ausweg. Da das Nichtsein des Endlichen hier als eine »an sich fixierte Negation« aufgefaßt ist, die »seinem Affirmativen (seinem Anderen) schroff gegenüber steht«, nimmt der Verstand das Endliche als »unvergänglich und absolut« wahr. Die Hinfälligkeit der Dinge wird, da sie nicht vergehen können, zu ihrer »unveränderliche(n), d.h. nicht in ihr Anderes, d.i. nicht in ihr Affirmatives übergehende(n) Qualität«. Und die Endlichkeit, die niemals zu enden aufhört, ist somit »ewig«[32], die *mors immortalis* des Lukrez!

Hegel korrigiert die Auffassung der herkömmlichen Metaphysik auf einfache Weise. Er übernimmt das negative Verständnis des Sinnlichen (des Endlichen oder Sinnlichen als Nichtsein), das der platonisch-christlichen Tradition eigen war. Jedoch entwickelt er es gleichzeitig weiter. Er beschränkt sich also nicht auf die einfache Negation des Endlichen, sondern ergänzt diese Negation durch eine affirmative Behauptung, vervollständigt die Aussage, daß »das Endliche kein wahrhaftes Sein hat«, durch die, daß »das Endliche *ideel* ist« (man erinnere sich an die Aussagen, von denen wir ausgegangen sind).

Diese Neuerung bedeutet praktisch, daß nicht mehr nur gesagt wird, daß das Endliche keine wahrhafte Wirklichkeit, kein eigenes Sein hat, sondern es wird hinzugefügt, daß es als »sein« Wesen und »seinen« Grund das »Sein-für-Anderes«, d.h. das Unendliche, das Immaterielle, das Denken hat.

Entscheidend ist, was daraus folgt. Wenn das Wesen des Seins tatsächlich das »Sein-für-Anderes« ist, so muß es, um wirklich – oder »wesentlich« – es selbst zu sein, nicht länger es selbst, d.h. ein »scheinbares« Sein, das Endliche, sondern das »Andere« sein. Das Endliche »ist nicht«, wenn es wirklich endlich ist, umgekehrt »ist« es, wenn es nicht endlich, sondern unendlich ist. Es »ist«, wenn es »nicht ist«, es ist »es selbst«, wenn es das »Andere« ist; es entsteht, wenn es vergeht. Das Endliche ist dialektisch.

Die Neuerung ist einfach, aber entscheidend. Hegel könnte sagen, er ziehe das Endliche nicht in Betracht, er lasse es außer Acht, er transzendiere es. In Wirklichkeit tut er dies, aber er benennt das Verfahren auf andere Weise. Statt eindeutig zu sagen, er ziehe das Endliche nicht in Betracht, behauptet Hegel, er betrachte das Endliche für das, was es nicht ist, oder besser noch, er behauptet, daß das »Wesen« des Endlichen sein »Gegensatz« sei. Daraus folgt ein offensichtlicher Vorteil: Hegel kann nun das Verfahren, womit *er* vom Endlichen absieht oder abstrahiert, als eine *objektive* Bewegung darstellen, die das Endliche selbst vollzieht, um über sich hinaus und somit in das Wesen überzugehen. Um es kürzer zu machen, beschränke ich mich darauf, diesen Prozeß in seinen wesentlichen Umrissen darzulegen, und verzichte auf die Belegstellen, die ihn nachweisen. Die Aussage, daß jedes Besondere es selbst und sein Gegensatz ist, »ist« und »nicht ist«, bringt eine doppelte Bewegung hervor, die jedoch grundlegend verschieden von der ist, die der »dialektische Materialismus« unterstellt hat. Es handelt sich nicht um eine horizontale Bewegung vom Endlichen zum Endlichen, sondern um einen zweifachen vertikalen Übergang vom »Diesseits« zum »Jenseits« und vom »Jenseits« zum »Diesseits«.

Die erste Bewegung: Das Wesen des Endlichen ist der Gegensatz. Das bedeutet, daß das Endliche, um es selbst zu sein, nicht es selbst, sondern das Andere, nicht endlich, sondern unendlich sein muß, d.h. es muß ideales Endliches, der Idee innewohnendes Moment sein, die natürlich nicht mehr die eleastische Idee ist, sondern »Selbstheit« und »Andersheit«, »Sein« und »Nichtsein« zugleich, »Identität der Identität und der Nicht-Identität«. Um das Endliche als das zu erfassen, was es »wahrhaft« ist, muß man also nicht das Endliche, sondern das Unendliche in Betracht ziehen. Um das wirkliche Einzelne, d.h. »dieses Eine«, die nichtwidersprüchliche Bestimmtheit zu erfassen, muß man die logische Totalität, d.h. das »sowohl dieses als auch jenes«, die Tauto-Heterologie oder Dialektik betrachten. Die wahrhafte Wirklichkeit ist nicht die Welt, sondern die Idee. Das Sein ist nicht Sein, sondern Denken, d.h. Geist, christlicher Logos.

Die zweite und gleichzeitig verlaufende Bewegung: Wie das »Wesen« des Endlichen im Unendlichen liegt, so hat das Unendliche seine Existenz in dem »Anderen«. Das Wesen des »Diesseits«

liegt im »Jenseits«, welches aber (da es keine Wirklichkeit mehr gegen sich hat, die es in die überirdische Welt verwiese) wiederum vom »Jenseits« zum »Diesseits« übergeht, d.h. das Endliche zu seiner irdischen Verkörperung und Offenbarung macht. Das Endliche geht in das Unendliche über, das Unendliche in das Endliche. Die Welt idealisiert sich, die Idee realisiert sich.

Diese zweite Bewegung nennt Hegel »die positive Auslegung des Absoluten«. Das Endliche, d.h. das Einzelne, das Positive, drückt sich nicht aus, stellt sich nicht dar, sondern wird zu dem Mittel, durch das das Absolute sich aus-setzt, d.h. sich entäußert und irdische Gestalt annimmt. Das zweite Buch der Wissenschaft der Logik widmet der Erklärung dieses Prozesses ein ganzes Kapitel.

»Der Schein«, sagt Hegel, »ist nicht das Nichts, sondern er ist Reflexion, Beziehung auf das Absolute; oder er ist Schein, insofern das Absolute in ihm scheint. Diese positive Auslegung hält so noch das Endliche vor seinem Verschwinden auf, und betrachtet es als einen Ausdruck und Abbild des Absoluten. Aber die Durchsichtigkeit des Endlichen, das nur das Absolute durch sich hindurchblicken läßt, endigt in gänzliches Verschwinden; denn es ist nichts am Endlichen, was ihm einen Unterschied gegen das Absolute erhalten könnte; es ist ein Medium, das von dem, was durch es scheint, absorbiert wird[33].«

Die Welt ist vergangen. Was endlich schien, ist in Wirklichkeit unendlich. Eine materielle, *unabhängige* Welt ist nicht mehr vorhanden. Insofern das Endliche in seinem Vergehen aufgehalten wird, wird es als sein »Anderes« wiederhergestellt. Es ist nicht das Endliche, sondern die Auslegung des Absoluten. Weder ist es, noch bedeutet es ein bestimmtes Objekt – etwa Brot und Wein –, sondern es ist der Geist. Hier werden Wein und Brot mystische Objekte[34].

»Der Geist Jesu, in dem seine Jünger Eins sind, ist für das äußere Gefühl, als Objekt gegenwärtig, ein wirkliches geworden[35].« Dieses Wirkliche ist aber erst »die objektiv gemachte Liebe, dies zur Sache gewordene Subjektive.« »Im Mahl der Liebe (vergeht) das Körperliche, und nur lebendige Empfindung (ist) vorhanden[36].«

In einem gewissen Sinne werden alle Sachen, wie Marx sagt, »gelassen, wie sie sind«, zugleich aber erhalten sie »die Bedeutung der Idee«[37]. Eine Welt war zuvor, eine Welt ist nachher vorhanden. Nur besteht die »Hostie« nicht mehr aus Wasser und Mehl. Das »Prinzip« des Idealismus wurde verwirklicht. An die Stelle der vernichteten Welt ist die »wahre« Wirklichkeit getreten. Es hat jedoch keine Revolution, sondern nur eine Transsubstantiation stattgefunden.

»Es wird also die empirische Wirklichkeit aufgenommen, wie sie ist; sie wird auch als vernünftig ausgesprochen, aber sie ist nicht vernünftig wegen ihrer eigenen Vernunft, sondern weil die empirische Tatsache in ihrer empirischen Existenz eine andere Bedeutung hat als sich selbst. Die Tatsache, von der ausgegangen wird, wird nicht als solche, sondern als mystisches Resultat gefaßt[38].«

Es ist hier unmöglich, sich weiter bei diesem Thema aufzuhalten. Die »Dialektik der Materie« ist Pyrrhonismus, Zerstörung der Gewißheit von der Existenz der sinnlichen Wirklichkeit mittels der berühmten Tropen des Skeptizismus. Hegel behandelt diese Frage mit bewundernswerter Klarheit im Kapitel über den alten Skeptizismus in den *Vorlesungen über die Geschichte der Philosophie* und in seiner Jugendschrift *Über das Verhältnis des Skeptizismus zur Philosophie,* wo er aufzeigt, wie der Ursprung dieses ihm vertrauten Skeptizismus (weil er skeptisch gegenüber der Wirklichkeit der äußeren Gegenstände ist) in Platons *Parmenides* liegt. Der Skeptizismus ist »die negative Seite der Erkenntnis des Absoluten und setzt unmittelbar die Vernunft als die positive Seite voraus[39].« In der Tat, eben weil das Endliche der sich selbst widersprechende Gegensatz ist, weil es nicht ist, »ist« das Absolute. Welcherart das gesamte mystisch-religiöse Gebäude ist, das auf dieser »dialektischen« Auffassung der Materie gründet, erklärt Hegel mit einem Hinweis auf Ficino.

Hier liegt die ganz und gar rettungslose theoretische Unhaltbarkeit des »dialektischen Materialismus« auf der Hand. Er hat die »Dialektik der Materie« des absoluten Idealismus mit Materialismus verwechselt, dagegen betrachtet er das materialistische Prinzip des Nicht-Widerspruchs, oder was dasselbe ist, den Verstand, als das Prinzip der Metaphysik. Engels verwechselt Wissenschaft mit Metaphysik, nämlich mit der romantischen Naturphilosophie und Metaphysik mit wirklicher Wissenschaft, d.h. der modernen Experimentalwissenschaft. Ein theoretisches Debakel.

Nun kurz zu Feuerbach und Marx, zwei wirklichen Kennern des Hegelschen Denkens. Ihre Kritik an Hegel ist die genaue Antithese zur Kritik der Linkshegelianer. Den Linkshegelianern zufolge besteht bei Hegel ein Widerspruch zwischen der Idee, von der er ausgeht, und den »positiven Elementen«, die er als die Inhalte dieser Idee darstellt, nämlich die empirisch-realen Tatsachen, die er seiner eigenen Epoche entnimmt. Die Kritik Feuerbachs und Marx' gründet dagegen auf der Komplementarität der beiden Prozesse. Die apriorische »Reinheit« der Hegelschen Idee impliziert ihre Substantiation, ihre Identifikation mit einem wirklichen Einzelnen. Mit anderen Worten, die Tatsache, daß Hegel die realen Voraussetzungen der Idee negiert, führt dazu, daß jede beliebige empirische Wirklichkeit als Verkörperung dieser Idee, d.h. als »Gefäß« des Absoluten dargeboten werden kann.

Die Philosophie, die ohne reale Voraussetzung anfängt, beginnt, indem sie sich selbst voraussetzt, d.h. sie setzt die Idee oder das Wissen als »bereits« gegeben, als von jeher vorhanden voraus. Dieses vorausgesetzte Wissen fällt dann zusammen mit empirisch-dogmatischen, d.h. nicht reflektierten und durch Denken vermittelten Inhalten. Hegels Philosophie ist somit gleichzeitig ein »unkritischer Idealismus« und ein »ebenfalls kritikloser Positivismus«. Oder wie Feuerbachs Vorwegnahme dieser Marxschen Wendung lautet: »Die Philosophie, die mit dem Gedanken ohne Realität beginnt, schließt konsequent mit einer gedankenlosen Realität[40].« Es ist somit besser, fährt Feuerbach fort, »mit der Nicht-Philosophie zu beginnen und mit der Philosophie zu enden, als umgekehrt, wie so mancher ›großc‹ deutsche Philosoph – exempla sunt odiosa –, seinen Lebensweg mit der Philosophie zu eröffnen und mit der Nicht-Philosophie zu beschließen«[41], d.h. als Philosoph zu beginnen und als Apologet des preußischen Staates zu enden. Die komplexen logisch-erkenntnistheoretischen Probleme, die dieser Kritik zugrunde liegen, müssen hier natürlich übergangen werden. Wieder handelt es sich um das Immanentwerden Gottes, die »Verweltlichung des Christenthums«. Für die Interpreten, die nicht verstehen, was dies konkret (historisch) bedeutet, ist die lange Anmerkung, die dem Paragraphen 552 der *Enzyklopädie* beigefügt ist, geschrieben. »Der göttliche Geist«, schreibt Hegel dort, »muß das Weltliche immanent durchdringen; so ist die Weisheit konkret darin und seine Berechtigung an ihm selbst bestimmt. Jenes konkrete Inwohnen aber sind die angeführten Gestaltungen der Sittlichkeit, die Sittlichkeit der Ehe gegen die Heiligkeit des ehelosen Standes, die Sittlichkeit der Vermögens- und Erwerbstätigkeit gegen die Heiligkeit der Armut und ihres Müßiggangs, die Sittlichkeit des dem Rechte des Staates gewidmeten Gehorsams gegen die

Heiligkeit des pflicht- und rechtlosen Gehorsams . . .[42].« D.h. sämtliche Einrichtungen der kapitalistisch-protestantischen oder »bürgerlichen Gesellschaft« – die Ehe, die Familie, die Unternehmertätigkeit, der Gehorsam gegenüber den staatlichen Gesetzen – scheinen vom Logos durchdrungen und bewohnt zu sein. Sie scheinen immanente Konkretionen des göttlichen Geistes zu sein, keine historischen Einrichtungen, sondern Sakramente. Auch die Marxisten, die weiterhin nicht verstehen sollten, was dieses Immanentwerden, d.h. dieses Einwohnen des Übersinnlichen im Sinnlichen bedeutet, können aufatmen: es ist auch an sie gedacht worden. Die treffendste Definition der »Ware« (dieser »Zelle« der ganzen heutigen Gesellschaft), die Marx in *Zur Kritik der politischen Ökonomie* und im *Kapital* gibt: sie ist ein »sinnlich übersinnliches Ding«, »ein sehr vertracktes Ding, voll metaphysischer Spitzfindigkeit und theologischer Mucken«[43].

5. Vernunft und Revolution bei Marcuse

Und nun endlich zu Marcuse! Hier die Elemente, die sofort ganz klar sein sollten:

1. Die Auslegung der Hegelschen Vernunft als einfacher subjektiver Raison, Vernunft des empirischen Individuums, nicht Vernunft des christlichen Logos; ergo – wie bei den Linkshegelianern und im besonderen bei Bruno Bauer – wird Hegels Philosophie als subjektiver Idealismus interpretiert (Fichte): die Vernunft ist das Ich, das »Ich« und die »Masse« etc.; daher die Interpretation der Hegelschen Verwirklichung des christlichen Logos als politisches Programm, mit dessen Hilfe die »Ideale« realisiert werden sollen, das, was die Vernunft den Menschen vorschreibt. (Das Grundprinzip des Hegelschen Systems liegt nach Marcuse darin, daß das »was die Menschen für wahr, gerecht und gut halten, in der tatsächlichen Organisation ihres sozialen und individuellen Lebens verwirklicht werden sollte«; vgl. dagegen Marx Brief an Ruge vom September 1843: »Wir treten dann nicht der Welt doktrinär mit einem neuen Prinzip entgegen: Hier ist die Wahrheit, hier kniee nieder!«)

2. Die Einfügung des Hegelschen Motivs der *Zerstörung des Endlichen* in diese liberal-radikale Revolutionsvorstellung (das fast in der gesamten Auslegungstradition, vielleicht mit Ausnahme von Stirner und Bakunin, verlorengegangen ist). Während dieses Motiv

bei Hegel jedoch an die Transsubstantiation oder Immanentwerdung Gottes geknüpft ist, gewinnt es bei Marcuse, da die theologische Bedeutung fehlt, tendenziell eine wörtliche oder allgemeine Bedeutung.

Daher die Antithese, die im Mittelpunkt von *Vernunft und Revolution,* sowie von *Der eindimensionale Mensch* steht[44]: der Gegensatz von »positivem« und »negativem Denken«. Ersteres entspricht dem »Verstand«, d.h. dem Prinzip des Nicht-Widerspruchs, als dem (materialistischen) Prinzip des gemeinen Menschenverstandes und der Wissenschaft, letzteres der dialektischen und philosophischen »Vernunft«. Das »positive« Denken erkennt die Existenz der Welt, die Autorität und Realität der »Tatsachen« an. Vice versa das »negative« Denken, das die Tatsachen negiert. Das Endliche außerhalb des Unendlichen ist seine Idealität (»Der Satz, daß das Endliche ideal ist« – man erinnere sich an Hegel –, »macht den Idealismus aus«). Die »Tatsachen« als dem Denken äußerlich und von ihm verschieden und somit als der Vernunft entgegengesetzt – sind nicht die Wirklichkeit, sondern die Unwahrheit. Die Wahrheit ist die Verwirklichung der Vernunft: ist die Idee oder Philosophie, die sich in Realität umsetzt. »Für Hegel«, schreibt Marcuse, »besitzen die Tatsachen in sich selbst keine Autorität. [. . .]. Alles, was gegeben ist, muß vor der Vernunft gerechtfertigt werden, die allein in der Totalität der Inhalte von Natur und Mensch besteht[45].«

Der Gegensatz zu Hegel sind Hume und Kant.

»Sollte Hume akzeptiert werden, dann mußte der Anspruch der Vernunft, die Wirklichkeit zu organisieren, zurückgewiesen werden. Denn, wie wir gesehen haben, beruhte dieser Anspruch auf der Fähigkeit der Vernunft, Wahrheiten zu gewinnen, deren Gültigkeit nicht aus Erfahrungen abgeleitet war und in der Tat gegen die Erfahrung stehen konnten [. . .]. Dieses Ergebnis der empiristischen Untersuchungen untergrub nicht nur die Metaphysik. Sie schränkte die Menschen auf die Grenzen des ›Gegebenen‹ ein, auf die bestehende Ordnung der Dinge und der Ereignisse. [. . .] Das Resultat war nicht nur Skeptizismus, sondern Konformismus. Die empirische Beschränkung der menschlichen Natur auf die Erkenntnis des ›Gegebenen‹ beseitigt nicht nur den Wunsch, das Gegebene zu transzendieren, sondern auch den, an ihm zu verzweifeln[46].«

»Die Verwirklichung der Vernunft ist bei Hegel keine Tatsache«, sagt Marcuse, »sondern eine Aufgabe. Die Form, in der die Objekte unmittelbar erscheinen, ist noch nicht ihre wahre Form. Was einfach gegeben ist, ist zunächst negativ, ein anderes als seine wirklichen Möglichkeiten. Es wird wahr nur im Prozeß der Überwindung dieser Negativität, so daß die Geburt der Wahrheit den Tod des gegebenen Zustands des Seins erfordert. Hegels Optimismus beruht auf einer destruktiven Auffassung des Gegebenen. Alle Formen werden von der auflösenden Bewegung der Vernunft ergriffen, welche sie aufhebt und verändert, bis sie ihrem Begriff adäquat sind[47].« Hegels Philosophie ist somit eine »negative Philosophie«. »Sie ist ursprünglich durch die Überzeugung motiviert, daß die gegebenen Tatsachen, die dem gesunden Menschenverstand als der positive Index von Wahrheit erscheinen, in Wirklichkeit die Negation der Wahrheit sind, so daß die Wahrheit nur durch deren Zerstörung hergestellt werden kann[48].«

Ein großartiges Beispiel für Heterogonie der Zwecke! Die alte spiritualistische Verachtung für das Endliche und die irdische Welt erstehen wieder als Philosophie der Revolution oder besser gesagt: ... der »Revolte«. Man kämpft nicht gegen bestimmte gesellschaftliche Einrichtungen (was weiß ich?: gegen den »Profit«, das »Monopol« oder etwa auch die »sozialistische Bürokratie«); man bekämpft Objekte und Dinge. Wir sind erdrückt von der repressiven Gewalt der »Tatsachen«. Wir ersticken in der Sklaverei, die Existenz der »Dinge« anzuerkennen. »Sie sind da – grotesk, eigensinnig, riesig, und [. . .] ich bin inmitten von namenlosen Dingen. Allein, ohne Worte, ohne Verteidigung sind sie rings um mich, sind unter mir, hinter mir, über mir. Sie fordern nichts, sie drängen sich nicht auf; sie sind da[49].« Vor diesem Schauspiel der Dinge ergreift uns Entrüstung, die zum *Ekel* wird. Es ist leicht zu sagen: die Wurzeln eines Baumes! »Da saß ich nun, ein wenig vornübergebeugt, den Kopf nach unten, allein dieser schwarzen und knotigen Masse gegenüber, die ungeschlacht war und mir Angst einjagte.« Siehe da, die Absurdität, die zum Himmel der Rache schreit: ». . . monströse, weiche Masse, ungeordnet, nackt, von einer erschreckenden und obszönen Nacktheit[50].« Es ist keineswegs absurd, daß Roquetin seine armselige débauche eines Kleinbürgers durch die öffentlichen Anlagen spazieren trägt, als Konsul Daladier oder sogar als Laval; absurd sind die Wurzeln des Baumes. »Die Absurdität war nicht eine in meinem Kopfe entsprungene Idee, auch keine Einflüsterung – sie war die lange tote Schlange zu meinen Füßen, diese Schlange aus Holz. Schlange oder Tatze oder Wurzel oder Geierklaue, ganz gleich. Und ohne es klar zu formulieren, begriff ich, daß ich den Schlüssel der Existenz, den Schlüssel meines eigenen Lebens gefunden hatte[51].«

Das Manifest dieser Zerstörung der Dinge, die das ist, was auch Marcuse unter »Revolution« versteht, glaubt er in den Schriften Hegels zu finden. Die Befreiung von der Knechtschaft der »Tatsachen« stimmt mit der Nacht und dem Nichts, von denen Hegel in seiner Jugendschrift *Differenz* spricht, überein. »Hier in seinen ersten philosophischen Schriften«, hebt Marcuse hervor, »betont Hegel absichtlich die negative Funktion der Vernunft, ihre Zerstörung der verfestigten und sicheren Welt des gesunden Menschenverstandes. Vom Absoluten ist die Rede als von der ›Nacht‹ und dem ›Nichts‹, um es von den klar definierten Gegenständen des Alltagslebens abzuheben. Die Vernunft bedeutet ein ›absolutes Negieren‹ der Welt des gesunden Menschenverstandes[52].«

Unübersehbar handelt es sich um alte, romantische Themen. Die Schrift *Differenz* ist voll von Anklängen an Schelling. Da Marcuse jedoch von Heidegger herkommt, kann man vielleicht in dieser Würdigung der Nacht und des Nichts (gerade dort, wo man sich daran gewöhnt hatte die »Sonne der Zukunft« zu erwarten) auch einen Anklang an *Was ist Metaphysik?* unterstellen. Heidegger ist ein Meister der *Nichtung*. Und wenn auch die *Nichtung* weder die *Vernichtung* noch die *Verneinung* ist[53], so verblüfft diese philosophische »Revolution« dennoch. Sie siedelt in der Tat die »authentische« und nicht länger »entäußerte« Existenz in der »hellen Nacht des Nichts« an, aber, wie damit unzufrieden und einer pedantischen Wut verfallen, besteht sie auf der Feststellung, daß »das Nichts selbst vernichtet«.

6. Die idealistische Reaktion gegen die Wissenschaft

Es ist müßig, länger zu zögern: die wahre Bedeutung der Auffassung Marcuses wurzelt in der sogenannten »Kritik der Wissenschaft«. Der Gegensatz von »positivem« und »negativem Denken«, von »Verstand« und »Vernunft«, von Nicht-Widerspruch und dialektischem Widerspruch ist vor allem der Gegensatz von Wissenschaft und Philosophie. »Für ihn (Hegel)«, sagt Marcuse, »ist die Unterscheidung zwischen Verstand und Vernunft identisch mit der zwischen gesundem Menschenverstand und spekulativem Denken, zwischen undialektischer Reflexion und dialektischer Erkenntnis.

Die Operationen des Verstandes bringen die gewöhnliche Art von Denken hervor, die sowohl im Alltagsleben als auch in der Wissenschaft herrscht[54].

Diese romantische Hegelsche Kritik des »Verstandes« tauchte um die Jahrhundertwende mit der sogenannten »idealistischen Reaktion gegen die Wissenschaft«[55] wieder auf. In ihrem kritisch-negativen Teil treffen sich, wie Croce richtig bemerkt hat, die beiden Denkweisen und decken sich. In *Logica come scienza del concetto puro* (Logik als Wissenschaft des reinen Begriffs) schreibt er: »Alle diese gegen die Wissenschaft gerichteten Kritiken klingen dem nicht neu, der bereits die Kritiken Jacobis, Schellings, Novalis' und anderer Romantiker gehört hat und vornehmlich die großartige Kritik, die Hegel am abstrakten (d.h. empirischen und mathematischen) Verstand übte, die alle seine Werke von der *Phänomenologie des Geistes* bis zur *Wissenschaft der Logik* durchzieht und in den Anmerkungen zu den Paragraphen der Naturphilosophie mit Beispielen bereichert wurde[56].« Es ist an dieser Stelle nicht möglich auf diese »idealistische Reaktion« gegen die Wissenschaft in ihrem ganzen Ausmaße einzugehen. *Entsteht die Wissenschaft, vergeht das Denken*[57]. Das mag für Heidegger hingehen, über den sich ohnehin niemand mehr Illusionen macht. Aber die gleiche Ware wird heute auf der Linken verkauft. Horkheimer und Adorno:

»Wissenschaft selbst hat kein Bewußtsein von sich, sie ist ein Werkzeug. Aufklärung aber ist die Philosophie, die Wahrheit mit wissenschaftlichem System gleichsetzt. Der Versuch, diese Identität zu begründen, den Kant noch aus philosophischer Absicht unternahm, führte zu Begriffen, die wissenschaftlich keinen Sinn ergeben [. . .]. Der Begriff des Sichselbstverstehens der Wissenschaft widerstreitet dem Begriff der Wissenschaft selbst (. . .). Mit der von Kant als Resultat vorgezogenen Bestätigung des wissenschaftlichen Systems als Gestalt der Wahrheit besiegelt der Gedanke seine eigene Nichtigkeit, denn Wissenschaft ist technische Übung, von Reflexion auf ihr eigenes Ziel so weit entfernt wie andere Arbeitsarten unter dem Druck des Systems[58].«

Es muß hervorgehoben werden, daß sich diese Kritik der Wissenschaft auch gleich als Kritik der Gesellschaft darstellt. Der wissenschaftliche Verstand ist die Denkweise, die in der Praxis und im Alltagsleben vorherrscht. Die Allgemeingültigkeit der Wissenschaft, d.h. die Universalität ihrer Aussagen fällt völlig mit der Unpersönlichkeit und Anonymität des Lebens in Gesellschaft zusammen.

Alle diese Entwicklungen finden sich im Keim bereits bei Bergson. Unser Intellekt, sagt er in *Schöpferische Entwicklung,* ist eine »wesentlich praktische«, »mehr zur Vorstellung von Dingen und Zuständen als von Veränderungen und Akten gemachte(n) Funktion«. »Dinge aber und Zustände sind bloße Ansichten, die unser Geist vom Werden aufnimmt. Es gibt keine Dinge, es gibt nur Handlungen.« Wenn »ein Ding das Ergebnis einer vom Verstande vollzogenen Verdichtung (ist), und (es) nie andere Dinge geben (kann), als die der Verstand geformt hat«[59], so bedeutet das, daß die natürliche Welt, die die Wissenschaft uns als Wirklichkeit darstellt, in Wahrheit nur ein Kunstgriff ist. Die Materie ist eine Schöpfung des Verstandes. Die »Dinge« sind die Kristalle, in denen unsere Neigung zum – »Verdinglichen« erstarrt und gerinnt, d.h. die Neigung, die Welt zu »verfestigen«, um in ihr praktisch zu handeln und sie zu verändern.

Diese ursprüngliche Übereinstimmung von Wissenschaft und Materialismus wird von jener von Materialismus und Gesellschaft, Wissenschaft und Gesellschaft wiederholt und verstärkt.

Wir verdinglichen, um auf die Welt einzuwirken, aber diese Verdinglichung ist auch das Mittel zur intersubjektiven Kommunikation. Die echte oder persönliche und die soziale oder unpersönliche Existenz sind auf zwei verschiedene Subjekte zurückzuführen: das eine »wesentlich«, das andere »oberflächlich« und »scheinbar«. »Zwei verschiedene Ichs, eines gleichsam als nach außen gerichtete Projektion des anderen, seine räumliche und sozusagen soziale Repräsentation[60].« Die Verräumlichung oder Materialisation der Wirklichkeit, sagt Bergson, ist bereits eine Einführung in das soziale Leben. »Meistenteils leben wir uns selbst gegenüber äußerlich, und gewahren nur das entfärbte Phantom unseres Ichs, einen Schatten, den die reine Dauer in den homogenen Raum wirft. Unsere Existenz spielt sich also mehr im Raum als in der Zeit ab: wir leben mehr für die äußere Welt als für uns.« »Diese Anschauung eines homogenen Mediums [. . .] erlaubt uns, unsere Begriffe im Verhältnis zueinander zu exteriorisieren und enthüllt uns die Objektivität der Dinge, und so bedeutet sie durch ihre doppelte Wirksamkeit, indem sie einerseits die Sprache begünstigt und andererseits uns eine von uns selbst scharf unterschiedene äußere Welt darbietet, deren Perzeption allen Intelligenzen gemein ist, eine Ankündigung und Vorbereitung des sozialen Lebens[61].«

Alles Wesentliche ist – wie man sieht – hier bereits in embryonaler Gestalt vorhanden: die Wissenschaft als Versachlichung oder Verdinglichung und die Gesellschaft als entäußerte oder entfremdete Existenz.

Es ist hier nicht möglich, auf die Ausarbeitung und Entwicklung einzugehen, die diese Thematik durch die verschiedenen Strömungen des Irrationalismus und der deutschen Lebensphilosophie erfahren hat. Es sei lediglich auf die entscheidende Wende hingewiesen, die Lukács' berühmtes Buch von 1923 anzeigte. Wie der Verfasser in einer selbstkritischen Erklärung vom September 1962[62] und später in seiner Einleitung zur neuesten italienischen Ausgabe bekannt hat, gründen *Geschichte und Klassenbewußtsein* auf der Verwechslung der Marxschen Theorie der Entfremdung (oder »Fetischismus« oder »Verdinglichung«) mit der Hegelschen. Die Analyse des kapitalistischen Fetischismus ist in diesem Werk in den Termini der Hegelschen Kritik am Materialismus des gesunden Menschenverstandes und des wissenschaftlichen Verstandes dargestellt: d.h. der »Fetisch« ist nicht das Kapital oder die Ware, sondern der natürliche, dem Denken äußerliche Gegenstand. Die vom Kapital eingeführte Trennung zwischen dem Arbeiter und den objektiven Arbeitsbedingungen wird mit der vom »Verstand« getroffenen Unterscheidung zwischen Subjekt und Objekt verwechselt, mit der von Lukács später selbst bemerkten Folge, daß ein historisch-gesellschaftliches Problem auf diese Weise in ein ontologisches verwandelt wird. Die kapitalistische »Verdinglichung« wird damit zum Produkt des materialistischen Verstandes und der Wissenschaft, deren analytische Anschauung der Wirklichkeit als »positivistisch und bürgerlich« bezeichnet wird, während das Proletariat mit der philosophischen Vernunft, d.h. mit jener »Vernunft« gleichgesetzt wird, die vereint, oder, wie man heute sagt, »totalisiert«, was der Verstand und der gesunde Menschenverstand tagtäglich zu unterscheiden pflegen. Das wichtigste Ergebnis dieser Verwechslung von Marx und Hegel war, daß *Geschichte und Klassenbewußtsein* dazu gelangen, unter der »revolutionären« Form einer Kritik der bürgerlichen Gesellschaft, die rückschrittlichen Inhalte der idealistischen Wissenschaftskritik anzubieten. Aus der Schule von Rickert und Lask stammend und nicht wenig beeinflußt von der *Philosophie des Geldes* des deutschen Lebensphilosophen Simmel (des deutschen Bergson), endete Lukács in seinem Werk damit, daß er den Marxismus selbst in den Bereich jener idealistischen Reaktion gegen die Wissenschaft einbrachte, die um die Jahrhundertwende ihren Anfang genommen hatte und deren anfängliche Voraussetzungen – wie wir gesehen haben – gerade in der Hegelschen Kritik des »Verstandes« liegen.

Der »Fetisch« ist der natürliche Gegenstand, den die Wissenschaft erforscht. Die »Versachlichung« oder, wie Bergson sagt, »le chosisme« ist das Produkt des wissenschaftlichen Verstandes, der die fließende und »lebendige« Einheit des Wirklichen zu »falschen« Schablonen von Gegenständen zerschneidet und zerstückelt (der berühmte ›morcelage‹!), die dem praktisch-technischen Handeln dienen sollen. Die Entfremdung ist somit kurzum die Wissenschaft, die Technik. Nachdem Lukács diese Themen aufgenommen hatte, verarbeitete er sie seinerseits und verlieh ihnen neue Anziehungskraft. Der alte Widerwillen des philosophischen Spiritualismus gegen die Produktion, die Technik, die Wissenschaft – mit einem Wort – der Abscheu vor den Maschinen – hüllte sich jetzt in die Faszination einer Kritik an der modernen bürgerlichen Gesellschaft.

Der Kern der Philosophie Marcuses liegt genau hierin. Die Unterdrückung ist die Wissenschaft. Die Versachlichung ist anzuerkennen, daß außerhalb von uns Dinge existieren. Die Dialektik des »hier« und »jetzt«, d.h. die Dialektik des alten Skeptizismus, mit der Hegel am Anfang der *Phänomenologie* die sinnliche Gewißheit von der Existenz der äußeren Gegenstände zerstört, erscheint Marcuse als die Emanzipation des Menschen selbst. »Die ersten drei Abschnitte der *Phänomenologie* sind eine Kritik des Positivismus und mehr noch der ›Versachlichung‹. [. . .] Wir entlehnen den Begriff der ›Verdinglichung‹ der Marxschen Theorie, wo er die Tatsache bezeichnet, daß in der Welt des Kapitalismus alle Beziehungen zwischen Menschen als Beziehungen zwischen Sachen erscheinen. [. . .] Hegel stieß innerhalb der Philosophie auf die nämliche Tatsache. Der gesunde Menschenverstand und das traditionelle wissenschaftliche Denken nehmen die Welt als eine Totalität von Dingen hin, die mehr oder weniger per se existieren und suchen die Wahrheit in Gegenständen, die als unabhängig vom erkennenden Subjekt aufgefaßt werden. Das ist nicht nur eine erkenntnistheoretische Haltung, sondern geht durch die Praxis der Menschen hindurch und führt sie dazu, sich dem Gefühl zu überlassen, daß sie nur dann sichergehen, wenn sie objektive Tatsachen erkennen und handhaben[63].«

Diese Argumentation läuft auf einen Akt der undifferenzierten

Anklage gegen die Wissenschaft und Technik oder, um Marcuses Ausdruck zu gebrauchen, die »Industriegesellschaft« hinaus. Das Argument ist, genau besehen, das gleiche, das bereits Husserls *Krisis* zugrunde lag (ganz zu schweigen von Horkheimers und Adornos Angriffen auf Bacon und Galilei).

Dies ist das Thema, von dem sich in den letzten Jahrzehnten die gesamte Publizistik über die sog. »Krise der Kultur« genährt hat (nicht zuletzt z.B. aus Jaspers' *Vom Ursprung und Ziel der Geschichte*). Das »Übel« ist nicht eine bestimmte Organisation der Gesellschaft, ein bestimmtes System *gesellschaftlicher Verhältnisse,* sondern vielmehr die Industrie, die Technik, die Wissenschaft. Es ist nicht das Kapital, sondern die Maschine als solche. Marcuse ist – man nehme mir dies nicht übel – Nachfahre derselben Tradition, der er heute Angst einflößt.

7. Schlußfolgerung

In *Der eindimensionale Mensch* gibt es eine kurze Betrachtung, in der sich Marcuse von Marx distanziert und die uns zum Abschluß unserer Ausführungen dienen kann. »Die klassische Marxsche Theorie stellt sich den Übergang vom Kapitalismus zum Sozialismus als eine Revolution vor: das Proletariat zerstört den *politischen* Apparat des Kapitalismus, behält aber den *technischen* Apparat bei und unterwirft ihn der Sozialisierung. In der Revolution gibt es eine Kontinuität: befreit von irrationalen Schranken und Zerstörungen, erhält und vollendet sich die technologische Rationalität in der neuen Gesellschaft[64].«

Mit dieser Analyse ist Marcuse nicht einverstanden, weil er meint, daß die Wurzeln des Übels heute gerade in dem technologischen Apparat als solchem liegen. Sicher hat er jedoch Recht, wenn er in ihr das Wesentliche der gesamten Marxschen Theorie aufzeigt. Die kapitalistische Entwicklung ist Entwicklung der großen Industrie. Im Kapitalismus ist diese Entwicklung der großen Industrie, Marx zufolge, untrennbar von einer Reihe stark negativer Erscheinungen: Ausbeutung, Lohnarbeit, Bildung der ›industriellen Reservearmee‹ usw. Dennoch bereiten sich nach Marx, wenn auch innerhalb dieser Hülle, mit dem Kapitalismus die Bedingungen der Befreiung des Menschen vor: riesiger Zuwachs der Arbeitsproduktivität (wenn auch in Form der »Intensivierung« der Ausbeutung der Arbeitskraft), das Niederreißen der lokalen und nationalen

Grenzen und die Vereinheitlichung der Welt (wenn auch in der Form des »Weltmarktes«), die Sozialisierung des Menschen, d.h. seine Vereinigung mit der Gattung (wenn auch über die Herausbildung des Fabrikproletariats).

»Die Bourgeoisie«, heißt es im *Manifest,* »hat durch ihre Exploitation des Weltmarktes die Produktion und Konsumtion aller Länder kosmopolitisch gestaltet. Sie hat zum großen Bedauern der Reaktionäre den nationalen Boden der Industrie unter den Füßen weggezogen. [. . .] An die Stelle der alten lokalen und nationalen Selbstgenügsamkeit und Abgeschlossenheit tritt ein allseitiger Verkehr, eine allseitige Abhängigkeit der Nationen voneinander[65].« Den Sinn dieser Ausführungen hat Marx in der allseits bekannten Formel zusammengefaßt: Widerspruch zwischen den modernen Produktivkräften und der kapitalistischen Hülle, innerhalb derer sich diese entwickelt haben, zwischen dem gesellschaftlichen Charakter der industriellen Produktion und der noch privaten Weise der kapitalistischen Aneignung.

Der Gebrauch und Mißbrauch dieser Formeln hat diese fast bedeutungslos gemacht. Aber unter der Patina sind zwei wichtige Aussagen immer noch leicht auszumachen. Erstens, Art und Charakter der an der Veränderung und Befreiung der modernen Gesellschaft interessierten Kräfte sind bei Marx nicht aus einem einfachen »Ideal« der philosophischen Vernunft hergeleitet (die ohnehin immer die »Vernunft« oder das »Ideal« von Hinz und Kunz sind), sondern aus einer wissenschaftlichen Analyse der modernen Gesellschaft selbst. Sie resultieren folglich nicht aus einer apriorischen Ausklammerung des zu untersuchenden Gegenstandes (der sog. »Auflösung« des Endlichen), sondern aus der Erkenntnis der Rolle, die das Proletariat im modernen Produktionsprozeß einnimmt. »Wir (wollen) nicht dogmatisch die Welt antizipieren«, schrieb Marx an Ruge, »sondern erst aus der Kritik der alten Welt die neue finden. Bisher hatten die Philosophen die Auflösung aller Rätsel in ihrem Pulte liegen, und die dumme exoterische Welt hatte nur das Maul aufzusperren, damit ihr die gebratenen Tauben der absoluten Wissenschaft in den Mund flogen[66].« Das bedeutet, daß die »Lösung« nicht von einem beliebigen äußeren deus ex machina abgeleitet wird, sondern daß bei den wirklichen historischen Kräften, die in dieser Gesellschaft vorhanden sind, angesetzt wird. Zweitens, daß eben die Funktion, die die Arbeiterklasse im modernen Produktionsprozeß hat (vom einfachen Handarbeiter zum

Ingenieur), diese zum historischen Agens macht, über das die neue Gesellschaft das Erbe dessen antreten kann, was an der alten Gesellschaft wesentlich war: die modernen Produktivkräfte, die sich in ihr entwickelt haben, d.h. die Wissenschaft, die Technik, die Industrie, die kritische Mentalität und die Gewohnheit der experimentellen Lebensweise.

Für Marx – und das hat Marcuse richtig erfaßt – gibt es eine Kontinuität in der Revolution. Darin liegt, meiner Ansicht nach, ganz der Unterschied zwischen der Revolution als einem realen historischen Vorgang und der prometheischen Anstrengung der »Großen Weigerung« beschlossen. Die Revolution ist ein Akt des wirklichen Lebens: sie entsteht aus der Geschichte und ist sich darüber bewußt, von neuem reale historische Bedingungen herzustellen. Sie ist die Befreiung von Kräften, die in der historischen Entwicklung akkumuliert wurden. Sie ist die Wiedergewinnung auf höherer Ebene, von alledem, was die Menschheit im Laufe der Geschichte errungen hat, was sie der Natur und den irrationalen Einflüsterungen des Mythos abgerungen hat. Die »Große Weigerung« Marcuses ist dagegen gerade durch ihre Ungeschichtlichkeit definiert. Sie ist eine *totale Verneinung* des Bestehenden. Da Marcuse diagnostiziert hat, daß die Technologie das entscheidende Medium der Verdinglichung ist, kann er die Befreiung nur vor oder nach der Geschichte suchen. In beiden Fällen außerhalb des gemeinen Menschenverstandes. ». . . Schrecken und Zivilisation (sind) untrennbar« – »Im Zeichen des Henkers vollzog sich die Entwicklung der Kultur« – »Man kann nicht den Schrecken abschaffen und Zivilisation übrigbehalten[67].« Das sind Aphorismen Horkheimers und Adornos, die helfen, die »Große Weigerung« Marcuses zu verstehen. Ein Leser, der sich auch nur etwas auskennt, erkennt hier sofort den Heideggerschen Ursprung. (Der Mensch irrt. Die Irre, durch die der Mensch geht, ist nichts . . .[68]) Und dennoch sollte man sie mit Nachsicht betrachten. Sie sind die letzten »Blumen des Bösen« des alten Spiritualismus und seiner Bestrebung, die Dinge zu zerstören: der Schwanengesang zweier alter Herren, die ein bißchen nihilistisch und ein bißchen démodés mit der Geschichte streiten.

Nachbemerkung zu Marcuse

Für Marcuse sind die Entfremdung, der Fetischismus nicht das Produkt der Lohnarbeit, der Welt der Waren und des Kapitals. Das »Übel« ist für ihn nicht eine bestimmte Organisation der Gesellschaft, ein bestimmtes System gesellschaftlicher Verhältnisse, sondern die Industrie, die Technik, die Wissenschaft. Es ist nicht das Kapital, sondern die Maschine als solche.

Tatsächlich ist *Der Eindimensionale Mensch* ganz in dieser alten Auffassung befangen. Das Buch ist brillant und enthält eine Reihe einfacher, wahrer Betrachtungen. Untersucht man jedoch die Substanz, so ist leicht zu erkennen, daß es kein Akt der Anklage gegen den Kapitalismus, sondern vielmehr gegen die Technologie ist. Marcuse, der gegen das »integrierte Denken« zu Felde zieht, wird sich nicht dessen bewußt, daß er selbst wie der integrierteste der bürgerlichen Soziologen argumentiert. Für ihn gibt es keinen Unterschied zwischen Kapitalismus und Sozialismus, was er bekämpft, ist die »Industriegesellschaft«, die ›Industrie‹, bar jeden Klassengehaltes, die Industrie ›an sich‹. Nicht die Maschinerie, insofern sie Kapital ist, nicht die kapitalistische Anwendung der Maschinerie, sondern die Maschinerie überhaupt. In seiner Analyse der ›industriellen Revolution‹, im 13. Kapitel des ersten Bandes des *Kapital* (Maschinerie und große Industrie), unterstreicht Marx mehrfach die Verwechslung, die den bürgerlichen Ökonomen zwischen der Maschinerie und dem Kapital unterläuft. »Da also die Maschinerie, an sich betrachtet, die Arbeitszeit verkürzt, während sie, kapitalistisch angewandt, den Arbeitstag verlängert, an sich die Arbeit erleichtert, kapitalistisch angewandt, ihre Intensität steigert, an sich ein Sieg des Menschen über die Naturkraft ist, kapitalistisch angewandt, den Menschen durch die Naturkraft unterjocht, an sich den Reichtum des Produzenten vermehrt, kapitalistisch angewandt, ihn verpaupert usw., erklärt der bürgerliche Ökonom einfach, *das Ansichbetrachten der Maschinerie* beweise haarscharf, daß alle jene handgreiflichen Widersprüche bloßer *Schein* der gemeinen Wirklichkeit, aber *an sich*, also auch *in der Theorie*, gar nicht vorhanden sind. Er spart sich also weitere Kopfzerbrechungen und bürdet seinem Gegner obendrein die Dummheit auf, nicht *die kapitalistische Anwendung der Maschinerie* zu bekämpfen, sondern *die Maschinerie selbst* [69].« (Hervorhebungen L. C.)

Die Position, die Marx hier aufs Korn nimmt, ist die der bürgerlichen Apologetik. In diesem Fall erlaubt die Identifikation des Kapitals mit der Maschinerie einerseits, die bestimmten historischen Widersprüche, die aus der kapitalistischen Anwendung der Maschinerie herrühren, verschwinden zu lassen, bzw. als bloßen »Schein« darzustellen, andererseits für ein Verdienst des Kapitals selbst auszugeben, was vielmehr ein Vorzug und eine notwendige Eigenschaft der Maschinerie als solcher ist: die Steigerung der Arbeitsproduktivität. Marcuses Position, die gewiß nicht die der Ökonomen ist, wiederholt gleichwohl deren Operation, wenn auch mit umgekehrten Vorzeichen. Marcuse setzt Maschinerie und Kapital gleich, nicht um letzterem die Vorzüge der ersteren zuzuschreiben, sondern vielmehr um der Maschinerie die Versklavung und Unterdrückung des Arbeiters zum Vorwurf zu machen, für die dagegen das Kapital verantwortlich ist. Im ersten Fall geht aus dieser Identifikation des Kapitals mit der Maschinerie die apologetische Haltung der *Vulgärökonomie* hervor; im zweiten die der sog. »romantischen Kritik« der bürgerlichen Gesellschaft, d.h. einer Kritik an der Gegenwart, die nicht im Namen der Zukunft, sondern im Namen der Vergangenheit geübt wird und dieser »nostalgisch« zugewandt ist. Für den Ökonomen muß, wer die modernen Produktivkräfte, d.h. Technisierung und die große Industrie bejaht, auch die *kapitalistischen Produktionsverhältnisse* wollen. (»Keineswegs leugnet der bürgerliche Ökonom«, schreibt Marx, »daß dabei auch zeitweilige Unannehmlichkeiten herauskommen; aber wo gäbe es eine Medaille ohne Kehrseite! Eine andre als die kapitalistische Ausnutzung der Maschinerie ist für ihn unmöglich. Ausbeutung des Arbeiters durch die Maschine ist ihm also identisch mit Ausbeutung der Maschine durch den Arbeiter«[70].)

Für Marcuse dagegen muß, wer die Ausbeutung oder vielmehr – angesichts dessen, daß für Marcuse im Grunde keine Ausbeutung existiert – wer die »Integration« ablehnt, zu den patriarchalischen Lebensbedingungen oder gar zum Feudalismus zurückkehren, über den er uns (wie jede »schöne Seele«, die auf sich hält) sein Geschwafel nicht erspart (vgl. die Seiten 78, 84, 255, 256–57). Streng genommen, ist der Fall Marcuse ein Beispiel für den Kult des »Primitiven« und der »Barbarei«, in den der abstrakte Spiritualismus des bürgerlichen Intellektuellen umschlagen kann. Marcuse stellt ebenso wie Horkheimer und Adorno – wie Lukács in seinen *Gesprächen* (Reinbek, 1967) richtig erkannt hat – einen Fall von Maschinenstürmerei dar (wo er zu überlegen gibt, daß, wenn die

Manipulation in Folge der technischen Entwicklung entstanden ist, es dann vielleicht notwendig sei, daß wir uns alle in eine Art Maschinenstürmer im Kampf gegen die technische Entwicklung verwandeln, um die Manipulation zu bekämpfen.

Unser Hinweis auf die »romantische Kritik« der bürgerlichen Gesellschaft mag verwundern. In der Tat ist diese ein Gegner, an den nie gedacht wird. In Wirklichkeit gibt es nicht nur den Marxismus auf der einen und die kapitalistisch-bürgerliche Ideologie auf der anderen Seite: die Partie ist komplexer, sie wird zu dritt gespielt. Nicht weniger als die bürgerliche Ideologie bekämpft der Marxismus die romantische Auffassung, die erstere als deren rechtmäßige Antithese bis zu ihrem sanften Hinscheiden begleiten wird, wie Marx in den *Grundrissen* sagt.

Marcuse ist gewiß nicht Carlyle oder Sismondi, und dies außer einer Reihe offensichtlicher Gründe auch wegen des subtil apologetischen Charakters seiner gesamten Argumentation. Der Begriff der »Industriegesellschaft«, die Vorstellung einer »Industrie« ohne Klassengehalt oder Industrie »an und für sich«, die er mit der gesamten bürgerlichen Soziologie teilt (man siehe z.B. Dahrendorf), sind eine, wir hoffen unfreiwillige, Achtungsbezeugung und Huldigung an die großen corporations. Industrie und Technologie unterdrücken überall. In Rußland nicht weniger als in Amerika. Die »Sowjets und Elektrifizierung« (Lenin) sind eine Fata Morgana. Will man der Unterdrückung entfliehen, so hat es keinen Zweck, es mit dem Sozialismus zu versuchen. Die Abhilfe, die Marcuse vorschlägt, ist der Ernsthaftigkeit der Analyse angemessen. Es reicht aus, die »Große Weigerung« zu üben und dann womöglich, alle nach Tahiti zu segeln.

Ich möchte ganz klar stellen, daß ich Marcuse nicht im Namen der Ideologie der sowjetischen Bürokratenkaste kritisiere. Dennoch kann die Kritik in seinem Fall nur streng ausfallen. Marcuse ist ein Marx-Kritiker alter Prägung. Die Grundlagen seiner Kritik (man vergleiche seinen »Soviet Marxism«, London 1958) entstammen vollständig dem alten sozialdemokratischen Revisionismus. Er schreibt Marx die Theorie der »absoluten Verelendung« und des »Zusammenbruchs« zu, die Bernstein entlehnt sind (vgl. die Seiten 22–28). Die Theorie vom »Ultraimperialismus«, der er sich so geflissen bedient, um zu zeigen, daß der Neokapitalismus alles vermag, ist Kautsky entlehnt (vgl. die Seiten 33 ff.). Seine Ausführungen bestehen von Anfang bis Ende in dem Versuch zu beweisen, daß *Marx überholt ist!* Und je allgemeiner und vager die Inhalte seiner Analyse sind, desto energischer sind seine Schlußfolgerungen: die Marxsche Theorie der proletarischen Revolution ist überholt; überholt der Marxsche Begriff der »organischen Zusammensetzung des Kapitals« und mit ihm »die Theorie der Mehrwertbildung«[71].

Das erste Buch von Marcuse, das ich gelesen habe, war *Vernunft und Revolution* in der zweiten amerikanischen Auflage (New York 1954). Das Buch enthielt ein »ergänzendes Kapitel«, das in der italienischen Ausgabe fehlt. Wäre dieses Kapitel heute übersetzt, so würden sich viele Mißverständnisse auflösen und Marcuse als das erscheinen, was er ist: ein oberflächlicher und »zorniger« Kritiker Marx' und des Sozialismus. Was den Standpunkt anbelangt, von dem seine Kritik ausgeht, so sind auch die abschließenden Seiten von *Der eindimensionale Mensch* bezeichnend.

Marcuse fordert dort »den Innenraum der Privatsphäre«, »jene Isolierung, in der das Individuum, allein auf sich zurückgeworfen, denken, fragen und etwas herausfinden kann«, er feiert dort die »Privatsphäre« als »die einzige Bedingung, die (auf der Basis befriedigter Lebensbedürfnisse) der Freiheit und Unabhängigkeit des Denkens Sinn verleihen kann« (S. 88, 255).

Wie ist es möglich, in alledem nicht die alte liberale Rhetorik wiederzuerkennen?

Anmerkungen

1 Hegel, G. W. F., Die Wissenschaft der Logik, Stuttgart 1936, S. 181
2 a.a.O.
3 Ebda., S. 188
4 Ebda., S. 166
5 Hegel, G. W. F., Enzyklopädie der philosophischen Wissenschaften, Hamburg [6]1959, S. 113
6 Hegel, G. W. F., Die Wissenschaft der Logik, a.a.O., S. 158
7 Ebda., S. 317 f. An dieser außerordentlich wichtigen Stelle erklärt Hegel den Unterschied zwischen Jacobis und Kants Kritik an der traditionellen Metaphysik. Jacobi kritisiert die »intellektuelle« Methode, Kant die Inhalte, d.h. die Objekte der traditionellen Metaphysik. Hegel steht auf der Seite Jacobis.
8 Hegel, G. W. F., Enzyklopädie, a.a.O., S. 75
9 Ebda., S. 76
10 Ebda., S. 75 f.
11 Hegel, G. W. F., Die Wissenschaft der Logik, a.a.O., S. 551
12 Michelet, L., Entwicklungsgeschichte der neuesten deutschen Philosophie. Berlin 1843, S. 304 ff.
13 Feuerbach, L., Philosophische Kritiken und Grundsätze, Stuttgart 1959, S. 222 f.
14 Ebda., S. 253
15 MEGA (Marx-Engels-Gesamt-Ausgabe), Bd. II/1, S. 184. Die Wiederentdeckung dieser Jugendschriften von Engels ist Gustav Mayer zu danken, dem Verfasser einer umfangreichen Biographie Engels' (F. Engels. Eine Biographie, 2 Bde., Den Haag 1934).
16 Vgl. MEGA I, 2, Einleitung, S. XLVI–XLIX
17 Herzen, A. I., Gesamtausgabe der Werke, Bd. III, S. 43
18 Ausgezeichnete Bemerkungen hinsichtlich des Unterschiedes zwischen Feuerbach, Marx einerseits und den jungen Linkshegelianern andererseits enthält M. G. Lange, L. Feuerbach und der junge Marx. In: Feuerbach. Kleine philosophische Schriften, Leipzig 1950
19 MEGA, I, 1/1, S. 63 f. Gegen diese These des Kompromisses spricht auch Karl Rosenkranz in *G. W. F. Hegels Leben* (Berlin 1844, jetzt Darmstadt 1971), wo er auf Seite 332 schreibt: »Schon zu Ende des vorigen und zu Anfang dieses Jahrhunderts hatte Hegel die verführerische Unbestimmtheit der Vorstellungen von Volk, von Freiheit und Gleichheit überhaupt gegen die bestimmteren Begriffe von Staat, von ständischer Gliederung und allseitig vorsorgender Regierung vertauscht. Für die Notwendigkeit der Erblichkeit der Monarchie als eine der tiefsten Bestimmungen des modernen Staatslebens hatte er in Jena sogar geschwärmt. Man muß sich daher in Erinnerung hieran der Vorstellung entschlagen, als ob Hegel seinen Staatsbegriff mit selbstbewußtem Abfall von seiner Philosophie für die Interessen der Preußischen Regierung erst zurecht gemacht habe.« Vgl. auch Seite 401, wo sich der kritische Hinweis auf den Versuch findet, Hegel »für altersschwach zu erklären, für einen Mann, der von seinen eigenen Prinzipien aus Ohnmacht, sie durchzuführen, unbewußt abfalle«.
20 Heines Werke, Elster Ausgabe, Bd. IV, S. 148 ff.: ». . . Ich habe hinter dem Maestro gestanden, als er sie (die Musik des Atheismus, G. L.) kompo-

nierte; freilich in sehr undeutlichen und verschnörkelten Zeichen, damit nicht jeder sie entziffre – ich sah manchmal, wie er sich ängstlich umschaute, aus Furcht, man verstände ihn ... Als ich einst unmutig war über das Wort: ›Alles, was ist, ist vernünftig‹, lächelte er sonderbar und bemerkte, es könnte auch heißen: ›Alles, was vernünftig ist, muß sein‹.« Diese Stelle, die sich auf eine imaginäre Begegnung zwischen Heine und Hegel bezieht, wird von Georg Lukács in seinem Buch *Der junge Heine* angeführt.

21 Marcuse, H., Vernunft und Revolution, Neuwied, Berlin [2]1968, S. 16
22 Ebda., S. 18
23 a.a.O.
24 Ebda., S. 23
25 Ebda., S. 24 ff.
26 Marx, K., Das Kapital Bd. 1, MEW 23, S. 27
27 Diese Metapher des »Kerns« und der »Hülle« ist, wie Mario Rossi in seinem Buch *Marx e la dialettica hegeliana,* 2 Bde., Rom 1960, aufgezeigt hat, auf Hegel selbst zurückzuführen. Hegel schreibt: »... Denn das Vernünftige, was synonym ist mit der Idee, indem es in seiner Wirklichkeit zugleich in die äußere Existenz tritt, tritt in einem unendlichen Reichtum von Formen, Erscheinungen und Gestaltungen hervor, und umzieht seinen Kern mit der bunten Rinde ...« (Hegel, Grundlinien der Philosophie des Rechts, Hamburg 1955, S. 15.)
28 Hegel, G. W. F., Wissenschaft der Logik, a.a.O., S. 547. Vgl. auch Engels, F., Antidühring, MEW 20, S. 112: »Die Bewegung selbst ist ein Widerspruch; sogar schon die einfache mechanische Ortsbewegung kann sich nur dadurch vollziehn, daß ein Körper in einem und demselben Zeitmoment an einem Ort und zugleich an einem andern Ort, an einem und demselben Ort und nicht an ihm ist.« Und etwas weiter unten: »... daß das Leben vor allem grade darin besteht, daß ein Wesen in jedem Augenblick dasselbe und doch ein andres ist. Das Leben ist also ebenfalls ein in den Dingen und Vorgängen selbst vorhandner, sich stets setzender und lösender Widerspruch; und sobald der Widerspruch aufhört, hört auch das Leben auf, der Tod tritt ein.« (S. 112 f.)
29 Lenin, W. I., Aus dem philosophischen Nachlaß, Werke Bd. 38, S. 57
30 Ebda., S. 20
31 Hegel, G. W. F., Wissenschaft und Logik, a.a.O., S. 551
32 Ebda., S. 148
33 Ebda., S. 666
34 Hegel, G. W. F., Theologische Jugendschriften. Hrsg. von H. Nohl. Tübingen 1907, S. 298
35 Ebda., S. 299
36 a.a.O.
37 Marx, K., MEGA, Bd. 1, S. 206
38 Ebda., S. 207 f.
39 Hegel, G. W. F., Sämtliche Werke, Glockner-Ausgabe Bd. I, S. 230 f.
40 Feuerbach, L., Sämtliche Werke. Hrsg. von Bolin und Jodl. Bd. II, S. 208
41 a.a.O.
42 Hegel, G. W. F., Enzyklopädie, a.a.O., S. 435
43 Marx, K., Das Kapital Bd. 1, a.a.O., S. 85. Zur Entwicklung dieses Themas (die Ware als »ein sinnlich übersinnliches Ding«) siehe auch meine Arbeit »Il marxismo e Hegel«, Bari 1969, S. 422 ff. (Deutsch: »der Hegel und Mar-

xismus«, Berlin 1976)
44 Marcuse, H., Der eindimensionale Mensch, Neuwied, Berlin 1967, Kap. V und VI
45 Marcuse, H., Vernunft und Revolution, a.a.O., S. 35
46 Ebda., S. 28 f.
47 Ebda., S. 34
48 a.a.O.
49 Sartre, J. P., Der Ekel. Übersetzt von H. Wallfisch, Reinbek 1963, S. 133 f.
50 Ebda., S. 135 f.
51 Ebda., S. 137
52 Marcuse, H., Vernunft und Revolution, a.a.O., S. 53
53 Heidegger, M., Was ist Metaphysik?, Frankfurt 1949, S. 31
54 Marcuse, H., Vernunft und Revolution, a.a.O., S. 49 f.
55 Dieser Ausdruck – »idealistische Reaktion gegen die Wissenschaft« – wurde ursprünglich im positiven Sinne von Aliotta in seinem berühmten, 1912 veröffentlichten Buch gebraucht. Er wurde dann von F. Lombardi in seinem Buch *Il senso della storia,* Florenz 1965, S. 137 ff., wiederaufgenommen, jedoch in seiner negativen Bedeutung verwendet.
56 Croce, B., Logica come scienza del concetto puro, Bari 1942, S. 359 (»Logik als Wissenschaft des reinen Begriffs«)
57 Heidegger, M., Über den Humanismus, Frankfurt 1949, S. 39
58 Horkheimer, M./Adorno, Th. W., Die Dialektik der Aufklärung, Frankfurt 1969, S. 92
59 Bergson, H., Schöpferische Entwicklung. Übers. von G. Kantorowicz, Jena 1921, S. 252 f.
60 Bergson, H., Zeit und Freiheit, Übers. von P. Fohr, Meisenheim 1949, S. 115
61 Ebda., S. 191, 194
62 Vgl. Fetscher, I., Der Marxismus Bd. I, München 1962
63 Marcuse, H., Vernunft und Revolution, a.a.O., S. 106
64 Marcuse, H., Der eindimensionale Mensch, a.a.O., S. 42
65 Marx, K., MEGA., Bd. IV, S. 466
66 Marx, K., Briefe aus den Deutsch-Französischen Jahrbüchern. MEGA, Bd. I, S. 344
67 Horkheimer, M./Adorno, Th. W., Die Dialektik der Aufklärung, a.a.O., S. 227
68 Heidegger, M., Vom Wesen der Wahrheit. Frankfurt 1949, S. 22. Vgl. dort auch die Auffassung der Geschichte als »Irrtum«.
69 Marx, K., Das Kapital, Bd. 1, a.a.O., S. 465
70 a.a.O.
71 Marcuse, H., Der eindimensionale Mensch, a.a.O., S. 255

Rousseau, Kritiker der »bürgerlichen Gesellschaft«

Let us make man
Hobbes

Vorbemerkung

Die folgenden Ausführungen sind aus der Absicht heraus entstanden, zwei verschiedenartige Zielsetzungen gleichzeitig zu verfolgen, nämlich einerseits über eine bestimmte Anzahl von Studien über das politische Denken Rousseaus zu berichten, die anläßlich der Gedenkfeiern von 1962 erschienen, und andererseits den Entwurf oder »Versuch« einer Interpretation des Genfer Philosophen zu liefern, der der im Titel angedeuteten Themenstellung folgt: dem Problem der modernen ›bürgerlichen Gesellschaft‹.

Wie es manchmal geschehen kann, sind die beiden Absichten, die miteinander verschmelzen sollten, getrennt geblieben. So hat sich ergeben, daß die entstandenen Seiten – da unsicher und gespalten zwischen den entgegengesetzten Anziehungspunkten – auf halbem Wege zwischen einer unvollständigen bibliographischen Übersicht, die sie hätten sein können und teilweise nicht sind und dem kurzen Aufsatz, der das vorgesteckte Ziel direkt ansteuert, stehen geblieben sind.

Die Unvollständigkeit und Vorläufigkeit dieser Arbeit seien, auch was einige der darin enthaltenen Hypothesen betrifft, bereitwillig betont. Die hier und da angerissene Gegenüberstellung mit Locke, der (in gewissem Maße neuere) Vergleich mit Smith, die Hinweise auf Kant, sowie auch die etwas extreme These hinsichtlich der Beziehung zwischen der ›politischen‹ Theorie des Marxismus und Rousseau, sollen – überflüssig dies anzumerken – lediglich als aperçus verstanden werden, wobei zumindest einige zu gegebener Zeit noch einmal überdacht werden sollen.

Was ferner eine gewisse ›politische Einfärbung‹ anbelangt, die hier und da in diesen Seiten durchscheinen mag, so will ich mich hier auf die Autorität der französischen Herausgeber berufen, (damit nicht jemand auf den Gedanken kommt, dies sei dem Denken Rousseaus völlig fremd), die die recht erlesene und gelehrte Ausgabe der politischen Schriften Rousseaus in der Reihe der »Pléiade« damit eingeleitet haben, daß sie an »zahlreiche afrikanische und asiatische Politiker französischer Sprache« erinnerten, »die Rousseau zu dem Zeitpunkt zu lesen begannen, als ihre Länder die

Unabhängigkeit erlangten«, daß »einige bedeutende vietnamesische, guineische, senegalesische u.a. Staatsmänner erklärt haben, daß sie sich aufgrund der Lektüre der Rousseauschen Werke der Politik zugewandt hätten« und schließlich, daß »Fidel Castro [...] einem französischen Journalisten gegenüber erklärt hat, daß Jean-Jacques sein Meister gewesen sei und er Batista mit dem ›*Contrat social*‹ in der Tasche bekämpft habe«, wobei letzteres eine Aussage ist, die uns seiner folgenden Anmerkung nicht zu widersprechen scheint – aber hier wären die französischen Herausgeber vielleicht nicht einverstanden –, »daß er nach dieser Zeit die Lektüre des Marxschen *Kapital* vorgezogen« habe.

1. Moral und Politik

In den Protokollen der Studientage, die am 3., 4., 5. und 6. Mai 1962 anläßlich des 250. Geburtstages von Rousseau und des 200. Jahrestages des ›*Contrat social*‹ in Dijon abgehalten wurden, ist der Aufsatz, den S. Cotta dem *Stellenwert des Problems der Politik bei Rousseau* (›La position du problème de la politique chez Rousseau‹[1]) gewidmet hat, bemerkenswert. Hier wird die These von einem Primat der Politik in Rousseaus Denken vertreten. Rousseau konzipiert die Politik als die umfassende Antwort auf die Probleme des Menschen. »Die Politik erscheint, meiner Ansicht nach, in Jean-Jacques als die Lösung (die einzig mögliche Lösung ...) der Probleme der menschlichen Existenz[2].« Dieser Primat der Politik verweist auf eine besondere Konzeption des Bösen, dessen Ursprung Rousseau ganz der Gesellschaft zuschreibt. Das Böse ist die ›Ungleichheit‹, die soziale Ungerechtigkeit. Die ethische Anstrengung für den Sieg des Guten über das Böse fällt demnach notwendig mit dem politischen Einsatz für die Umwandlung der Gesellschaft zusammen.

Der Sinn dieser Ausführung geht jedoch über die einfache Behauptung der Einheit von Moral und Politik hinaus. Die eigentliche These ist, daß die Politik die Moral ›begründet‹. Eine Moral an sich, die der Politik vorausgeht und von ihr unabhängig ist, die lediglich auf die »Innerlichkeit« des Menschen beschränkt wäre, ist für Rousseau fast unvorstellbar: denn, sagt Cotta, »es ist ausschließlich die bürgerliche Gemeinschaft, die Stadt – dieses ›grand-tout‹, die sich in den Worten Rousseaus als der umfassende Horizont der menschlichen Existenz darstellt – was das höchste Kriterium des moralischen Lebens bildet«[3].

Nach dem Christentum und seiner Forderung des Primats der Spiritualität, zeigt Rousseaus Primat der Politik eine grundlegende Wandlung der gesamten Lebensauffassung an. Nicht nur wird der christliche Begriff des Sündenfalls, die Idee der Erbsünde, für ungültig erklärt, sondern selbst der Ansatz des laizistischen Christentums und der Naturrechtsschule wird umgestürzt. Die Unterscheidung Pufendorfs und mehr noch Thomasius', die später von Kant wiederaufgenommen wurde, zwischen Sittlichkeit und Recht (wobei erstere dem Gewissen, das zweite einzig den ›äußeren‹ Verhältnissen zugehörig ist) fällt weg. Und mit dieser entfällt auch die klassische christlich-liberale Unterscheidung zwischen dem ›tugendhaften Menschen‹ und dem ›guten Staatsbürger‹, jene Unterscheidung, die traditionell die Rückführung der Moral auf die Politik verhindert hat.

Der Aufsatz Cottas erinnert an den berühmten Interpretationsansatz (und übrigens führt er selbst ihn an), der zum ersten Mal 1932 von Ernst Cassirer in *Das Problem J.-J. Rousseau*[4] formuliert wurde (Cotta bezieht sich – um genau zu sein – nicht eigentlich auf diese Schrift, sondern auf die später entstandene *Philosophie der Aufklärung*).

Cassirers These ist, daß die wesentlichste Bedeutung des Rousseauschen Denkens in der von ihm durchgeführten Verlagerung des Problems des Bösen aus dem Bereich der ›Theodizee‹ in den der ›Politik‹ liegt. Das Problem der Rechtfertigung Gottes angesichts der Existenz des Bösen in der Welt – das in den metaphysisch-religiösen Überlegungen des 16. und 17. Jahrhunderts (Leibniz, Shaftesbury, Pope etc.) so großes Gewicht eingenommen hatte – erfährt mit Rousseau, so Cassirer, eine radikale Umwandlung, insofern die Verantwortung für den Ursprung des Bösen nicht länger auf einen dunklen Willen Gottes oder auf eine angenommene ursprüngliche Verschuldung des Menschen zurückgeführt, sondern ganz der Gesellschaft zur Last gelegt wird.

»Die Lösung dieses Dilemmas liegt für Rousseau darin, daß er die Verantwortung an eine Stelle rückt, an der sie vor ihm niemals gesucht worden war – daß er gewissermaßen ein neues *Subjekt* der Verantwortung, der ›Imputabilität‹ schafft. Dieses Subjekt ist nicht der einzelne Mensch, sondern die menschliche Gesellschaft[5].«

Die Hauptfolge dieser Betrachtung des Bösen als Produkt einer bestimmten Organisation der Gesellschaft ist, daß das Problem der

Auslöschung des Bösen aus der Welt mit dem Problem der Revolution zusammenfällt.

»Die Gesellschaft hat in ihrer bisherigen Form der Menschheit die tiefsten Wunden geschlagen«; – sagt Cassirer – »aber sie allein ist es auch, die diese Wunden heilen kann und heilen soll. Auf ihr lastet fortan die Bürde der Verantwortung. Das ist die Lösung, die Rousseau dem Problem der Theodizee gegeben hat ...[6].«

Aus dem Kreis der Metaphysik hinausgeführt und in den Mittelpunkt der Ethik und der Politik versetzt, verwandelt sich das alte Problem des Bösen in das der Kritik an der Gesellschaft und setzt somit einen Impuls von unerhörter Kraft frei.

»Alle sozialen Kämpfe der Gegenwart« – hebt Cassirer hervor – »werden noch immer von diesem ursprünglichen Impuls bewegt und getrieben. Sie wurzeln in jenem Bewußtsein der Verantwortung der Gesellschaft, das Rousseau als erster besessen und das er der gesamten Folgezeit eingepflanzt hat[7].«

Eine weitere Folge, die Cassirer hervorhebt, ist der Gegensatz, in den Rousseau zum Christentum gerät. Trotz all seines echten und tiefen religiösen Pathos, trennt die Entschiedenheit, mit der er den Gedanken an eine ursprüngliche Verschuldung des Menschen verwirft, Rousseau ein für allemal von allen traditionellen Glaubensformen. Das Dogma der Erbsünde steht im 17. und 18. Jahrhundert im Mittelpunkt und im Brennpunkt der katholischen und der protestantischen Glaubenslehre. Alle großen religiösen Bewegungen der Zeit drehen sich um dieses Dogma und sind in ihm erfaßt. Und dieser Überzeugung von dem radikal Bösen in der menschlichen Natur ersteht in Rousseau ein unerbittlicher und gefährlicher Gegner.

»Die Kirche selbst hat sich über dieses Verhältnis nicht getäuscht: sie hat mit voller Klarheit und Sicherheit sofort den entscheidenden Punkt herausgehoben. Das Mandat, in welchem Christoph von Beaumont, Erzbischof von Paris den *Emile* verdammt, legt auf Rousseaus Bestreitung der Erbsünde das stärkste Gewicht[8].«

Kurz, Rousseau zeigt eine radikale und tiefe Wandlung der gesamten existentiellen Perspektive des Menschen auf. Das ›Heil‹ ist nicht mehr der Religion, sondern der Politik anvertraut. Die Erlösung wird nicht mehr von äußerer Hilfe erwartet (»kein Gott kann sie uns geben«), sondern einzig von dem Menschen.

»Wenn die bisherige Zwangsform der Gesellschaft fällt, und an ihre Stelle die freie Form politisch-ethischer Gemeinschaft tritt«, sagt Cassirer, »– dann ist die Stunde der Erlösung gekommen[9].«

Hier liegt auch eine der Hauptursachen für den Bruch mit den Enzyklopädisten. Wo in der Tat d'Alembert, Diderot und sämtliche ›philosophes‹ »bloße Mängel der Gesellschaft sehen, bloße Mängel ihrer ›Organisation‹, die es nach und nach zu bessern gilt«[10], sieht Rousseau eine ›Schuld‹, der nur mit einem Akt abgeholfen werden kann, der die Gesellschaft in ihren Grundlagen verwandelt.

Während Cotta mit der Interpretation Rousseaus durch Cassirer übereinstimmt, ist er jedoch nicht mit Rousseau einverstanden. Gegen den Genfer Philosophen macht er erneut die Instanz des realistischen christlichen Pessimismus geltend. Die Idee des Sündenfalls ist die von der Unvollkommenheit des Menschen, seiner Fehlbarkeit. Die Dialektik, die das Christentum zwischen der dem Menschen eigenen, kreatürlichen Unvollkommenheit und seinem Streben nach dem Absoluten annimmt, verhindert jegliche Verherrlichung der Gesellschaft[11]. Dagegen hat Rousseau, indem er das Schicksal des Menschen in der politischen Gemeinschaft beschlossen sieht, dem ›demokratischen Totalitarismus‹ den Weg gebahnt. Es ist dies, wie man sieht, die berühmte These des Buches von J. L. Talmon[12], das Cotta in der Tat auch anführt und im übrigen die These der liberalen Kritik des 18. Jahrhunderts an Rousseau. Und im Sinne dieser Kritik, schließt Cotta mit der bezeichnenden Feststellung, daß »viel darüber gesprochen worden ist, was Kant Rousseau schuldet, aber dies sollte uns die vielleicht noch größere Schuld nicht vergessen machen, die Hegel und vor allem Marx ihm gegenüber haben[13].«

Die Moral löst sich also für Rousseau in der Politik auf – dies ist auch die These, die Derathé vertritt. In der Einführung zum *Gesellschaftsvertrag* und zu den *Politischen Fragmenten*, enthalten im 3. Band der *Œuvres complètes*[14], die die »Bibliothèque de la Pléiade« unter der Herausgeberschaft von B. Gagnebin und M. Raymond veröffentlicht und die es jetzt zuläßt, die bewundernswerte Ausgabe der *Political Writings of J.-J. Rousseau* von C. E. Vaughan[15] als zumindest teilweise überholt anzusehen, hebt Derathé diesen Punkt mit Nachdruck hervor. Nachdem auch er von dem Problem des Bösen ausgegangen ist und bemerkt hat, daß Rousseau selbstverständlich nicht abstreitet, daß die Menschen böse seien, sondern lediglich, daß »die Schlechtigkeit angeboren ist, wie der ›Sophist‹ Hobbes lehrt, oder daß es notwendig ist, die

Doktrin von der Erbsünde gelten zu lassen, die der ›Rhetor Augustin‹ verbreitete«[16], führt Derathé das Vorwort zu *Narcisse* (1752) und den *Brief an Ch. de Beaumont* (1763) an, in denen Rousseau die Genesis seiner Ideen umreißt. Diese Texte, aus denen hervorgeht, daß der Ursprung des Bösen für Rousseau nicht in den Individuen, sondern in den Völkern und mehr noch in ihren Regierungssystemen liegt (»distinction que j'ai toujours soigneusement faite, et qu'aucun de ceux qui m'ont attaqué n'a jamais pu concevoir« – »eine Unterscheidung, die ich immer sorgfältig getroffen habe und die keiner von denen, die mich angegriffen haben, je hat erfassen können«), zeigen, Derathé zufolge, klar, wie sich der Übergang von der Moral zur Politik bei Rousseau vollzieht. »Will man zur Quelle des Bösen zurückgehen, so reicht es nicht aus, die Gesellschaftlichkeit* im allgemeinen zu untersuchen. Wenn Rousseau die Gesellschaft anklagt, so zielt er in Wirklichkeit auf eine bestimmte gesellschaftliche Ordnung ab – jene die er in seinen *Bekenntnissen* als »nos sottes institutions civiles« (»unsere dummen bürgerlichen Institutionen«) bezeichnet.«

Die Folgerung, die Derathé aus diesen Prämissen schließt, ist eine erneute Bestätigung der zentralen Stellung, die das politische Problem in Rousseaus Werk einnimmt und – insgesamt – eine Kritik an dem traditionellen Verständnis der Beziehung zwischen der moralischen Problematik des *Emil* (dem Rousseauschen Werk, das Kant am meisten schätzte) und den politischen Grundsätzen des *Gesellschaftsvertrags*. Zu behaupten, wie häufig wiederholt wurde, daß die im *Emil* formulierten Grundsätze nur eine Einleitung zu den im *Gesellschaftsvertrag* dargestellten Grundsätzen der Gesetzgebung seien, so als ob letzterer fast nur ein »Appendix« des ersteren sei, ist, Derathé zufolge, ein Irrtum. Dies ist um so richtiger, als es bei Rousseau nicht die Moral ist, die die Politik beherrscht, sondern die Politik selbst die Lösung des moralischen Problems darstellt, so daß, während der *Emil* der Erziehung des Einzelnen in der »alten« Gesellschaft gewidmet ist, die wahre Erziehung, die dem »neuen Bürger« im *Gesellschaftsvertrag* angeboten wird, mit der Beteiligung am öffentlichen Leben zusammenfällt[17].

Primat der Politik also. Diese These ist nicht nur deswegen wichtig, weil sie die Anleitung enthält, gerade in den politischen

---

* Im Original: ›sociabilità‹ = Soziabilität: Gesellschaftlichkeit oder wie bei Kant ›Geselligkeit‹ –A.d.Ü.)

Schriften Rousseaus das einheitliche Interpretationskriterium für gesamtes Werk zu suchen, was unter anderem ermöglicht – wie richtig angemerkt worden ist – mit »der abgedroschenen Vorstellung von Rousseaus als einem ›Vorläufer‹ und Interpreten der romantischen Sensibilität«[18] zu brechen (die, am Rande bemerkt, noch immer ein lebendiges Leitmotiv vieler Schriften über den Rousseauschen ›Egotismus‹ darstellt)[19], sondern auch, weil sie es erlaubt, die unterschiedliche Orientierung der Rousseau-Feiern von 1962 und von 1912 zu würdigen. Während die ersteren, also die uns zeitlich näheren, vor allem darauf gerichtet waren, die politische oder ›externe‹ Projektion des moralischen Problems bei Rousseau zu erfassen, trachteten letztere eher danach, das politische Problem völlig in dem moralischen aufgehen zu lassen und die Moral ihrerseits in der subjektiven »Innerlichkeit« des Einzelnen als solchem.

Diese Interpretationsweise, die dazu neigt, das Denken des Genfer Philosophen ganz in den Bereich der moralischen Problematik Kants zurückzuführen, stellte sich 1912 in ihrer bedeutendsten Form in den Beiträgen von Autoren wie Boutroux, Delbos, Jaurès, Stammler, etc. in der »Revue de Métaphysique et de Morale« dar (deren Interpretation R. Mondolfo seinerzeit in seinem *Rousseau e la coscienza moderna* – »Rousseau und das moderne Bewußtsein« – wiederaufnahm), liegt jedoch auch neueren Werken zugrunde[20]. Dabei handelt es sich um Arbeiten, deren Ansatz gewiß diskussionswürdig ist, nicht jedoch ihr Verhaftetsein mit einer Interpretationstradition, die, so beachtenswert sie sein mag, doch als historisch überholt gelten muß. Andere Wege, die sich von diesem unterscheiden und dennoch in der gleichen Richtung bewegen, weil auch sie die »Politik« Rousseaus auf die »Innerlichkeit« des moralischen Subjekts zurückzuführen versuchen, scheinen zu zweifelhaften Ergebnissen zu führen. Um ein Beispiel dafür zu geben, so ist dies der Fall des Buches von Otto Vossler *Rousseaus Freiheitslehre*[21], in dem zwar der Bruch, den Rousseau bereits im *Diskurs über die Ungleichheit*[22] mit der Naturrechtslehre durchführte, betont wird, jedoch nur, um dann erneut (und in Termini, die manchmal als ein Echo aktualistischer Formulierungen erscheinen) in Rousseaus Werk »ein Hereinverlegen der Gesellschaft in die Brust des Menschen« oder auch die Verwandlung der »sozialen in eine moralische Frage«[23] zu finden: bis zu dem Punkt, den *Gesellschaftsvertrag* letztlich lediglich als ›ein Fragment‹ des *Emil* darzustellen[24] – des gleichen *Emil,* der bereits in Martin Rangs Buch *Rousseaus Lehre vom Menschen*[25] zum Schlüssel der »rationalistisch-theologischen Anthropologie« erhoben worden war.

2. Der Naturzustand

Dieses Problem stellt sich vor allem in bezug auf die Interpretation des *Zweiten Diskurses.* Hier scheinen die neueren Studien definitiv mit zwei alten Gemeinplätzen aufgeräumt zu haben. Der erste ist der, daß sich Rousseau auf den ›Naturzustand‹ als auf einen realen wirklich bestandenen Zustand berufen habe, während dieser unterstellte ›Zustand‹ für ihn, wie J. Starobinski[26] anmerkt, wesentlich ein ›regulativer Begriff‹, eine Hypothese, ein degré zéro (Nullpunkt) ist, der dazu dient, den ›Abstand‹ jedes einzelnen Stadiums der menschlichen Zivilisierung von den ursprünglichen Bedingungen zu messen. Der zweite und ungleich schwerwiegendere Gemeinplatz besagt, daß Rousseau in seinem Werk dazu auffordere, gegen die Gesellschaft und für ein primitives Dasein zu optieren (»Man wird von dem Verlangen ergriffen, auf vier Pfoten zu laufen«, schrieb Voltaire sarkastisch). Dies ist ein Fehler, der sich, wie auch Derathé hervorgehoben hat (doch der hierzu allgemein als entscheidend betrachtete Aufsatz ist der von A. O. Lovejoy, *The supposed Primitivism of Rousseau's Discourse on Inequality,* jetzt abgedruckt in *Essays in the History of Ideas*[27], den wir leider nicht haben einsehen können), vom 18. Jahrhundert bis heute fortgepflanzt hat, ungeachtet der Warnung, die im *Diskurs* selbst enthalten ist, wo Rousseau ausruft:

»Was nun? Muß man die Gesellschaften zerstören, Mein und Dein beseitigen, zu einem Leben mit den Bären im Walde zurückkehren? Das ist eine Folgerung in der Art meiner Gegner. Einerseits möchte ich ihr gern zuvorkommen, andererseits möchte ich ihnen die Blamage nicht ersparen, diese Konsequenz zu ziehen.« (S. 125)

Sind diese Mißverständnisse ausgeräumt, die die ›philosophes‹ als erste (und nicht einmal absichtslos) verbreiteten, so bleibt jedoch immer noch die Rousseausche Bedeutung des ›Naturzustandes‹ zu analysieren. Es empfiehlt sich hier, den Weg des Vergleichs mit der Tradition des Naturrechts einzuschlagen, und dabei auch die Abweichungen von dieser zu untersuchen. In der naturrechtlichen Konzeption ist der Naturzustand bereits ein ›moralischer

Zustand‹. Das Individuum erscheint hier als Inhaber ›angeborener‹ und ›unveräußerlicher‹ Rechte, die es nicht durch die Gesellschaft und somit durch seine historische Beziehung mit der Gattung erhält, sondern aus einer direkten Investitur durch die Transzendenz. »... jedes Individuum (ist) kraft seiner ewigen Bestimmung [...] in seinem Kern heilig und unverletzlich«, sagt Gierke[28].

Es ist ›Mensch‹, moralisches Subjekt, ›Person‹ vor und unabhängig von der Geschichte und der Gesellschaft. Seine ›Menschlichkeit‹ ist seine Spiritualität – die Seele, seine ›Gesellschaftlichkeit‹, die Beziehung zu Gott.

Diesem ›moralischen‹ Zustand, der bereits im ›Naturzustand‹ vollkommen ist, fügt die Einrichtung der Gesellschaft (durch den Vertrag) nichts hinzu als den Schutz des positiven Rechts, das jene ›ursprünglichen‹ Rechte, die ›seit jeher‹ im Besitz des Menschen sind, jedoch im Naturzustand der Gewalt und wechselseitigen Übergriffen ausgesetzt sind, zu garantieren, und somit ihre Ausübung sicherzustellen.

Von diesen Grundsätzen leitet sich die gesamte naturrechtlich-liberale Auffassung her. Die Gesellschaft ist kein Zweck, d.h. unerläßliche Bedingung, damit der Mensch zum ›Menschen‹ werde, sondern lediglich ein Mittel. Sie ist ein Mittel, das die Menschen einzuführen entscheiden, um mit aller gemeinsamen Stärke, die Person und die Güter jedes einzelnen Mitgliedes zu verteidigen. Der ›Vertrag‹ hat nicht zum Ziel, die Menschen miteinander zu vereinigen und zu integrieren, also eine ›reale‹ Vereinigung, eine wirkliche Interessengemeinschaft ins Leben zu rufen, vielmehr hat er einzig die Aufgabe, eine ›formale‹ äußerliche Ordnung zu schaffen, d.h. eine rechtlich-politische Ordnung, die mittels des Gesetzes die absoluten Prärogativen des ›Naturmenschen‹ in seiner Vereinzelung und Trennung von den anderen festigt und bekräftigt. »Political power, I take to be a right of making laws with penalities of death ... for the regulating and preserving of property«, wie Locke im *Second Treatise* (Kap. I, Art. 3) sagt. Die wahrhafte Freiheit ist also die Freiheit ›von‹ der Gesellschaft. Der Staat hat lediglich die Aufgabe, das Zusammenleben der privaten Willkür, d.h. jener individuellen Wirkungsbereiche, die einander entgegengesetzt sind und sich wechselseitig ausschließen, in denen sich das Getrenntsein und die ›Konkurrenz‹ der wirklichen Interessen ausdrücken, durch das Recht zu regeln – das Recht, das »in der Einschränkung der Freiheit jedes andern auf die Bedingung besteht, daß sie mit der meinigen nach einem allgemeinen Gesetze zusammenbestehen könne« (Kant, I., *Über den Gemeinspruch: Das mag in der Theorie richtig sein, taugt aber nicht für die Praxis.* In: Kleinere Schriften zur Geschichtsphilosophie, Ethik und Politik. Philosophische Bibliothek Meiner Nr. 471, Hamburg 1964, S. 90).

Die Konzeption des ›Naturzustandes‹ bei Rousseau ist grundlegend anders. In der Tat ist dieser Zustand für ihn kein ›moralischer‹, sondern ein Zustand der Unschuld, ein lediglich tierischer Zustand, noch jenseits der Unterscheidung von Gut und Böse. Hierin kann der Mensch, streng genommen, weder gut noch schlecht sein, weil er noch nicht im eigentlichen Sinne ›Mensch‹, d.h. moralisches Subjekt ist, sondern bloß ein Naturwesen, oder – wie Jacques Dehaussy in Dijon scharfsinnig bemerkt hat[29] – »es sind keine Werturteile hinsichtlich des Verhaltens des Individuums gegenüber seinesgleichen möglich, außer wenn zwischen diesen Beziehungen bestehen«: Und der Rousseausche Naturmensch ist dagegen ein vereinzelter Mensch ohne dauerhafte Kontakte zu seinesgleichen. Man erkennt sofort, worin der Unterschied liegt. Während der Naturzustand für Locke in der Tat bereits ein vollkommener ›moralischer‹ Zustand ist, in dem der Mensch ›seit jeher‹ (kraft jenes übergeschichtlichen Kontaktes mit der Transzendenz, durch den er als ›Seele‹ begründet ist, seine ›Menschlichkeit‹ »vor und unabhängig von jedem gesellschaftlichen Verhältnis« verwirklicht hat, so ist bei Rousseau dagegen die Natur des Menschen keineswegs im ›Naturzustand‹ realisiert, sondern kann ihre Verwirklichung nur ›in und durch die Geschichte‹ erreichen.

»Indem der Mensch vom Naturzustand zum ›gesellschaftlichen‹ Zustand übergeht«, sagt Burgelin, »hat er nicht nur Zugang zur Sittlichkeit, sondern es entwickeln sich in ihm auch die Fähigkeiten, die er bloß im Keim besaß[30].«

Mit anderen Worten, der Naturmensch ist lediglich potentiell ›Mensch‹. Seine eigentlich menschlichen Fähigkeiten – die Vernunft, die Sprache, die sittliche Verantwortung –, die im Naturzustand überflüssig sind und sozusagen schlummern, können sich nur in der Gesellschaft verwirklichen und tätig werden, die das Feld und die Bedingung ihrer Anwendung ist.

»Die menschliche Natur«, sagt Derathé in seinem Beitrag in Dijon, »kann ihre sämtlichen potentiellen Fähigkeiten nur mit dem gesellschaftlichen Leben offenbaren, das der berühmten Textstelle des *Gesellschaftsvertrages* zufolge, ›d'un animal stupide et borné fit un être intelligent et un homme‹ (›aus einem ungesitteten und beschränkten Tier ein einsichtsvolles Wesen, einen Menschen machte‹ [S. 23]). Das Leben in der Gesellschaft, die Beziehungen des Menschen mit seinesgleichen sind die Voraussetzung für die Entfaltung unserer erhabensten Fähigkeiten, wie Vernunft und Gewissen[31].« Während der ›Naturzustand‹ für Locke ›mehr‹ enthält als das Leben in Gesellschaft, in der »die bürgerliche Freiheit beschränkter ist als die einzig durch das Gesetz der Natur begrenzte natürliche Freiheit«[32], ist für Rousseau dagegen, wie P. Burgelin[33] zu Recht betont hat, »die ›jetzige‹ Natur des Menschen unendlich viel mehr als der ›Naturmensch‹.«

Die Hauptfolgen, die sich daraus ergeben, sind nachstehende. Erstens, daß die Freiheit für Rousseau nicht mehr die liberale Freiheit, die Freiheit des Individuums »von« der Gesellschaft ist, sondern die Freiheit, die sich in und mittels der Gesellschaft realisiert. Das will heißen, daß sich der Mensch befreit, indem er die Gesellschaft befreit, seine Freiheit also keine die anderen ausschließende Sphäre ist, sondern sich realisiert, indem sie ›positiv‹ die Freiheit aller einschließt: daher, wie wir sehen werden, ein neues Verhältnis von Freiheit und Gleichheit (»Die Freiheit ist, Rousseau zufolge«, bemerkt Burdeau[34], »weder das Residuum irgendeiner ursprünglichen Anarchie, noch die Befugnis, der Machtausübung einige Rechte entgegenzusetzen, sie ist kein abgeschlossener Garten, keine Enklave der individuellen Autonomie im Flechtwerk der gesellschaftlichen Ordnungsvorschriften«). Zweitens, während für Locke, Kant und die naturrechtlich-liberale Tradition im allgemeinen, der Vertrag »keine Neuerungen gegenüber der natürlichen Rechtsordnung einführt und nur danach trachtet, diese zu festigen, sie in einer vollkommeneren und rationaleren Form zu verwirklichen«, bedeutet für Rousseau dagegen »der Vertrag Verzicht auf den Naturzustand und seine Freiheit, Schaffung einer neuen sittlichen und gesellschaftlichen Ordnung[35].« Wir werden später auf diese Probleme zurückkommen. Vorerst wollen wir uns der Untersuchung jener Art von Geschichtsphilosophie zuwenden, die den zentralen Teil in dem *Diskurs über den Ursprung der Ungleichheit unter den Menschen* einnimmt. Eine unermeßliche Zeitspanne, sagt Rousseau, trennt den Verlust des ursprünglichen animalischen Zustandes von seiten des Menschen und den Übergang zur modernen ›bürgerlichen Gesellschaft‹.

Die Stadien, die diese Zeitspanne ausfüllen, sind von Starobinski[36] in angemessener Weise zusammengefaßt worden:

a) Der Mensch, der im ›Naturzustand‹ vereinzelt und mit wenigen elementaren, leicht zu befriedigenden Bedürfnissen lebte, entdeckt die Nützlichkeit und die Wirksamkeit der Arbeit. Obwohl sie noch nicht auf ihre ursprüngliche Vereinzelung verzichtet haben, beginnen die Menschen sich zu vereinigen, gelegentlich zusammenzuarbeiten und mehr oder minder vorläufige Horden zu bilden.

b) Es tritt eine erste Revolution ein, die, Rousseau zufolge, vom technischen Fortschritt herrührt. Die Menschen lernen, sich Hütten zu bauen. Die Familien beginnen, in Gruppen zusammenzubleiben. Die Menschheit tritt in das patriarchalische Zeitalter ein. Wenn es ein Goldenes Zeitalter gibt, dem es nachzutrauern gilt, so ist es, nach Rousseau, dieses.

c) Wie der Mensch die Situation des Müßiggangs, in der er im Naturzustand lebte, eingebüßt hat, um sich der Arbeit und der Reflexion zu ergeben (d.h. dem Gebrauch der Vernunft, die sich zusammen mit der Sprache aus der Konsolidierung der ersten sozialen Beziehungen entwickelt hat), so geht er nun einem neuen ›Sündenfall‹ entgegen, der ihn dem Glück des ›patriarchalischen‹ Zustandes entreißt. Ein ›verhängnisvoller Zufall‹ ließ die Menschen die Vorteile der ›Arbeitsteilung‹ entdecken, die es ihnen erlaubt, von einer Bedarfsdeckungswirtschaft zu einer Ökonomie der Entwicklung der Produktivkräfte überzugehen. Die Einführung der Metallbearbeitung und des Ackerbaus brachten, sagt Rousseau, eine große Umwälzung hervor. »Ce sont le fer et le blé qui ont civilisé les hommes et perdu le genre humain« (»Eisen und Getreide (haben) die Menschen zivilisiert und das Menschengeschlecht ruiniert« – S. 213). In der Tat, indem sie nun über ihre realen Bedürfnisse hinaus produzieren, machen sich die Menschen den Überfluß streitig. Sie wollen die Dinge nicht mehr nur genießen, sondern besitzen. Sie wollen nicht nur die gegenwärtigen Güter, sondern die abstrakten Zeichen der möglichen und zukünftigen.

d) So sind wir bei der bereits von Hobbes beschriebenen unhaltbaren Situation angelangt, in der der Krieg aller gegen alle die Schaffung einer bürgerlichen Ordnung notwendig macht. In ihrer Sicherheit bedroht, geben sich die Menschen daran, ihre Vergesellschaftung zu vervollständigen. Aber die Partie wird schlecht gespielt. Im *Diskurs* wohnen wir dem Abschluß eines Vertrages bei, der ein ungerechter Vertrag ist. Statt die gerechte Gesellschaft zu begründen, vollendet er die »mauvaise socialisation« (Burgelin) und verleiht ihr Würde.

Aus der hier zusammengefaßt wiedergegebenen Rousseauschen Beschreibung des historischen Verlaufs gehen drei wesentliche Punkte hervor, auf die wir nun unsere Aufmerksamkeit richten wollen: das Geschichtsverständnis; die Vorstellung von der Rolle, die der Entstehung des Privateigentums zukommt und schließlich die Konzeption der Natur der modernen ›bürgerlichen Gesellschaft‹.

Was den ersten Punkt anlangt, so kann einstweilen Starobinskis Beurteilung angeführt werden. Die Geschichte ist für Rousseau, so sagt er, »wesentlich Verfall. Die Rettung kann somit nicht in oder dank der Geschichte eintreten, sondern nur in der Opposition gegen die zerstörerische Zukunft. Indem er das Beispiel Genfs verherrlicht und sich selbst als Beispiel anbietet, legt Jean-Jacques uns nahe zu glauben, daß in der allgemeinen Korruption eine Ausnahme für die kleinen, ihren Grundsätzen treuen Städte und für die mutigen Köpfe, die sich absondern, besteht [. . .]. Nicht durch eine Theorie des Fortschritts also, sondern durch das entsetzte Bewußtsein von dem Wagnis und der gleichzeitigen Fruchtbarkeit der weltlichen Existenz, wird Rousseau in seiner Epoche zum wichtigsten Zeugen der Entdeckung der Geschichte und der Weltlichkeit[37].«

Diese Interpretation Starobinskis kann sich zweifellos auf mehr als ein Argument stützen, doch steht sie vielleicht unter dem Einfluß einer allzu zeitgenössischen Stimmung*. Was an der Behauptung, derzufolge Rousseau in der Geschichte keine Aussicht auf Rettung sieht, wahr ist, kann auf andere Weise erklärt werden, als mit einer Deutung im ›existentiellen‹ Sinne, nämlich, wie wir versuchen werden, mit historischen Begründungen. Unbefriedigend ist ferner, unserer Ansicht nach, auch die übrigens recht verbreitete Deutung, die in Rousseaus Einstellung gegenüber der Geschichte ein rationalistisches Echo auf die christliche Vorstellung von dem Sündenfall und der Erlösung sieht. J. H. Broome, der dies in *Rousseau, A Study of his Thought*[38] vertritt – einem Buch, das aufgrund seines betont liberalen Gepräges geringes Verständnis für Rousseau aufweist – hat diese Auslegung übrigens auf

---

* Deutsch im Original (A.d.Ü.)

schwache und konventionelle Weise erneut vorgebracht.

Ein recht beachtlicher Aufsatz ist dagegen in dieser Hinsicht der von Lionel Gossman, *Time and History in Rousseau*[39]. Gossman weist entschieden die Interpretationen zurück, die in Rousseau einen Ausdruck romantischer Sensibilität sehen und vertritt, daß seine tragische Ambivalenz der Geschichte gegenüber gleich allen anderen Widersprüchen Rousseaus »kein zufälliges geistiges Dilemma ist, nicht die Nebenerscheinung einer ›interessanten‹ Psyche, sondern Ausdruck eines entscheidenden Momentes der Geschichte der Gesellschaft und des menschlichen Geistes im Werk eines außergewöhnlich sensiblen und originalen Denkers«[40]. Rousseau ist weder ein ›primitivist‹ noch ein Mystiker, der der Geschichte zu entfliehen sucht, indem er in eine Art zeitloses Weltall* eintaucht[41], er besitzt im Gegenteil ein »scharfes Bewußtsein von der Geschichte als Daseinsweise aller Dinge«. »Rousseau, der Erforscher des Individuums in seinem ganzen Reichtum, hat entdeckt, daß das Individuum sich selbst nur in seinen Beziehungen mit den anderen verwirklichen kann, nur als Teil eines (gesellschaftlichen) Ganzen, das über es selbst hinausgeht[42].« Die »moderne Sensibilität« Rousseaus entsteht aus dem Konflikt mit der Gesellschaft seiner Zeit (»das Unglück Rousseaus hat in erster Linie eine spezifische Ursache in der Entfremdung und Enthumanisierung, die er in der sozialen Welt bemerkt und in seinem eigenen Leben erfährt«[43]). Es ist eine Auswirkung des antagonistischen und dissoziierten Charakters dieser Gesellschaft. Sein Geschichtspessimismus muß, so Gossman, mit Rousseaus negativer Einstellung gegenüber dem ökonomischen Fortschritt und der ›kapitalistischen Entwicklung‹ erklärt werden. Obwohl dieser Pessimismus ein widersprüchliches Element innerhalb der historischen Orientierung Rousseaus darstellt, so verhindert er dennoch nicht, daß Rousseau gerade in der Geschichte eine Lösung für die Probleme des Menschen sucht. (Über die Einstellung Rousseaus gegenüber der kapitalistischen Entwicklung seien hier einstweilen einige Studien angezeigt, auf die wir in Kürze zurückkommen werden: B. de Jouvenel, *The Pessimistic Evolutionist*[44]; Iring Fetscher, *Rousseaus politische Philosophie: Zur Geschichte des demokratischen Freiheitsbegriffs*[45]; Jean Fabre, *Realité et utopie dans la pensée politique de Rousseau* (Wirklichkeit und Utopie im politischen Denken Rousseaus)[46];

---

* Deutsch im Original (A.d.Ü.)

Launay und Bronislaw Baczko, *Rousseau et l'aliénation sociale* (Rousseau und die soziale Entfremdung)[47].

Was den zweiten Grundgedanken anbelangt, den wir dem *Diskurs* entnommen haben, nämlich den, der vom Privateigentum handelt, so reicht es vorläufig auf die berühmte Aussage, die im *Diskurs* selbst enthalten ist, zu verweisen:

»Der erste, der ein Stück Land eingezäunt hatte und dreist sagte: ›Das ist mein‹ und so einfältige Leute fand, die das glaubten, wurde zum wahren Gründer der bürgerlichen Gesellschaft! Wieviele Verbrechen, Morde, Leiden und Schrecken würde einer dem Menschengeschlecht erspart haben, hätte er die Pfähle herausgerissen oder den Graben zugeschüttet und seinesgleichen zugerufen: ›Hört ja nicht auf diesen Betrüger. Ihr seid verloren, wenn ihr vergeßt, daß die Früchte allen gehören und die Erde keinem!‹« (S. 191 f.)

So bleibt nun der dritte Punkt zu betrachten: die Rousseausche Analyse der ›bürgerlichen Gesellschaft‹. Hier jedoch ist eine eingehendere Untersuchung geboten.

3. Rousseau und Smith

Wir haben bereits festgestellt, daß der *Diskurs über die Ungleichheit* eine Kritik der Arbeitsteilung und des Übergangs von der Bedarfsdeckungswirtschaft zu einer Ökonomie der Entwicklung der Produktivkräfte enthält. Diese Problemstellung, die erst jetzt (wie uns scheint) von der Rousseau-Forschung wahrgenommen zu werden beginnt, stellt unzweifelhaft einen Kernpunkt in der Forschung über den Genfer Philosophen dar. Worin in diesem Zusammenhang die Einzigartigkeit von Rousseaus Position besteht, geht klar aus einer Gegenüberstellung mit Smith hervor. Der *Frühe Entwurf* (Early Draft) des *Reichtums der Nationen,* der 1937 entdeckt und zum ersten Mal veröffentlicht wurde, geht vermutlich auf das Jahr 1763 zurück*. Mindestens in zwei Punkten

* Dieser »Frühe Entwurf« zu *Der Reichtum der Nationen* liegt nicht in deutscher Übersetzung vor. Viele der von Colletti aus diesem Text zitierten Passi hat Smith jedoch gleichlautend in sein Hauptwerk übernommen. In diesen Fällen wurde direkt aus *Der Reichtum der Nationen* zitiert, während die übrigen Stellen aus dem *Frühen Entwurf* nicht aus dem engl. Original, sondern aus der italienischen Ausgabe übersetzt wurden. (A.d.Ü.)

scheint er Smith' Kenntnis des *Diskurs über die Ungleichheit* zu bezeugen. Das Rousseausche Argument, demzufolge die Ungleichheit oder Verschiedenheit der Talente (die unter den Bedingungen des ›Naturzustandes‹ gering, fast inexistent war) wesentlich als ein historisches Produkt und eine Auswirkung der gesellschaftlichen Arbeitsteilung betrachtet werden muß, wird hier von Smith in beinahe übereinstimmenden Formulierungen abgehandelt. »Die Verschiedenheit der natürlichen Talente bei den verschiedenen Menschen ist in Wahrheit viel geringer, als wir glauben«, schreibt Smith[48], »und die sehr verschiedene Fähigkeit, welche Leute von verschiedenem Beruf zu unterscheiden scheint, sobald sie zur Reife gelangt sind, ist in vielen Fällen sowohl der Grund als die Folge der Arbeitsteilung.« »Wenn alle die gleiche Arbeit getan und die gleichen Aufträge erfüllt hätten, so hätte sich daraus keine so tiefgreifende Verschiedenheit der Charaktere und der Begabungen ergeben (Smith führt das Beispiel des Lastträgers und des Philosophen an): der Beweis dafür sei »daß unter den Wilden eine größere Gleichförmigkeit der Charaktere zu beobachten sei, als bei den zivilisierten Völkern«[49].

Von diesem anfänglichen Berührungspunkt aus bewegen sich die beiden Denker jedoch in entgegengesetzten Richtungen weiter. Die Arbeitsteilung ist für Smith das grundlegende Mittel, um die Produktivität der menschlichen Arbeit zu erhöhen. Und da die Entwicklung dieser Produktivität die wesentliche Bedingung des ›improvement‹ oder ökonomischen Fortschritts eines Landes ist (streng genommen, zusammen mit jener anderen Bedingung, die das Verhältnis zwischen denen, die in einer Nation in einer nützlichen oder ›produktiven‹ Arbeit beschäftigt und denen, die es nicht sind, ›eine‹ der beiden Bedingungen), läßt Smith die Entwicklung der Arbeitsteilung mit der der menschlichen Zivilisation zusammenfallen. »Was in einem rohen Gesellschaftszustande das Werk eines einzigen Menschen ist, pflegt in einem fortgeschrittenen das Werk mehrerer zu sein. In jeder fortgeschrittenen Gesellschaft ist der Landmann gewöhnlich nichts als Landmann, der Handwerker nichts als Handwerker«, wird im *Reichtum der Nationen*[50] gesagt.

Eisen und Getreide sind auch hier, wie bei Rousseau, die Protagonisten der historischen Entwicklung. Jedoch mit dem Unterschied, daß, während bei Rousseau die Zivilisation zugleich der Ruin der menschlichen Gattung ist (»le fer et le blé ont civilisé les hommes et perdu le genre humain«), für Smith das Gegenteil zutrifft. Nicht, daß er die Schatten nicht sähe – man verstehe uns richtig – die das Licht umranden. Smith ist kein blinder Apologet der bürgerlichen Gesellschaft im Aufstieg. Der *Entwurf* erkennt bereits die Trennung in Klassen und »die unterdrückende Ungleichheit«. »In einem zivilisierten Land sorgen die Armen für sich selbst und für den ungeheuren Luxus ihrer Herren. Die Rente, die dazu dient, den Prunk des trägen Grundherren zu bestreiten, wurde ganz durch den Fleiß des Bauern gewonnen«: »unter den Wilden dagegen erfreut sich ein jeder des gesamten Produkts der eigenen Tätigkeit« und »es gibt unter ihnen weder Grundherren noch Wucherer, noch Steuereinzieher«. Der Lohnarbeiter oder produktive Arbeiter, »der auf seinen Schultern das gesamte Gebäude der menschlichen Gesellschaft trägt«, erscheint Smith als »erdrückt von dem Gewicht und den Blicken der anderen entzogen in den tiefsten Fundamenten des Gebäudes«.

»In einer Gesellschaft von hunderttausend Familien«, schreibt er, »wird es vielleicht hundert geben, die überhaupt nicht arbeiten und die sich dennoch, entweder mit Gewalt oder mit der regulären Unterdrückung des Gesetzes, eine größere Menge der gesellschaftlichen Arbeit aneignen als die von zehntausend Familien. Auch die Teilung dessen, was nach diesem ungeheuren Abzug bleibt, erfolgt ganz und gar nicht im Verhältnis zur Arbeit jedes Individuums; im Gegenteil, denen, die am meisten arbeiten, wird am wenigsten zuteil[51].«

Aber obwohl er die Vertiefung der sozialen Ungleichheit sehr wohl sieht, ist Smith vor allem von dem Thema der ökonomischen Entwicklung in Anspruch genommen. Die Arbeitsteilung bewirkt ein derartiges Anwachsen des Reichtums, daß – trotz Ausbeutung und Ungleichheit – der daraus entspringende Nutzen »allgemein« wird, d.h. sich auf alle Klassen erstreckt. »Ein beliebiger Tagelöhner in Großbritannien oder in Holland«, sagt er, verfügt nicht nur über einen größeren Reichtum und Überfluß von Gütern als der »geachtetste und arbeitsamste Wilde«, sondern erfreut sich – »obwohl er das elendste und verachtetste Mitglied der fortgeschrittenen Gesellschaft ist, weit größerer Bequemlichkeit als zahlreiche indianische Prinzen (Rothäute), absolute Herren über das Leben und die Freiheit von einem Tausend nackter Wilder« (hier liegt also das Wunderwerk der ökonomischen Entwicklung!)[52].

Es ist eine Tatsache, daß Rousseau auch nicht entfernt dieses Problem der Entwicklung wahrgenommen hat. »Rousseau, der einer gänzlich undynamischen Vorstellung des ökonomischen Lebens verhaftet war«, schreibt Iring Fetscher, »war überzeugt, daß die Bereicherung eines Menschen ›direkt‹ aus der Verarmung eines anderen entsteht[53]. Der *Verfassungsentwurf für Korsika* (Projet de Constitution pour la Corse), fügt Fetscher hinzu, zeigt klar, wie »reaktionär« Rousseaus »Wirtschaftsmodell« ist: In der Tat sieht sein Programm die Rückbildung einer entwickelten Marktwirtschaft auf eine autarke Kleinbauernwirtschaft vor[54].

Obwohl das Frankreich Rousseaus in keiner Weise mit dem England Smith' vergleichbar ist, das bereits an der Schwelle oder vielmehr bereits im Anfangsstadium der ›industriellen Revolution‹ stand, und obwohl man daher bei einer Beurteilung des Rousseauschen Denkens dieser Rückständigkeit der französischen Gesellschaft Rechnung tragen muß, so hat sich bekanntlich andererseits gerade in Frankreich die erste Analyse des modernen Kapitalismus entwickelt (wenn auch, wie Marx hervorhebt, noch in einer »feudalen Hülle«). Eben dieser Analyse, nämlich der physiokratischen Theorie hat Rousseau jedoch eine klare *fin de non-recevoir* (Ablehnung) entgegengebracht. Henri Denis hat im besonderen den Abstand oder sogar Gegensatz nachgewiesen, der Quesnays Beitrag zur *Encyclopédie* und Rousseaus Artikel über die *Politische Ökonomie* (Économie Politique) trennt[55]. Doch trotz seiner unwiderlegbaren Schranke stimmt es dennoch, daß Rousseaus Werk unter einem anderen Blickwinkel eine Analyse der bürgerlichen Gesellschaft enthält. Der Vergleich mit Smith kann uns auch in diesem Fall helfen. Smith führt die Arbeitsteilung auf eine ›angeborene‹ Neigung des Menschen zurück. »Die Arbeitsteilung«, sagt er, »ist die notwendige, wenn auch sehr langsame und stufenweise Folge einer gewissen Neigung der menschlichen Natur.« Diese »Neigung, die allen Menschen gemeinsam ist und die sich dagegen bei keiner anderen Tiergattung findet«, ist »die Neigung zum Tausch, zum Tauschhandel und zum Umtausch einer Sache gegen eine andere«[56].

»Diese Tausch- oder Kauf- und Verkaufsbeziehungen, die für Smith die einzige Hülle bilden, innerhalb derer sich die der ›Natur‹ des Menschen wirklich entsprechende Gesellschaft, nämlich die bürgerliche, entwickeln kann (wie es im IV. Kapitel des *Reichtum der Nationen* heißt: »Dann lebt jeder durch Tausch oder wird gewissermaßen ein Kaufmann, und die Nation selbst wird zu einer richtigen Handelsgesellschaft« – 1. Bd., S. 13), sind Beziehungen, die, wie Smith richtig sieht, auf das egoistische ›Interesse‹ gegründet sind.

Der Mensch, der fortwährend »die Hilfe seiner Mitmenschen braucht«, würde diese vergeblich »von ihrem Wohlwollen allein erwarten«. »Er wird viel eher zum Ziel kommen, wenn er ihren Egoismus zu seinen Gunsten interessieren und ihnen zeigen kann, daß sie ihren eigenen Nutzen davon haben, wenn sie für ihn tun, was er von ihnen haben will.« Und Smith fährt fort: »Nicht von dem Wohlwollen des Fleischers, Brauers oder Bäckers erwarten wir unsere Mahlzeit, sondern von ihrer Bedachtnahme auf ihr eigenes Interesse. Wir wenden uns nicht an ihre Humanität, sondern an ihren Egoismus, und sprechen ihnen nie von unseren Bedürfnissen, sondern von ihren Vorteilen[57].«

Das Gesellschaftsmodell, das aus diesen Textstellen hervorgeht, ist von außerordentlicher Bedeutung. Die Beziehungen der Menschen untereinander sind auf das Interesse, die gegenseitige ›Konkurrenz‹ gegründet. Was die Menschen vereinigt, ist nicht ihre ›Humanität‹, d.h. kooperative, auf den Zusammenschluß bedachte Bindung, sondern im Gegenteil die Tatsache, daß jeder den anderen zum ›Mittel‹ und Instrument der Befriedigung des eigenen Interesses macht. »Die *Gesellschaft* – wie sie für den Nationalökonomen erscheint (bemerkt Marx in den *Ökonomisch-philosophischen Manuskripten* von 1844) – ist die *bürgerliche* Gesellschaft, worin jedes Individuum ein Ganzes von Bedürfnissen ist und es nur für den andern, wie der andre nur für es da ist, insofern sie sich wechselseitig zum Mittel werden[58].« Wenig später, genau als Kommentar zu den von uns untersuchten Passi von Smith, fügt Marx hinzu: »*Teilung der Arbeit und Austausch* sind die beiden *Erscheinungen,* bei denen der Nationalökonom auf die Gesellschaftlichkeit seiner Wissenschaft pocht und den Widerspruch seiner Wissenschaft, die Begründung der Gesellschaft durch das ungesellschaftliche Sonderinteresse in einem Atemzug bewußtlos ausspricht[59].«

Dieser Widerspruch, daß sich die ›gesellschaftlichen‹ Beziehungen, insofern sie Handels- oder Kauf- und Verkaufsbeziehungen sind und somit Beziehungen, in denen der Vorteil des einen der Schaden des anderen ist und umgekehrt – in Wirklichkeit als ›ungesellschaftliche‹ Beziehungen erweisen, wird von Smith ›philosophisch‹ gelöst, nämlich mit dem Rückgriff auf die Metaphysik des naturrechtlichen Utilitarismus. Obwohl ein jeder nur das eigene Interesse verfolgt, fügt die ›unsichtbare Hand‹ der Konkurrenz und des Marktes am Ende die Vielzahl der einander entgegengesetzten

Privatinteressen zur ›Harmonie‹ des Gesamt- oder Gemeininteresses zusammen. Die einzige Macht, die die Menschen zusammenbringt und sie miteinander in Beziehung setzt, ist die des ›Eigennutzes‹, des eigenen privaten Vorteils, der eigenen Sonderinteressen. »Und eben weil so jeder nur für sich und keiner für den andren kehrt (merkt Marx ironisch an), vollbringen alle, infolge einer prästabilierten Harmonie der Dinge, oder unter den Auspizien einer allpfiffigen Vorsehung nur das Werk ihres wechselseitigen Vorteils, des Gemeinnutzens, des Gesamtinteresses[60].«

Es sei uns noch eine kurze Verzögerung gestattet, bevor wir zu Rousseau zurückkehren. Das Gesellschaftsmodell, das im *Reichtum der Nationen* entwickelt wird, ist das gleiche, das sich auch bei Kant wiederfindet. Die Konkurrenz ist die Grundlage der ›bürgerlichen Gesellschaft‹. Diese Gesellschaftsform, in die die ›Natur‹ die menschliche Gattung zwängt, ist die ›einzige‹ Ordnung, die den Fortschritt und die menschliche Zivilisierung garantiert.

Vierter und fünfter Satz der *Idee zu einer allgemeinen Geschichte in weltbürgerlicher Absicht* (1784):

»Ich verstehe hier unter dem Antagonism die *ungesellige Geselligkeit* der Menschen, d.i. den Hang derselben in Gesellschaft zu treten, der doch mit einem durchgängigen Widerstande, welcher diese Gesellschaft beständig zu trennen droht, verbunden ist. Hierzu liegt die Anlage offenbar in der menschlichen Natur. Der Mensch hat eine Neigung, sich zu *vergesellschaften* [. . .]. Er hat aber auch einen großen Hang, sich zu *vereinzeln* (isolieren): weil er in sich zugleich die ungesellige Eigenschaft antrifft, alles bloß nach seinem Sinne richten zu wollen, und daher allerwärts Widerstand erwartet, so wie er von sich selbst weiß, daß er seinerseits zum Widerstand gegen andere geneigt ist. Dieser Widerstand ist es nun, welcher alle Kräfte des Menschen erweckt, ihn dahin bringt, seinen Hang zur Faulheit zu überwinden und, getrieben durch Ehrsucht, Herrschsucht oder Habsucht, sich einen Rang unter seinen Mitgenossen zu verschaffen, die er nicht wohl *leiden,* von denen er aber auch nicht lassen kann. Da geschehen nun die ersten wahren Schritte aus der Rohigkeit zur Kultur [. . .]. Ohne jene an sich zwar nicht liebenswürdigen Eigenschaften der Ungeselligkeit, woraus der Widerstand entspringt, den jeder bei seinen selbstsüchtigen Anmaßungen notwendig antreffen muß, würden in einem arkadischen Schäferleben bei vollkommener Eintracht, Genügsamkeit und Wechselliebe alle Talente auf ewig in ihren Keimen verborgen bleiben; die Menschen, gutartig wie die Schafe, die sie weiden, würden ihrem Dasein kaum einen größeren Wert verschaffen, als dieses ihr Hausvieh hat [. . .]. Dank sei also der Natur für die Unvertragsamkeit, für die mißgünstig wetteifernde Eitelkeit, für die nicht zu befriedigende Begierde zum Haben, oder auch zum Herrschen! Ohne sie würden alle vortrefflichen Naturanlagen in der Menschheit ewig unterentwickelt schlummern. Der Mensch will Eintracht; aber die Natur weiß besser, was für seine Gattung gut ist: sie will Zwietracht[61].«

Die Argumentation könnte gar nicht klarer sein. Erstens, die ›bürgerliche Gesellschaft‹ ist die Gesellschaft des Fortschritts: »nur in der Gesellschaft, und zwar derjenigen (sagt Kant), die die größte Freiheit, mithin einen durchgängigen Antagonism ihrer Glieder, und doch die genaueste Bestimmung und Sicherung der Grenzen dieser Freiheit hat, damit sie mit der Freiheit anderer bestehen könne«, ist Fortschritt, d.h. »Entwicklung aller ihrer Anlagen«[62]. Zweitens, das Gesetz dieses Fortschritts ist das ›Gesetz der Konkurrenz‹: »allein in einem solchen Gehege, als bürgerliche Vereinigung ist«, sagt Kant, zeigen die wetteifernden Neigungen der Menschen die beste Wirkung, »so wie Bäume in einem Walde eben dadurch, daß ein jeder dem anderen Luft und Sonne zu benehmen sucht, einander nötigen, beides über sich zu suchen und dadurch einen schönen geraden Wuchs bekommen; statt daß die, welche in Freiheit und voneinander abgesondert ihre Äste nach Wohlgefallen treiben, krüppelig, schief und krumm wachsen«[63]. Drittens, dieses Gesetz des Waldes ist auch dasjenige, welches den Anstoß zur Kultur gibt: »alle Kultur und Kunst, welche die Menschheit ziert, die schönste gesellschaftliche Ordnung, sind Früchte (sagt Kant) der Ungeselligkeit, die durch sich selbst genötigt wird, sich zu disziplinieren und so durch abgedrungene Kunst die Keime der Natur vollständig zu entwickeln[64].« Es tut uns leid, diese Ausführungen mit einer so großen Anzahl von Zitaten beschweren zu müssen, aber in dem Vorwort zu *Narcisse ou l'amant de lui-même* (1752) gibt es eine Textstelle, die eine um mehr als dreißig Jahre vorweggenommene Replik Rousseaus auf Kant darstellt. Dieser Passus enthält alles Wesentliche der Rousseauschen Kritik an der bürgerlichen Gesellschaft.

»Nos écrivains regardent tous comme le chef-d'œuvre de la politique de notre siècle, les sciences, les arts, le luxe, le commerce, les lois, et les autres liens qui, *resserrant* entre les hommes *les* *nœuds de la société par l'intérêt personnel,* les mettent tous dans une dépendance mutuelle, leur donnent des besoins réciproques [...], et obligent chacun d'eux de concourir au bonheur des autres pour pouvoir faire le sien [...]. Ces idées sont belles, sans doute, et présentées sous un jour favorable. *Mais, en les examinant avec attention* et sans partialité, on trouve beaucoup à rabattre des avantages qu'elles semblent présenter d'abord. C'est donc une chose bien merveilleuse que d'avoir mis les hommes dans *l'impossibilité de vivre entre eux sans se prévenir, se supplanter, se tromper, se trahir, se détruire mutuellement!* Il faut désormais se garder de nous laisser jamais voir tels que nous sommes; car *pour deux hommes dont les intérêts s'accordent, cent mille peut-être leur sont opposés, et il n'y a d'autre moyen pour réussir que de tromper ou perdre tous ces gens-là.* Voilà la source funeste des violences, des trahisons, des perfidies et de toutes les horreurs qu'exige nécessairement un état de choses où chacun feignant de travailler à la fortune ou à la réputation des autres, ne cherche qu'à élever la sienne au dessus d'eux et à leurs dépens.« (Œuvres complètes, tome II, S. 968 f.)*

Es ist, wie man sieht, die genaue Umkehrung der Argumentation Smith' und Kants. Bei Kant, das Lob der Konkurrenz, der wechsel-

---

* »Unsere Schriftsteller halten alles für ein Meisterwerk der Politik unseres Jahrhunderts: Wissenschaften, Künste, Luxus, den Handel, die Gesetze und die anderen Bindungen, die *mittels des Eigennutzes die Bande der Gesellschaft* zwischen den Menschen *enger knüpfen,* sie alle in gegenseitige Abhängigkeit versetzen, ihnen wechselseitige Bedürfnisse geben [...] und einen jeden zwingen, zum Glück des anderen beizutragen, um das eigene erreichen zu können [...]. Diese Vorstellungen sind ohne Zweifel schön und in günstigem Lichte dargestellt. *Prüft man sie freilich aufmerksam* und vorurteilslos, so müssen erhebliche Abstriche an den Vorzügen gemacht werden, die sie zuvor zu besitzen schienen. Es ist doch eine ganz erstaunliche Sache, die Menschen in *die Unmöglichkeit* versetzt zu haben, *zusammenleben zu können, ohne sich zu übervorteilen, sich gegenseitig auszustechen, zu betrügen, zu verraten und zu vernichten!* Künftig wird man sich davor hüten müssen, sich jemals so zu zeigen, wie man wirklich ist; denn *auf zwei Menschen, deren Interessen übereinstimmen, kommen vielleicht hunderttausend, deren Interessen ihnen entgegenstehen, und es gibt kein anderes Mittel, zum Erfolg zu kommen, als alle diese Leute zu täuschen und um das Ihre zu bringen.* Hier haben wir den verhängnisvollen Ursprung der Gewalttätigkeiten, des Verrats, der Heimtücke und aller Abscheulichkeiten, die ein Zustand notwendig macht, in dem jeder, während er vorgibt, für das Glück, den Wohlstand oder das Ansehen der anderen zu arbeiten, nur danach trachtet, das Seine über das der anderen zu stellen und auf ihre Kosten zu verfolgen.«

seitigen Ungeselligkeit und der daraus erwachsenden »Ehrsucht, Herrschsucht oder Habsucht«; bei Smith das Lob der ›Handelsgesellschaft‹, wo ein jeder die Befriedigung der eigenen Bedürfnisse verfolgen kann, nicht indem er sich an die ›Humanität‹ der anderen wendet, sondern indem er »ihr Bedachtsein auf das eigene Interesse in seinen Vorteil« umkehrt und beweist, daß »es zu ihrem Vorteil gereicht, für ihn zu tun, worum er bei ihnen nachsucht«. Bei Rousseau dagegen gerade die Kritik des Punktes, worauf sich diese Gesellschaft stützt – die Arbeitsteilung und die Entgegensetzung der privaten Interessen; die Kritik der Konkurrenz, in der der Erfolg des einen der Ruin des anderen ist; die Kritik des allgemeinen Betrugs, von dem diese Beziehungen geleitet sein müssen, in denen jeder darauf angewiesen ist, den anderen zu seinem Mittel herabzuwürdigen, um selbst leben zu können.

Vervollständigen wir die Textanalyse. Das Marxsche Manuskript von 1844 über *Bedürfnis, Produktion und Arbeitsteilung* beginnt mit einer – unbewußten – Wiederaufnahme von Rousseaus Kritik:

»Jeder Mensch spekuliert darauf, dem andern ein *neues* Bedürfnis zu schaffen, um ihn zu einem neuen Opfer zu zwingen, um ihn in eine neue Abhängigkeit zu versetzen und ihn zu einer neuen Weise des *Genusses* und damit des ökonomischen Ruins zu verleiten. Jeder sucht eine *fremde* Wesenskraft über den andern zu schaffen, um darin die Befriedigung seines eigenen eigennützigen Bedürfnisses zu finden. Mit der Masse der Gegenstände wächst daher das Reich der fremden Wesen, denen der Mensch unterjocht ist, und jedes neue Produkt ist eine neue *Potenz* des wechselseitigen Betrugs und der wechselseitigen Ausplünderung.« (MEW, Ergänzungsband, Erster Teil, S. 546 f.)

Unternehmen wir nun den Versuch einer vorläufigen Systematisierung der Reihe von Beziehungen, die wir kurz analysiert haben. In dem bereits angeführten Aufsatz von Iring Fetscher (der uns nebenbei bemerkt, eine der neueren Schriften über Rousseau zu sein scheint, die den größten Reichtum an neuen Ideen aufweist) hebt der Verfasser die beiden folgenden Punkte hervor: daß die physiokratische These hinsichtlich der Beziehung zwischen ›Privatinteresse‹ und ›Gesamt- oder Gemeininteresse‹ – wie man übrigens bereits wußte – der später von Smith ausgearbeiteten Theorie der ›Harmonie‹ gleicht; 2. daß gerade in dieser These der Hauptgrund dafür zu sehen ist, daß Rousseau sich weigerte, der physiokratischen Theorie Beachtung zu schenken. Fetscher schließt seine

Ausführungen hierzu mit der Formulierung ab, daß »Rousseau die bürgerliche Gesellschaft in moralischen Kategorien beurteilt, die Physiokraten in ökonomischen Kategorien«[65].

In dieser Formulierung steckt etwas Wahres, jedoch unter der Bedingung, daß man sich richtig versteht. Fetscher sagt im Kern folgendes: Rousseau hat die physiokratische Doktrin des *laissez-faire* abgelehnt, weil er – als Folge des ›reaktionären‹ Charakters seiner die ›Entwicklung‹ negierenden ökonomischen Auffassungen – nie daran geglaubt hat, daß die ›unternehmerische Freiheit‹ eine Steigerung des ›allgemeinen‹ Reichtums hervorbringen könne, sondern im Gegenteil angenommen hat, daß der Einzelne sich immer auf Kosten seinesgleichen bereichere; die Physiokraten andererseits haben die größtmögliche Anwendung von Kapital verfochten, da sie – als die ersten Verteidiger der ›ökonomischen Entwicklung‹ – dessen Fähigkeit erkannt haben, einen ›allgemeinen‹ Wohlstand zu erzeugen. Der Rückständige und der Vergangenheit zugewandte Charakter der ökonomischen Vorstellungen Rousseaus liegt außer Zweifel. In einem Fragment zum *Gesellschaftsvertrag** gelangt er geradezu dahin zu vertreten daß, »dans tout ce qui dépend de l'industrie humaine, on doit proscrire avec soin toute machine et toute invention qui peut abréger le travail, épargner la main d'œuvre et produire le même effet avec moins de peine« (»bei allem, was vom menschlichen Erwerbsfleiß abhängt, sollte man Sorge tragen, alle Maschinen und Erfindungen zu verbieten, die geeignet sind, die Arbeit abzukürzen, Arbeitskraft einzusparen und den gleichen Effekt mit geringerer Mühe zu erzielen«). Obgleich die Vorstellungen Rousseaus auf diesem Gebiet gewiß zurückgewiesen werden müssen, so stimmt doch, daß die kapitalistische ›ökonomische Entwicklung‹, wenn sie auch einen ›allgemeinen‹ Fortschritt dargestellt hat, sicher nicht zu der Bereicherung aller auf ›niemandes‹ Kosten geführt hat, sondern vielmehr auf Kosten jenes ›Tagelöhners‹ oder ›produktiven‹ Arbeiters erfolgt ist, »der das gesamte Gebäude der Gesellschaft auf seinen Schultern trägt« und der, wie Smith sagt, »erdrückt (ist) von dem Gewicht und den Blicken der anderen entzogen in den tiefsten Fundamenten des Gebäudes«.

Bei den Physiokraten und bei Smith läßt das hervorbrechende

* Œuvres complètes, tome III, p. 525, Fragments politiques

Phänomen der ›ökonomischen Entwicklung‹ die Klassenunterschiede und somit die soziale Ungleichheit im Dunkeln (auch wenn es sie nicht völlig auslöscht). Bei Rousseau dagegen schärft die Unempfänglichkeit für das Phänomen der ›Entwicklung‹ die dramatische Wahrnehmung der entstehenden neuen ›sozialen Ungleichheit‹ und hindert ihn daran, die fortschrittliche Bedeutung des aufsteigenden Industriekapitalismus und der sich konsolidierenden ›bürgerlichen Gesellschaft‹ zu erkennen. Marx schließlich, der die von Smith ausgearbeitete Analyse der ›ökonomischen Entwicklung‹ und die vor allem in Frankreich entwickelte Theorie der ›sozialen Ungleichheit‹ ererbte, fügte die beiden Themen zusammen und verschmolz sie miteinander. Die kapitalistische Entwicklung ist progressiv: sie bedeutet also den Fortschritt der ›gesamten‹ Gesellschaft. Andrerseits, wenn auch der moderne Lohnarbeiter gewiß reicher und fortgeschrittener ist als der Wilde, von dem Smith spricht, so stimmt doch auch, daß sich seine soziale Lage ständig ›verschlechtert‹. Nicht weil die Theorie der ›absoluten Verelendung‹ richtig wäre (was der Anerkennung der ›Entwicklung‹ widersprechen würde), sondern – wie Marx mit einer typisch Rousseauschen Blickrichtung erklärt – weil Ungleichheit und Elend sich nicht an ›absoluten‹ Maßstäben, an metahistorischen und abstrakten Bedürfnissen messen lassen, sondern ›im Verhältnis‹ und somit proportional zu den Bedingungen und den Möglichkeiten der anderen.

»Ein merkliches Zunehmen des Arbeitslohns setzt ein rasches Wachsen des produktiven Kapitals voraus. Das rasche Wachsen des produktiven Kapitals ruft ebenso rasches Wachstum des Reichtums, des Luxus, der gesellschaftlichen Bedürfnisse und der gesellschaftlichen Genüsse hervor. Obgleich also die Genüsse des Arbeiters gestiegen sind, ist die gesellschaftliche Befriedigung, die sie gewähren, gefallen im Vergleich mit den vermehrten Genüssen des Kapitalisten, die dem Arbeiter unzugänglich sind, im Vergleich mit dem Entwicklungsstand der Gesellschaft überhaupt. Unsere Bedürfnisse und Genüsse entspringen der Gesellschaft; wir messen sie daher an der Gesellschaft; *wir messen sie nicht an den Gegenständen* ihrer Befriedigung. *Weil sie gesellschaftlicher Natur sind, sind sie relativer Natur*[66].« (Hervorhebungen L. C.)

4. Rousseau, Kritiker der »bürgerlichen Gesellschaft«.

Die Kritik ist auf die bereits in dem Vorwort zu *Narcisse* dargelegten Themen konzentriert. Die Gesellschaft, die unter dem Einfluß der Arbeitsteilung und der Entwicklung des Privateigentums aus der Auflösung der patriarchalischen Lebensbedingungen entsteht, »machte dem schrecklichsten Kriegszustand Platz«, wie im *Diskurs* (S. 225) gesagt wird. Alle natürlichen Fähigkeiten, die zuvor ungenutzt und wie eingeschläfert waren, kommen nun zur Anwendung. Und »da diese Eigenschaften allein Achtung verschaffen konnten, mußte man sie entweder besitzen oder vortäuschen« (S. 221). So entstand die Notwendigkeit, sich anders zu zeigen, als man ist. Es entstand der betrügerische und depravierte Mensch der modernen ›bürgerlichen Gesellschaft‹.

»Sein und Scheinen wurden zwei völlig verschiedene Dinge. Von dieser Unterscheidung stammen der aufsehenerregende Prunk, die täuschende List und alle Laster her, die deren Gefolge ausmachen.« (S. 221)

Die Ursache dieser Depravierung liegt in der Tatsache, daß die Beziehungen der Menschen untereinander »Tauschbeziehungen« sind, d.h. – wie Rousseau mit einer ähnlichen Formulierung wie Smith erläutert – Beziehungen, in denen jeder einzelne die anderen zu seinem »Instrument« machen muß.

»Er muß sie deshalb ständig für sein Schicksal zu interessieren suchen und sie ihren Gewinn wirklich oder scheinbar darin finden lassen, für den seinen zu arbeiten. Das macht ihn spitzbübisch und arglistig gegenüber den einen, gebieterisch und hart gegenüber den anderen. Das versetzt ihn in die Notwendigkeit, alle, die er nötig hat, zu betrügen, wenn er sie nicht einzuschüchtern vermag, und falls er nicht seinen Vorteil dabei findet, wenn er in ihre Dienst tritt.« (S. 221)[67] *

* Hier muß die Aufmerksamkeit des Lesers auf einen Irrtum gelenkt werden, der Rousseau und Smith gemeinsam ist: nämlich der Fehler, ›Arbeitsteilung‹ und ›Austausch‹ gleichzusetzen. Es ist das gleiche, von ›Gesellschaft‹ und von ›gesellschaftlicher Arbeitsteilung‹ zu sprechen. Das Leben in Gesellschaft bedeutet in der Tat innerhalb einer Arbeitsteilung zu leben, wo – im Unterschied zu Robinson, der alle Arbeiten selbst verrichten muß – jeder für die anderen arbeitet, ebenso wie die anderen für ihn arbeiten. Diese Arbeitsteilung, im Sinne von ›Zusammenarbeit‹, ist in jeder Gesellschaft unvermeidlich. Sie setzt natürlich eine ›wechselseitige Abhängigkeit‹ zwischen allen Mitgliedern der Gesellschaft voraus, der nicht unähnlich, die z.B. in einem Orchester besteht.

Diese Tauschbeziehungen »... geben [...] allen Menschen die dunkle Neigung ein, sich gegenseitig Schaden zuzufügen. Dies ist eine um so gefährlichere heimliche Eifersucht, als sie oft, um mit größerer Sicherheit zu siegen, die Maske des Wohlwollens annimmt. Kurzum: Konkurrenz und Rivalität von der einen Seite, von der anderen Gegensatz der Interessen und immer der versteckte Wunsch, seinen Gewinn auf Kosten des anderen zu erlangen. Alle diese Übel sind die erste Wirkung des Eigentums und das unzertrennliche Begleitgefolge der entstehenden Ungleichheit.« (S. 221 f.)

Aus diesem permanenten Zustand der Konkurrenz und des sozialen Konflikts, »in dem alle Menschen dazu gezwungen sind, sich zu schmeicheln und sich gegenseitig zu vernichten und in dem sie als Feinde aus Pflicht und schlau aus Interesse auf die Welt kommen« (»... et où ils naissent ennemis par devoir et fourbes par intérêt«), läßt der *Diskurs* das letzte Stadium jener historischen Entwicklung hervorgehen, deren Etappen wir oben zusammengefaßt wiedergegeben haben. In ihrer Sicherheit selbst bedroht,

---

Etwas anderes ist dagegen jene ›besondere‹ historische Form der gesellschaftlichen Arbeitsteilung, die der ›Austausch‹ ist und der die ›Warenproduktion‹ voraussetzt. In diesem Fall sind die Menschen, die den verschiedenen Arbeiten nachgehen, unabhängige ›Privatproduzenten‹, die jeder für sich entscheiden, was und wieviel sie produzieren. Hier ist der gesellschaftliche Zusammenhang, die wechselseitige Ergänzung ihrer Arbeiten nicht unmittelbar, sondern stellt sich nur auf indirekte Weise, nämlich über den ›Austausch‹ und den ›Markt‹ her. Die gesellschaftliche Arbeitsteilung hat nicht den Charakter der Zusammenarbeit, sondern der ›Konkurrenz‹. Die wechselseitige Abhängigkeit wird zur Abhängigkeit aller vom ›Markt‹, dessen Auf und Ab sich der Kontrolle der Gesellschaft entzieht. Smith verwechselt diese beiden Dinge immer, weil die einzig für ihn mögliche Gesellschaft, die warenproduzierende, die ›Handelsgesellschaft‹, die Tauschgesellschaft ist (die bürgerliche Gesellschaft ist für Smith die ›natürliche‹). Rousseau unterläuft häufig, aber nicht immer die gleiche Verwechslung. Die Folge davon ist, daß er manchmal, statt die gesellschaftlichen Beziehungen des ›Austauschs‹ zu kritisieren (ohne es zu bemerken), die gesellschaftlichen Verhältnisse schlechthin kritisiert, also den wechselseitigen Zusammenhang und Abhängigkeit zwischen den Menschen. Die Kritik einer ›bestimmten‹ Organisation der Gesellschaft wird dann zur Kritik ›der‹ Gesellschaft schlechthin. Rousseau findet sich so unvermeidlich, wenn auch ohne jede Absicht, dazu gedrängt, das Leben in der Einsamkeit und das Leben in Gesellschaft einander entgegenzustellen. Das erklärt, warum die These, nach der Rousseau ein Befürworter des ›ungeselligen‹ Lebens ist – obwohl sie seinem Denken unrecht tut – dennoch nicht jeglicher Grundlage entbehrt. Ich habe den Eindruck, daß auch bei Marx eine gewisse Unsicherheit hinsichtlich des Verhältnisses zwischen ›Arbeitsteilung‹ und ›Austausch‹ vorhanden ist.

geben sich die Menschen daran, ihre Vergesellschaftung zu vollenden. Rousseau läßt uns dem Abschluß eines ›Gesellschaftsvertrages‹ zwischen ihnen beiwohnen. Aber die Gelegenheit wird verpaßt. Statt den Zustand der Konkurrenz und der Ungleichheit abzuschaffen, bekräftigt der Vertrag ihn und bestätigt ihn durch die Kraft des Gesetzes.

In der Erzählung Rousseaus wird der Notbehelf des Vertrages von einem Reichen zum Schaden der Armen ausgeheckt. Dieser hält jenen folgende Rede:

»Wir wollen uns vereinen«, sagte er ihnen, »um die Schwachen vor der Unterdrückung zu beschützen, die Ehrgeizigen im Zaum zu halten und jedem den Besitz zuzusichern, der ihm gehört. [. . .] Kurzum: statt unsere Kräfte gegen uns selbst zu wenden, wollen wir sie zu einer höchsten Gewalt vereinigen, die uns nach weisen Gesetzen regiert, alle Mitglieder der Gesellschaft schützt und verteidigt [. . .].« (S. 227 f.)

Das Ergebnis war, sagt Rousseau, ». . . die Entstehung der Gesellschaft [. . .] sowie der Gesetze, die dem Schwachen neue Fesseln und dem Reichen neue Macht gaben. Sie zerstörten unwiderruflich die angeborene Freiheit, setzen für immer das Gesetz des Eigentums und der Ungleichheit fest, machten aus einer listigen Usurpation ein unaufhebbares Recht und zwangen von nun an das gesamte Menschengeschlecht für den Gewinn einiger Ehrgeiziger zur Arbeit, zur Knechtschaft und zum Elend.« (S. 229)

Die ›Kraft aller‹, d.h. die ›öffentliche Macht‹, wird so in den Dienst des Privateigentums gestellt. Sie wird das Instrument, das eines jeden Besitz legalisiert – den Reichen ihren Reichtum, den Armen ihre Armut. Das Gesetz, d.h. die allgemeine Ordnung, wird auf diese Weise »la loi de la propriété et de l'inégalité« (»das Gesetz des Eigentums und der Ungleichheit«).

»Das ist, Rousseau zufolge, der Zweck, auf den alle bestehenden bürgerlichen Gesellschaften ausgerichtet sind«, hat Jacques Dehaussy in Dijon erläutert[68]. »Sie befestigen in der Tat die ursprünglich auf die Gewalt begründeten Ungleichheiten, indem ihnen Rechtscharakter verliehen wird, nur daß ihnen dann eine fast unbegrenzte legale Entwicklung erlaubt wird.« Dehaussy endete dann wie folgt:

»Übrigens sagen die Marxisten und vor allem Lenin nichts anderes, wenn sie, indem sie die Dialektik der Kräfteverhältnisse von der interindividuellen Ebene auf die kollektive der gesellschaftlichen Klassen übertragen, in den Institutionen der modernen ›bürgerlichen‹ Staaten (Verfassungen, Gesetze, kollektive Arbeitsverträge usw.), die scheinbar nicht in den Kampf der Klassen eingespannt sind, Mittel zur Schwächung dieses Kampfes sehen: eine Schwächung, von der einzig die besitzenden Klassen profitieren.«

Abgesehen von diesen Bemerkungen, die uns erlauben das zu bekräftigen, was bereits am Anfang festgestellt wurde, und zwar, daß während der Rousseau-Feiern von 1912 das Verhältnis Rousseau – Kant dominierte, 1962 häufiger jenes von Rousseau und Marx anzutreffen war, wirft der hier untersuchte Teil des *Diskurs* eine Reihe ernsthafter Interpretationsprobleme auf. Der *Diskurs über die Ungleichheit* wird traditionell als das Dokument der Periode verstanden, in der der Einfluß Lockes und seines Aufsatzes über die bürgerliche Regierung (On government) auf Rousseau am größten war. Der *Gesellschaftsvertrag* dagegen wird für das Zeugnis einer merklichen Annäherung an Hobbes' Denken gehalten, das zuvor auf das Schärfste kritisiert wurde. Diese Interpretation, die sich auf alle von Rousseau im *Diskurs* ausgesprochenen Erklärungen der Achtung und Wertschätzung für Locke berufen kann, wurde in einem der bedeutendsten Werke der Zeit nach dem Zweiten Weltkrieg wiederaufgenommen: in dem Buch von R. Derathé *J.-J. Rousseau et la science politique de son temps* (J.-J. Rousseau und die politische Wissenschaft seiner Zeit)[69]. Nun scheint uns, obwohl hier große Vorsicht geboten ist, daß – unabhängig von dem Bewußtsein, das Rousseau davon gehabt haben mag – der ›ungerechte Vertrag‹, der im *Diskurs* beschrieben wird, viele gemeinsame Züge mit dem *compact* aufweist, aus dem Locke die ›bürgerliche Regierung‹ entstehen läßt.

Die Menschen des ›Naturzustandes‹ sind für Locke Inhaber ›ursprünglicher‹ angeborener Rechte; sie sind bereits fertige und vollkommene ›moralische‹ Subjekte. Jedoch gehen Hobbes und Locke – sagt R. Polin[70] – von der gleichen grundlegenden Voraussetzung aus, nämlich der, daß der Mensch in Wirklichkeit schlecht und bösartig ist. Die natürliche Freiheit degeneriert daher zu Willkür und Gewalttätigkeit. Niemand ist seines Eigentums sicher. Also entschließen sich die Menschen – indem sie auf einen Teil der unbeschränkten Freiheit verzichten, die sie im ›Naturzustand‹ genossen –, eine gemeinsame Macht einzurichten, die jedem die ungestörte Ausübung seiner Rechte, vor allen anderen des ›Eigentumsrechtes‹, garantiert.

Die grundlegenden Merkmale dieser Konstruktion verdienen es, wenigstens angedeutet zu werden.

a) Der gesellschaftliche Zustand, der aus dem Vertrag hervorgeht, ist der Naturzustand selbst, lediglich durch das Gesetz bestätigt und für gültig erklärt. Die positiven Gesetze anerkennen und bestätigen die Naturrechte, d.h. die Rechte des von der Gesellschaft ›unabhängigen‹ Menschen. Sie schützen diese, können sie jedoch nicht verletzen. Die Freiheit ist das Recht auf Absonderung von den anderen, die Freiheit ›von‹ der Gesellschaft. Wenn der Staat in die Sphäre der Privatrechte eindringt, wird er unrechtmäßig, und der Vertrag ist gebrochen (Widerstandsrecht).

b) Der Vertrag schafft nicht eigentlich eine ›Gesellschaft‹, sondern nur einen Staat. Besser gesagt, die Gesellschaft, die durch den Vertrag geschaffen wird, ist nur eine ›formale‹, juristische Gesellschaft, der kein ›wirklicher‹ Zusammenschluß, d.h. keine wirkliche Interessengemeinschaft zugrunde liegt, sondern nur Ungeselligkeit und die Konkurrenz der Privatinteressen. Das einheitliche oder gemeinsame Moment beschränkt sich darauf, daß alle darin übereinstimmen (daher der Vertrag!), daß jeder seine Sonderinteressen innerhalb der Schranken des Gesetzes verfolgen muß. Die Übereinstimmung also, d.h. das Moment des ›volonté générale‹ oder des Gemeinwillens, ist lediglich ›negativ‹: der positive Inhalt ist nicht allgemein, sondern ist aus den Sonder- oder vorgesellschaftlichen Interessen gebildet. »Die Gemeinschaft als solche«, sagt Polin[71], kann nicht bestehen außer in einer gleichsam provisorischen Existenz, in dem Akt, durch den sie sich eine Regierung gibt: als Gemeinschaft ist sie nicht imstande, auf Dauer zu bestehen. Letzten Endes ist sie sogar unfähig zu einem Willen und einer Handlung, die nicht der Wille und der Akt wären, sich eine Regierung zu geben.«

c) Grundlagen dieses gesamten Gebäudes, das darauf abzielt, die individuelle Freiheit durch das Gesetz zu garantieren, ist das ›Eigentum‹, jenes Eigentum, das für Locke ein festes Paar mit der Freiheit bildet (Liberty and property).

»Für Locke ist die Freiheit gleich mit dem Besitz seiner selbst: frei zu sein bedeutet über sich selbst verfügen zu können, ohne daß jemand berechtigt wäre, dieses Recht zu verletzen oder einzuschränken. Somit ist offensichtlich, daß der Mensch, Herr und Eigentümer seiner Person [. . .], die Grundlage seines Eigentums ebenso in sich selbst trägt, wie die Macht, dieses de facto zu begründen[72]. Das Recht auf Eigentum ist das erste Recht, das Recht, ohne welches man nicht Inhaber irgendeines anderen Rechtes wäre[73]. Wer Locke liest, hat nicht nur den Eindruck, daß das Eigentum als der Ort der Anwendung und als das Mittel der Freiheit dargestellt ist [. . .], sondern daß Locke das Eigentum mehr am Herzen liegt als die Freiheit. Die Freiheit, wie er sie versteht, ist die Freiheit des Eigentums, das die gesamte menschliche Person einschließt.

In diesem Sinne kann man sagen, daß die Freiheit verteidigt wird, um das Eigentum zu schützen, und nicht umgekehrt. Die Freiheit des Besitzes hat die Oberhand über den Besitz der Freiheit[74].«

d) Die Eigentumsfreiheit, die jetzt als jenes grundlegende ›Menschenrecht‹ erkannt wurde, zu dessen Schutz der Lockesche *compact* eine Gesellschaft einrichtete, ist nur mit der ›formalen‹ Gleichheit vereinbar. Gleichheit kann nur die Gleichheit aller ›vor dem Gesetz‹ sein. Sie ist also das Recht aller ›frei‹ zu sein und somit frei über ihr Eigentum zu verfügen – seien sie nun Grundeigentümer, Händler, Bankiers oder einfache Arbeiter, die lediglich Besitzer ihrer Arbeitskraft sind (*Second Treatise,* Kap. V, Art. 50). Was die ›reale‹ Gleichheit angeht, so ist diese dagegen unvereinbar mit der Freiheit. Da letztere, um sich frei entfalten zu können, die ›Ungleichheit des Eigentums‹ und somit der Konkurrenz erfordert: »eine wichtige Bemerkung (erläutert Polin), weil sie das Urteil über den gleichzeitigen Bestand der Ideale von Freiheit und Gleichheit zu sprechen scheint – da die Freiheit, um sich äußern zu können, zwar gewiß die Gleichheit der bürgerlichen Rechte der Individuen braucht, jedoch gleichzeitig auch die faktische Ungleichheit der Güter«[75].

Es genügt nun, einen Blick auf den *Diskurs über die Ungleichheit* zu werfen, um zu sehen, daß die Hauptstützen dieses Gebäudes bereits Gegenstand der Kritik Rousseaus sind. Das Gesetz wird darin als die Garantie des Privateigentums betrachtet; die ›gemeinsame Ordnung‹ des ›bürgerlichen Rechts‹ lediglich als Mittel, um die Ungleichheit zu bestätigen und unwiderruflich zu machen. Mehr noch: Rousseau erahnt den ›formalen‹, d.h. negativen Charakter (negativ, weil bar eines allgemeinen positiven Inhalts) der durch den Vertrag begründeten Gesellschaft. »Die Gesellschaft bestand zuerst bloß in einigen allgemeinen Abkommen, die sich jeder einzuhalten verpflichtete und zu deren Schützer sich die Gemeinschaft gegen jeden einzelnen machte.« (Diskurs, S. 235)

Wie Rousseau bemerkt, haben die Sonderinteressen so wenig miteinander gemein, daß dies niemals das ausgleichen kann, was sie einander entgegensetzt.

Gewiß wird auch verständlich, warum sich die Argumentation des *Diskurs* manchmal als mehrdeutig und widersprüchlich erweist, wenn man bedenkt, daß diese Schrift Rousseaus gleichzeitig zwei so unterschiedliche historische Gegenstände, wie es die ›bürgerliche Gesellschaft‹ im eigentlichen Sinne einerseits und die Einrichtungen des *ancien régime* andererseits sind, der Kritik unterzieht. Daß unsere Hypothese, derzufolge Rousseau gegen Locke steht, dennoch nicht zu weit von der Wahrheit entfernt ist, wird, wie uns scheint, durch zwei Umstände bewiesen. Einerseits besteht ein immer weiter verbreitetes Bewußtsein über den vorbereitenden Charakter des *Diskurs* im Hinblick auf den *Gesellschaftsvertrag* (gegen die traditionelle Interpretationsweise, die häufig den ›liberalen‹ Rousseau der ersten Schrift dem ›totalitären‹ Rousseau der zweiten entgegengesetzt hat). Zweitens scheint sich in den letzten Jahren definitiv die Anerkennung der Ernsthaftigkeit der Gründe, d.h. ihres ›objektiven‹ und nicht lediglich durch das ›Temperament‹ bestimmten Charakters, durchgesetzt zu haben, die zum Bruch zwischen Rousseau und dem Liberalismus (gänzlich Lockescher Prägung) auch der radikalsten *philosophes* und im besonderen zu dem zwischen Rousseau und Diderot geführt haben.

Was letzteren betrifft, so ist hierzu der ausführliche Aufsatz von Jean Fabre, *Deux frères ennemis: Diderot et Jean-Jacques* (»Zwei feindliche Brüder: Diderot und Jean-Jacques) in den »Diderot Studies« III[76] von beträchtlichem Interesse. Fabre untersucht nicht nur die unterschiedlichen philosophischen Voraussetzungen der beiden Denker (wie z.B. ihren gegensätzlichen Begriff von ›Natur‹, der aus der Antithese zwischen dem mechanistischen Materialismus Diderots und dem Rousseauschen Spiritualismus folgt[77]), sondern betont auch ihre unterschiedliche Einstellung gegenüber der Gesellschaft, wobei er im besonderen hervorhebt, daß Diderot mit fortschreitenden Jahren immer stärker »bis zur Besessenheit jenen quälenden Wunsch nach bürgerlicher Würde in sich habe wachsen fühlen, von dem er sich nie gelöst hatte«[78].

Ebenfalls aus den »Diderot Studies« III muß zum gleichen Thema auch der Aufsatz von G. R. Havens, *Diderot, Rousseau and the Discours sur l'inégalité*[79] erwähnt werden (vom gleichen Autor siehe auch den Artikel über die *Hardiesse de Rousseau* (Die Kühnheit Rousseaus) in der Nummer des »Europe« vom Nov.–Dez. 1961, die dem Genfer Philosophen gewidmet war). In diesem Aufsatz werden die Einstellungen der beiden Philosophen zum Zeitpunkt der Niederschrift des *Zweiten Diskurs* aufmerksam verglichen, wobei vor allem die verschiedene Auffassung des ›Naturmenschen‹, die aus Diderots Artikel über das *Droit Naturel*[80] (Naturrecht) hervorgeht, klar herausgearbeitet wird (bekanntlich blieb Diderots Auffassung hierüber gänzlich dem Naturrecht verhaftet und war im besonderen von Pufendorf beeinflußt), sowie unter den vielen anderen Hinweisen, auf die hier nicht eingegangen werden kann, auch die »durchgängig konservativere«[81] Einstellung Diderots gegenüber dem Eigentum. Was die Beziehungen Rousseaus zu den *philosophes* anlangt (wozu, nebenbei bemerkt, das alte Buch von R. Hubert[82] immer noch die beste Arbeit bleibt) kann auch der Aufsatz von J. Robert Loy, *Nature, Reason and Enlightenment: Voltaire, Rousseau and Diderot*[83] angeführt werden (ein Aufsatz, der im Titel mehr verspricht, als er in Wirklichkeit hält); sowie von R. A. Leigh, *Rousseau's Letter to Voltaire on Optimism (18. August 1756)*[84] (Leigh gibt die neue Ausgabe der *Correspondance complète* heraus) und schließlich – wenn auch nur aufgrund der Bedeutung der Publikation, in der er erschienen ist (denn der eigene Wert des Aufsatzes ist fast Null) die Arbeit von Virgil W. Topazio, *Rousseau. Man of Contradictions*[85] (worin unter anderem überrascht, das Buch R. Mondolfos, *Rousseau e la coscienza moderna* – als ›neu‹ bezeichnet zu finden).

In Wahrheit muß die Hauptursache für den Bruch zwischen Rousseau und den *philosophes* in ihren gegensätzlichen Grundsätzen und vor allem anderen in ihren unterschiedlichen Einstellungen gegenüber der ›bürgerlichen Gesellschaft‹ gesucht werden. In einem Zeitalter, in dem die fortschrittlichsten Denker sämtlich Interpreten der Rechte und der Ansprüche der aufsteigenden bürgerlichen Gesellschaft, ihres wirtschaftlichen Aufschwungs und ihrer Industrie sind (und sich in Frankreich dafür einsetzen, dieser neuen Gesellschaft adäquate politische Formen zu schaffen), isoliert die im Diskurs enthaltene Kritik der ›bürgerlichen Gesellschaft‹ Rousseau hoffnungslos von seinen Zeitgenossen, da ihnen sein Denken absurd und widersinnig vorkommen muß. Hume, Bordes, père Castel, Dupan, Friedrich II, Gauthier, Helvétius,

Lebœuf, Turgot, d'Alembert stimmen sämtlich darüber ein, Rousseaus Werk als »eine Mischung aus Exzentrizität und unaufrichtigem Exhibitionismus« zu betrachten (vgl. Samuel S.B. Taylor, *Rousseaus Contemporary Reputation in France*[86]). Ein Standardvokabular verbreitet sich unter den Zeitgenossen, und die wohlwollendsten Ausdrücke, mit denen Rousseau bezeichnet wird, sind: *Diogène, charlatan, apôtre de l'ignorance, esprit de contradiction, homme paradox, cinique, sophiste, misanthrope etc.*[87] (Diogenes, Scharlatan, Apostel der Unwissenheit, Widerspruchsgeist, ein paradoxer, zynischer, sophistischer, misanthropischer Mensch). Alle, auch die, die seine schöpferische Geisteskraft erkennen, sind überzeugt, daß seine Thesen Folgen seiner Neigung sind, sich zur Schau zu stellen, reine Paradoxa, mit Geschick und böswilligem Vorbedacht geprägt. Diese Paradoxa, schreibt Turgot an Hume, »betrachte ich, genau wie Ihr, als ein Spiel, eine Art tour de force der Beredsamkeit . . . ich glaube, daß da in ihm ein wenig Scharlatanerie liegt, die aus einer reichlich mißverstandenen Eigenliebe besteht«. Auch der *Gesellschaftsvertrag* stieß auf Desinteresse, Unverständnis und Schweigen, und erst nach der Revolution begann man ihn zu lesen. (»Der Mythos, demzufolge der *Contrat social* auf die Unterhöhlung des ancien régime Einfluß gehabt hat«, schreibt Taylor, »ist sehr erfolgreich gewesen. Doch ist er mit der Französischen Revolution selbst entstanden . . .«[88]). Es ist bezeichnend, daß dieser Eindruck von Widersinnigkeit auch im Urteil Kants wiederkehrt. »Der erste Eindruck, den ein verständiger Leser . . . der Schriften des Herrn J. J. Rousseau bekömmt«, schreibt er, »ist, daß er eine ungemeine Scharfsinnigkeit des Geistes, einen edlen Schwung des Genies und eine gefühlvolle Seele« besitzt. Jedoch »der Eindruck, der hernächst folgt, ist die Befremdung über seltsame und widersinnische Meinungen, die demjenigen, was allgemein gangbar ist, so sehr entgegenstehen, daß man leichtlich auf die Vermutung gerät, der Verfasser habe vermöge seiner außerordentlichen Talente und Zauberkraft der Beredsamkeit nur beweisen und den Sonderling machen wollen, welcher durch eine einnehmende Neuigkeit unter allen Nebenbuhlern des Witzes hervorsteche[89]«.

Jedoch muß auch gesagt werden, daß es wesentlich von der historischen Situation abhing, in der Rousseau schrieb, wenn er nicht verstanden wurde. Rousseau wurde in einer Epoche zum Kritiker der ›bürgerlichen Gesellschaft‹, in der diese Kritik nur bei Denkern wie James Stuart beginnen konnte, sich zu entwickeln, die als Aristokraten und im Gegensatz zum 18. Jahrhundert »mehr auf historischem Boden« standen (wie Marx sagte); Rousseau hat sich jedoch nicht nur nicht diesen Kritikern zugesellt, sondern war vielmehr, trotz der Rückständigkeit seines ökonomischen Denkens, der entschiedenste Gegner des Adels seiner Zeit. Obwohl ihn diese Gegnerschaft zum ancien régime pontentiell mit der radikalen Intelligenz verband, löste er sich auch von dieser und wurde von ihr aufs Heftigste bekämpft, und zwar wegen etwas, das auch heute noch als ›Paradox‹ und in gewissem Sinne als eine historische Ungeheuerlichkeit erscheinen kann: der Antizipation der Kritik der aufsteigenden bürgerlichen Gesellschaft und ihrer ›sozialen Ungleichheit‹ im 18. Jahrhundert. Daher rührt auch das außergewöhnliche historische Schicksal Rousseaus, der nicht zufällig von den ›reaktionären‹ Kritikern der bürgerlichen Gesellschaft wie Bonald, Joseph de Maistre, Seillière und Maurice Barrès ebenso verabscheut wurde wie von den Vertretern des französischen Liberalismus des 18. Jahrhunderts, von Benjamin Costant über Royer-Collard und Barbey d'Aurevilly bis zu Ippolite Taine.

5. Die Denaturierung des Menschen und seine wahre Vergesellschaftung

Dieses Thema wird im *Emil* und im *Gesellschaftsvertrag* klar ersichtlich. Besser noch versteht man es jedoch, wenn man es einem kurzen Vergleich mit dem ›ungerechten Vertrag‹, der im *Diskurs über die Ungleichheit* beschrieben ist, unterzieht. Zu diesem Vertrag schreibt Starobinski[90] kurz und eindrucksvoll: »abgeschlossen in der Ungleichheit, hat der Vertrag die Wirkung, die Privilegien der Reichen zu konsolidieren und der Ungleichheit die Bedeutung einer Institution zu verleihen: unter dem Schein des Rechtes und des Friedens wird die ökonomische Usurpation politische Macht; die Reichen sichern ihr Eigentum durch ein Recht, das es zuvor nicht gab, und sind von nun an die Herren«. Dieser widerrechtliche Vertrag, schließt Starobinski, ist die Karikatur des wahren Sozialpakts.

Die von Rousseau beschriebene Situation ist nicht seiner Einbildung entsprungen, vielmehr taucht sie genauso auch im *Reichtum der Nationen* auf. Lediglich mit dem Unterschied, daß Smith, der vom Standpunkt des Kapitals aus argumentiert, natürlich ein Befürworter der ›bürgerlichen Regierung‹ ist:

»Überall wo viel Eigentum ist, da ist auch große Ungleichheit. Für *einen* sehr reichen Mann muß es wenigstens fünfhundert Arme geben, und der Überfluß bei den wenigen setzt die Dürftigkeit bei der Menge voraus. Der Überfluß der Reichen erweckt den Unwillen der Armen, die oft durch Mangel und durch Neid dazu getrieben werden, die Besitzungen der ersteren anzufallen. Nur unter dem Schutze einer bürgerlichen Obrigkeit kann der Inhaber eines solchen wertvollen Eigentums, welches durch die Arbeit vieler Jahre, ja vielleicht mehrerer aufeinanderfolgenden Geschlechter erworben worden ist, auch nur eine einzige Nacht ruhig und in Sicherheit schlafen. [...] Es erfordert also«, schließt Smith, »das Erwerben eines wertvollen und großen Eigentums die Einsetzung einer bürgerlichen Regierung[91].«

Rousseau beurteilt diese Situation, in der die ›bürgerlichen Institutionen‹ nur entstehen, um den ›Naturzustand‹ und die Ungeselligkeit der Privatinteressen rechtskräftig zu machen, in der Weise, daß sie den Menschen zu einem ›Mischwesen‹ machen, das gleichzeitig der ›Natur‹ und der ›Gesellschaft‹ angehört oder daß sie den Menschen gleichzeitig zu viel und zu wenig denaturiert. Zu viel, weil sie ihn der Isolierung und der ursprünglichen Einfachheit entreißt, zu wenig, weil sie es nicht vermag, ihm – nachdem sie ihm die erste Natur genommen hat – eine zweite zu verleihen, die imstande wäre, ein gesellschaftliches Wesen im wahren Sinn dieses Wortes aus ihm zu machen.

»Wer innerhalb der bürgerlichen Ordnung«, sagt Rosseau in *Emil*, »seine natürliche Ursprünglichkeit bewahren will, der weiß nicht, was er will. Im Widerspruch mit sich selbst, zwischen seinen Neigungen und Pflichten schwankend, wird er weder Mensch noch Bürger sein. Er ist weder sich noch anderen nützlich. Er wird ein Mensch von heute sein, ein Franzose, ein Engländer, ein Spießbürger: ein Nichts.« (S. 13)

Die Problematik des Menschen ›unserer Tage‹ besteht also darin, wie Löwith richtig gesehen hat[92], »daß der moderne Bourgeois weder ein Staatsbürger im Sinn der antiken Polis noch ein ganzer Mensch ist«. Er ist in einer Person zweierlei, er gehört einerseits sich selbst, andererseits dem ›ordre civil‹ an: er ist ein Mensch mit ungeselligen Sonterinteressen, ein Bourgeois und gleichzeitig ein Mitglied der ›société politique‹ – ein citoyen.

In dieser Diagnose kehren sämtliche wesentlichen Motive des

Rousseauschen Denkens wieder und verknüpfen sich: a) Daß der Mensch des ›Naturzustandes‹ nicht ›Mensch‹ ist, der Naturzustand also nicht bereits an sich ein ›zivilisierter Zustand‹ ist, dem lediglich die Garantie der positiven Gesetze fehlt, sondern nur der ›animalische‹ Zustand. b) Daß in den Beweggründen, die die Menschen dazu veranlassen, sich in der ›bürgerlichen Gesellschaft‹ zu vereinigen (wie Rousseau in Polemik mit Diderot im *Manuscrit de Genève** sagt): »il n'y a rien qui se rapporte au point de réunion; que, loin de se proposer un objet de félicité commune d'où chacun pût tirer la sienne« (man beachte diese Kritik des lediglich formalen oder ›negativen‹ Charakters der Lockeschen Gesellschaft), »le bonheur de l'un fait le malheur de l'autre«, so weit daß »au lieu de tendre tous au bien général, ils ne se rapprochent entre eux que parce que tous s'en éloignent (man vergleiche die *ungesellige Geselligkeit* Kants!). c) Daß somit »il est faux que, dans l'état d'indépendance, la raison nous porte à concourir au bien commun« (man denke wiederum an Smith, die Physiokraten und Mandeville). d) Daß »ce prétendu traité social, dicté par la nature (von dem die Naturrechtler fabulieren), est une véritable chimère«: denn »si les notions du grand Etre et de la loi naturelle étaient innées dans tous les cœurs, ce fut un soin bien superflu d'enseigner expressément l'une et l'autre«**.

Das entscheidende Thema, das jedoch letztlich hier hervorgeht ist, daß die Gesellschaft – gerade weil sie nicht a priori von einem transzendenten ›Naturgesetz‹ diktiert ist und andererseits die einzige Weise darstellt, in der der Mensch wirklich zum ›Menschen‹

---

* (Première version du Contrat Social) – Bei dem *Genfer Manuskript* handelt es sich um die erste Fassung des *Gesellschaftsvertrages.*

** Daß es in den Beweggründen, die die Menschen dazu veranlassen, sich in der ›bürgerlichen Gesellschaft‹ zu vereinigen, »nichts gibt, das sich auf das Element der Vereinigung bezöge; so daß, weit davon entfernt, sich ein Ziel des gemeinsamen Glücks zu setzen, aus dem jeder das seine schöpfen könnte, das Glück des einen, das Unglück des anderen bildet«: soweit daß »alle, anstatt nach dem Gemeinwohl zu streben, sich einander nur in dem Maße annähern, in dem sie sich alle von diesem entfernen«. c) Daß es daher »falsch ist, daß uns die Vernunft im Zustand der Unabhängigkeit dazu bringt, zum Gemeinwohl beizutragen«. d) Daß »dieser angebliche Gesellschaftsvertrag, der von der Natur diktiert sein soll, ein ausgemachtes Hirngespinst ist«: Denn »wären die Vorstellungen des höchsten Wesens und des Naturrechts in aller Brust angeboren, so wäre es ein recht überflüssiges Unterfangen, die eine wie die andere eigens zu lehren«.

werden kann, als ein bewußt von den Menschen eingerichtetes ›moralisches‹ oder ›artifizielles‹ Gebilde entstehen muß, als eine, verglichen mit der des Naturzustandes (und Kants ›Gesetz des Waldes‹), grundlegend neue Ordnung, in die der Mensch mit seinem gesamten Sein und Wollen organisch integriert ist.

»Der natürliche Mensch«, so heißt es in *Emil*, »ruht in sich. Er ist eine Einheit und ein Ganzes [. . .]. Als Bürger ist er nur ein Bruchteil, der vom Nenner abhängt, und dessen Wert in der Beziehung zum Ganzen liegt, d.h. zum Sozialkörper. Gute soziale Einrichtungen entkleiden den Menschen seiner eigentlichen Natur und geben ihm für seine absolute eine relative Existenz. Sie übertragen sein *Ich* in die Allgemeinheit, so daß sich der einzelne nicht mehr als Einheit, sondern als Glied des Ganzen fühlt und angesehen wird.« (S. 12)

Gewiß konnte, wie Burdeau[93] richtig bemerkt hat, eine derartige Sprache im Jahrhundert der Diderot, Helvétius und d'Holbach nicht anders als ›überspannt‹ klingen. Dennoch und obgleich die Situation in dieser Hinsicht heute nicht sehr viel anders ist, müßte, wenn man es recht bedenkt, die Annahme, die der Rousseaus entgegengesetzt ist, reichlich überspannter erscheinen: nämlich, daß es möglich sei, eine ›Gesellschaft‹ zu begründen und dabei die ›Ungeselligkeit‹ der Privatinteressen aufrechtzuerhalten. Eine Gesellschaft zu schaffen heißt, ein Gemeininteresse, eine reale Vereinigung oder Vergesellschaftung der Interessen zu schaffen. Wenn das Gemeininteresse sich auf die Vereinbarung – oder den Vertrag – beschränkt, durch den die Menschen darin übereinkommen, daß jeder seine eigenen, von denen der anderen getrennten Interessen verfolgt, gibt es keine Gesellschaft (sie ist nur ›formal‹); die Vergesellschaftung des Menschen ist nicht erfolgt: der ›Naturzustand‹ ist geblieben, nur daß dieser zusätzlich die Garantie des Staates erhalten hat. Hierher rührt die wesentliche Originalität des Rousseauschen ›Vertrages‹.

Der *Contrat social* – hat Burdeau geschrieben[94] – ist nicht jene vorsichtige Verpflichtung, jene Verhandlung in der Art von Verfahrensrechtlern, die er bei seinen Vorgängern und insbesondere bei Locke war. Es handelt sich nicht darum, durch das Abkommen auf einige zuvor bestehende Rechte zu verzichten, um die anderen zu festigen. Von dem Augenblick an, in dem der Mensch in die Gesellschaft eintritt, veräußert er einschränkungslos alle früheren Rechte.

Das Abkommen darf, mit anderen Worten, nicht den ›Naturmenschen‹ ›garantieren‹, sondern muß den Menschen diesem Zustand entreißen und – indem es ihn in die Gesellschaft integriert, dieser vollständig übertragen, muß – kurz gesagt –, indem es ihn vergesellschaftet, aus ihm ein neues, ein ›gesellschaftliches‹ Wesen machen, d.h. »aus einem ungesitteten und beschränkten Tier ein einsichtsvolles Wesen, einen Menschen machen«.

»Wer den Mut besitzt, einem Volk Einrichtungen zu geben«, heißt es im *Gesellschaftsvertrag,* »muß sich imstande fühlen, gleichsam die menschliche Natur umzuwandeln, jedes Individuum, das für sich ein vollendetes und einzeln bestehendes Ganzes ist, zu einem Teil eines größeren Ganzen umzuschaffen, aus dem dieses Individuum gewissermaßen erst Leben und Wesen erhält; die Beschaffenheit des Menschen zu seiner eigenen Kräftigung zu verändern und an die Stelle des leiblichen und unabhängigen Daseins, das wir *alle* von der Natur empfangen haben, ein nur teilweises und geistiges Dasein zu setzen.« (S. 46) (Im Original: ». . . de substituer une existence partielle et morale à l'existence physique et indépendante . . .«.)

Es ist eine Tatsache, daß Rousseau diese ›Vergesellschaftung‹ wesentlich unter moralischen und politischen, nicht aber unter ökonomischen Gesichtspunkten betrachtet, daß diese zu der *volonté générale* und zu dem *moi commun*, nicht jedoch zur Vergesellschaftung des Eigentums führt; und daß es scheint, wie Jacques Dehaussy[95] festgestellt hat, daß hierin »ein Mangel an logischer Kühnheit« gesehen werden muß. Doch, wenn man sich in die realen historischen Bedingungen hineinversetzt, unter denen Rousseau gelebt und gedacht hat, so versteht man auch, daß jener »Mangel an Logik« nicht so sehr auf eine Schranke seiner subjektiven Logik verweist, als vielmehr auf eine unüberschreitbare objektiv-historische Schranke seiner Zeit, nämlich auf die Unmöglichkeit, unter den französischen Bedingungen des 18. Jahrhunderts konkret an eine derartige Lösung denken zu können.

Wenn man dem ›Problem Jean-Jacques‹ ernsthafte Beachtung schenkt, so ist es in Wirklichkeit schwer, sich des Eindrucks zu erwehren, daß all das, was uns heute als Schranke seines Denkens erscheint, die unvermeidbaren Folgen dessen sind, was andererseits sein höchstes ›Verdienst‹ ausmacht, nämlich die außergewöhnliche Antizipation mit der er, unter historischen Bedingungen, die dafür noch nicht reif waren, die ersten grundlegenden Kapitel einer

›Kritik der modernen bürgerlichen Gesellschaft‹ entworfen hat. Der ›Organizismus‹, der Kult der antiken republikanischen ›Tugenden‹, das Vorbild der Polis und der ›Patriotismus‹ Rousseaus sind gewiß aus der ›Vergangenheit‹ bezogene Lösungen und als solche außerstande, eine Antwort auf die Probleme der modernen ›bürgerlichen Gesellschaft‹ zu geben. Was sie jedoch in den Augen der historischen Betrachtung in gewisser Weise rehabilitiert und ihnen ihre Bedeutung bewahrt, ist einerseits, daß Rousseau sie in einer Epoche zu formulieren begann, in der die objektiven Bedingungen dafür noch nicht bestanden, realistisch nach einer ›vorwärtsgewandten‹ Lösung zu suchen und andererseits, daß hinter der Unzulänglichkeit jener alten Lösungen stets die neuen Kapitel einer Analyse der modernen Gesellschaft aufscheinen.

Beispielhaft ist in diesem Sinn das vieldiskutierte Kapitel des *Gesellschaftsvertrages* über die ›bürgerliche Religion‹. Auf den ersten Blick und wörtlich genommen, scheint es (und teilweise ist es gewiß auch dies) ein verzweifelter Versuch zu sein, unter den modernen Bedingungen die antike Einheit von Religion und Politik wiederherzustellen. Bei einer aufmerksameren Untersuchung entdeckt man indes darin den Entstehungsort der Analyse des Verhältnisses von Christentum und moderner ›bürgerlicher Gesellschaft‹ (jenes Verhältnisses, das – nach Marx – Weber, Troeltsch und Löwith in dem Begriff der ›christlich-bürgerlichen‹ Gesellschaft zusammenfaßten) oder, was das Gleiche ist, den Entstehungsort der modernen Verdoppelung von *citoyen* und *bourgeois*.

6. Christentum und Politik

Rousseaus Analyse entwickelt sich ausgehend von einem der wichtigsten historischen Probleme der Aufklärung: der Reflexion über die Verantwortung der schnellen Verbreitung des Christentums für den Niedergang des Römischen Reiches. Der Anbruch des Christentums, sagt Voltaire in seinem *Essai sur les mœurs* (Kap. 11), hat zur Folge gehabt, daß es im Kaiserreich mehr Mönche als Soldaten gab. Untereinander durch die phantastischsten »querelles théologiques« gespalten, waren diese Mönche alle einig in der Bekämpfung der antiken Religion – »zweifellos eine falsche, eine lächerliche Religion, unter der Rom jedoch zehn Jahrhunderte lang von Sieg zu Sieg geschritten war«. »Als die Nachfahren der Scipionen Kontroversprediger geworden waren und die Bischofswürde mehr angestrebt wurde als je die Siegeskränze und als das persönliche Ansehen von den Hortensius und Cicero übergegangen war auf die Cyrillus, Gregorius, Ambrosius, war alles verloren; und wenn man sich noch über etwas wundern muß, so darüber, daß sich das Römische Reich noch eine Zeit lang gehalten hat.«

Die Themen dieser Analyse – die in Montesquieus *Considérations sur les causes de la Grandeur des Romains et de leur décadence* – völlig fehlen, waren teilweise bereits von P. Bayle in seinen *Pensées sur la comète* (§ 141) vorweggenommen worden: die christliche Religion, die dazu ermahnt, die Beleidigungen zu ertragen, demütig zu sein, seinen Nächsten zu lieben, den Frieden zu suchen und Böses mit Gutem zu vergelten, ist völlig ungeeignet, gute Soldaten hervorzubringen, ebenso wie alle Grundsätze des Evangeliums nicht zur Regierung des öffentlichen Wohls taugen.

Diese Argumente – die Montesquieu in *l'Esprit des Lois,* Buch XXIV, Kap. VI kritisiert und zurückgewiesen hatte (»Nachdem M. Bayle alle Religionen verhöhnt hatte, besudelte er die christliche Religion: wagte er doch zu behaupten, wahrhafte Christen könnten keinen Staat begründen, der Bestand hätte«) – erhalten erstmals mit Voltaire ihre ganze polemische Stärke und ihre volle Stoßkraft. Die Entzweiung der Bürger untereinander und der Geist der Zwietracht, den ›*l'Infâme*‹ in die antike Welt hineingetragen hat, waren die ›Ursache‹ für den Niedergang des Kaiserreiches, aber sie hätten nicht viel vermocht, hätte das Christentum nicht einerseits den verderblichen Grundsatz der Loslösung des Menschen von den irdischen Dingen und somit auch von der Prosperität der *res publica* mit sich gebracht (»Le christianisme – sagt Voltaire – ouvrait le ciel, mais il perdait l'empire« – »Das Christentum öffnete das Himmelreich, verlor aber das Reich dieser Welt«) und andererseits die Tendenz der Kirche sich in einen selbständigen Staat im Staate zu verwandeln.

In der ›Schule Voltaires in England‹ (um die historiographische Klassifizierung Eduard Fueters wiederaufzugreifen) erreicht diese Interpretation in Eduard Gibbons *Geschichte des Verfalls und Untergangs des Römischen Reiches* (1776) ihren Höhepunkt. Darin wird das Problem nicht nur am Rande oder in epigrammatischer Weise behandelt, sondern ausführlich und als ein zentrales Thema der Untersuchung. Während jedoch sowohl bei Voltaire als auch bei Gibbon die Kritik des Christentums im Namen und vom Standpunkt der ›bürgerlichen Gesellschaft‹ aus geleistet wird, mit deren Fortschritt der ökonomische und moralische Fortschritt des modernen Europa, seine ›Zivilisierung‹ identifiziert wird, nimmt bei Rousseau (obgleich bei ihm ähnliche Themen wie bei Bayle und Voltaire in Fülle auftauchen) eine andere und komplexere Analyse mühsam Gestalt an.

Die gemeinsamen Kritikansätze sind jene, die mit dem Thema verknüpft sind, daß das Christentum – wie Rousseau im *Manuscrit de Genève* wiederholt – nicht von dieser Welt ist.

»Le Christianisme est une religion toute spirituelle, qui détache les hommes des choses de la terre. La patrie du chrétien n'est pas de ce monde. Il fait son devoir, ist est vrai: mais il le fait avec une profonde indifférence sur les succès des soins qu'il se donne. Peu lui importe que tout aille bien ou mal ici bas: si l'État est florissant, il jouit modestement de la félicité publique; si l'État dépérit, il bénit la main de Dieu qui s'appesantit sur son peuple*.«

Und noch einmal:

»Le Christianisme ne prêche que servitude et dépendance. L'esprit du Christianisme est trop favorable à la tyrannie pour qu'elle n'en profite pas toujours. Les vrais chrétiens sonts faits pour être esclaves. Ils le savent et s'en émeuvent guère; cette courte vie a trop peu de prix pour eux**.«

Aber während Voltaire mit seiner Polemik (deren Weltauffassung den englischen Empiristen und Deisten entliehen ist) vor allem die phantastischen Überbauformen des Christentums bekämpft, mit denen Fanatismus, theologisches Sektierertum, Aberglauben und Leichtgläubigkeit dieses überzogen und in ›dieser‹ Form in Widerspruch zu dem Fortschritt der Gesellschaft gesetzt haben, ist in Rousseaus Argumentation der Vergleichspunkt nicht

---

* »Das Christentum ist eine völlig geistige Religion, die die Menschen von den irdischen Dingen loslöst. Die Heimat des Christen ist nicht von dieser Welt. Er erfüllt seine Pflicht, das ist wahr, aber er verrichtet sie mit tiefer Gleichgültigkeit gegen die von ihm unternommenen Anstrengungen. Es kümmert ihn wenig, ob hienieden alles gut oder schlecht bestellt ist: gedeiht der Staat, so erfreut er sich bescheiden des öffentlichen Glücks; geht der Staat zugrunde, so preist er die Hand Gottes, die auf seinem Volk lastet.«

** »Das Christentum predigt nur Knechtschaft und Unterordnung. Der Geist des Christentums ist der Tyrannei zu günstig, um nicht stets aus ihr Nutzen zu ziehen. Wahrhafte Christen sind dazu geschaffen, Sklaven zu sein. Sie wissen es und beunruhigen sich darüber kaum; dieses kurze Leben hat für sie einen zu geringen Wert.«

die moderne ›bürgerliche Gesellschaft‹, sondern *le nœud et l'unité du Corps moral,* die eine wahre Gesellschaft, um sich als solche bezeichnen zu können, besitzen muß und die er nicht in den modernen Verhältnissen entdeckt, sondern in dem antiken ›Patriotismus‹ (Sparta, Rom).

Dieser unterschiedliche Blickwinkel der Rousseauschen Argumentation, der bereits im *Manuscrit de Genève* und im *Contrat social* ganz deutlich wird, geht mit außergewöhnlicher Klarheit aus zwei Briefen an Usteri vom 30. April und vom 18. Juli 1763 hervor.

L'esprit patriotique est un esprit exclusif qui nous fait regarder comme étranger et presque comme ennemi tout autre que nos concitoyens. Tel était l'esprit de Sparte et de Rome. L'esprit du Christianisme au contraire nous fait regarder tous les hommes comme nos frères, comme les enfants de Dieu. La charité chrétienne ne permet pas de faire une différence odieuse entre le compatriote et l'étranger; elle n'est bonne à faire ni des républicains ni des guerriers, mais seulement des chrétiens et des hommes; son zèle ardent embrasse indifféremment tout le genre humain. Il est donc vrai que le Christianisme est, par sa sainteté même, contraire à l'esprit social particulier*.«

Die Leitgedanken sind in gewissem Sinne noch die Bayles und Voltaires; die Betonung liegt auch hier auf den Folgen, die die Hinwendung des Christentums auf die Transzendenz für die Regierung der irdischen Angelegenheiten hat. Was sich dennoch, abgesehen von dem Ton religiösen Ernstes, der trotz allem auch in diesen so polemischen Seiten anzuklingen scheint, mühsam aus dem Text Rousseaus herausschält, ist ein Gedanke, der uns völlig neu erscheint und der bei Voltaire und bei allen *philosophes* unvorstellbar wäre: die Antithese von Weltbürgertum und lokaler Gesellschaft oder, um enger am Text zu bleiben, von ›allgemeiner‹

* »Der patriotische Geist ist ein ausschließlicher, der uns alle, außer unseren Mitbürgern, als Fremde und fast als Feinde betrachten läßt. Solcherart war der Geist Spartas und Roms. Der Geist des Christentums dagegen läßt uns alle Menschen als unsere Brüder, als Kinder Gottes betrachten. Die christliche Nächstenliebe erlaubt nicht, einen haßerregenden Unterschied zwischen Mitbürger und Fremdem zu machen; sie taugt weder dazu Republikaner noch Krieger zu formen, sondern einzig Christen und Menschen; ihr glühender Eifer umfängt das ganze Menschengeschlecht. Es stimmt daher, daß das Christentum gerade aufgrund seiner Heiligkeit der partikularen gesellschaftlichen Gesinnung zuwiderläuft.«

und ›partikularer‹ Gesellschaft. Das Christentum läuft der »partikularen gesellschaftlichen Gesinnung« nicht nur zuwider, weil es überweltlich ist, sondern weil seine Überweltlichkeit selbst eine andere ›Gesellschaft‹ ist.

»La grande société, la société humaine en général, est fondée sur l'humanité, sur la bienfaisance universelle. Je dis et j'ai toujours dit que le Christianisme est favorable à celle-là. Mais les sociétés particulières, les sociétés politiques et civiles, ont un tout autre principe: ce sont des établissements purement humains, dont par conséquent le vrai Christianisme nous détache, comme de tout ce qui n'est que terrestre*.«

Diese allgemeine ›abstrakte‹ Gesellschaft, die sich potentiell auf die gesamte Menschheit ausdehnt und die – wie in dem ersten der *Lettres de la montagne* gesagt wird – das Christentum zur »institution sociale universelle« werden läßt, erkennt Rousseau nun unklar als die Ergänzung und als die Grundlage der modernen ›bürgerlichen Gesellschaft‹ selbst (und hier liegt der Unterschied zu Voltaire), d.h. jener ihr innewohnenden Spaltung, aufgrund derer die Menschen »à la fois dans la liberté de l'état de nature et soumis aux besoins de l'état social« (»zugleich in der Freiheit des Naturzustandes und den Bedürfnissen des gesellschaftlichen Zustandes unterworfen«) leben. Die ›ideelle‹ Gesellschaft des Christentums – heißt es im *Manuscrit de Genève* – ist dieselbe »société naturelle et générale du droit naturel et de la fraternité commune gue de tous les hommes se sont répandues assez tard et ont fait des progrès si lents dans le monde qu'il n'y a que le Christianisme qui les ait suffisamment généralisées« – »die Vorstellungen des Naturrechts und der allen Menschen gemeinsamen Brüderlichkeit haben sich erst ziemlich spät verbreitet und so langsam in der Welt Fuß gefaßt, daß erst das Christentum sie in ausreichendem Maße verbreitet hat«). Diese allgemeine ›abstrakte‹ Gesellschaft, die die partikulare oder ›reale‹ Gesellschaft überlagert, ist lediglich Ausdruck des gesamten Widerspruchs, der den modernen Menschen in bourgeois und citoyen spaltet, d.h. ihn einerseits zum Mitglied

* »Die große Gesellschaft, die menschliche Gesellschaft im allgemeinen, ist auf die Humanität, auf die allumfassende Wohltätigkeit gegründet. Ich habe stets betont, daß das Christentum dieser förderlich ist. Aber die partikularen Gesellschaften, politischer und bürgerlicher Art gehorchen einem völlig anderen Prinzip; es sind rein menschliche Einrichtungen, von denen uns folglich das wahre Christentum, wie von allem, was bloß irdisch ist, loslöst.«

einer phantastischen, irrealen ›Gemeinschaft‹ macht und andererseits zu dem egoistischen und ungeselligen Individuum der irdischen Sphäre (»Par où l'on voit – sagt Rousseau – ce qu'il faut penser de ces prétendus cosmopolites qui, justifiant leur amour pour la patrie par leur amour pour le genre humain, se vantent d'aimer tout le monde, pour avoir le droit de n'aimer personne« – »Man sieht dadurch was von diesen angeblichen Kosmopoliten zu halten ist, die, indem sie ihre Liebe zum Vaterland mit ihrer Liebe zum Menschengeschlecht rechtfertigen, sich brüsten, alle Welt zu lieben, um das Recht zu haben, niemanden zu lieben«).

Es ist hier nicht angebracht, Rousseaus Text in dem Versuch zu forcieren, ihm eine bestimmtere Bedeutung entnehmen zu können als die, die er uns vernünftigerweise bieten kann. Das Problem ist bei ihm nur wenig mehr als *in nuce* vorhanden; die Untersuchung noch in ihrem Anfangsstadium. Dennoch ist es eine Tatsache, daß jene »société générale«, jene »société humaine *en général«,* die Rousseau durch das Christentum errichtet sieht, sich mit ihm von dem Diskussionsanlaß der Gründe für den Untergang der antiken Welt entfernt, um in einen neuen Problembereich einzutreten. Löwith, der verstanden hat, daß die Schriften Rousseaus »die erste und deutlichste Charakteristik der menschlichen Problematik der bürgerlichen Gesellschaft« enthalten, hat diese verschiedene Problemstellung gesehen. Er hat begriffen, daß Rousseaus Erörterung der ›bürgerlichen Religion‹ von der Feststellung ausgeht, daß das Christentum »die Religion von der Politik (trennte) und über jeder irdischen Herrschaft ein himmlisches Königtum (verkündigte)«, er hat den Zusammenhang erfaßt, der diese religiöse Problematik mit der Spaltung des modernen Menschen in bourgeois und citoyen verbindet. Und, indem er diese verstanden hat, hat er uns auch in die Lage versetzt zu begreifen, daß der Reife- und Höhepunkt dieses Aspektes des Rousseauschen Denkens in der *Judenfrage* von Marx gesucht werden muß (wobei wir uns hier aus naheliegenden Gründen nicht mit den recht bedeutenden Beiträgen, die Feuerbach und Hegel dazu leisteten, beschäftigen können).

Die allgemeine ›abstrakte‹ Gesellschaft des Christentums ist die gleiche politische oder ›himmlische‹ Sphäre – in ihrer Trennung von der realen ›ökonomischen‹ Gesellschaft – von der Marx in seiner Schrift von 1843 spricht, wo er die aus der Französischen Revolution hervorgegangenen Verfassungen untersucht.

»Die Differenz zwischen dem religiösen Menschen und dem Staatsbürger ist die Differenz zwischen dem Kaufmann und dem Staatsbürger, zwischen dem Taglöhner und dem Staatsbürger, zwischen dem Grundbesitzer und dem Staatsbürger, zwischen dem *lebendigen Individuum* und dem *Staatsbürger.* Der Widerspruch, in dem sich der religiöse Mensch mit dem politischen Menschen befindet, ist derselbe Widerspruch, in welchem sich der *bourgeois* mit dem *citoyen,* in welchem sich das Mitglied der bürgerlichen Gesellschaft mit seiner *politischen Löwenhaut* befindet[96].«

Marx fährt fort:

Hier führt »der Mensch nicht nur im Gedanken, im Bewußtsein, sondern in der *Wirklichkeit,* im *Leben* ein doppeltes, ein himmlisches und ein irdisches Leben, das Leben im *politischen Gemeinwesen,* worin er als *Gemeinwesen* gilt, und das Leben in der *bürgerlichen Gesellschaft,* worin er als *Privatmensch* tätig ist, die andern Menschen als Mittel betrachtet, sich selbst zum Mittel herabwürdigt und zum Spielball fremder Mächte wird. [...] »Religiös sind die Glieder des politischen Staats durch den Dualismus zwischen dem individuellen und dem Gattungsleben, zwischen dem Lager der bürgerlichen Gesellschaft und dem politischen Leben, religiös, indem der Mensch sich zu dem seiner wirklichen Individualität jenseitigen Staatsleben als seinem wahren Leben verhält, religiös, insofern die Religion hier der Geist der bürgerlichen Gesellschaft, der Ausdruck der Trennung und der Entfernung des Menschen vom Menschen ist. Christlich ist die politische Demokratie«, schließt Marx, »indem in ihr der Mensch, nicht nur ein Mensch, sondern jeder Mensch, als *souveränes,* als höchstes Wesen gilt, aber der Mensch in seiner unkultivierten, unsozialen Erscheinung, der Mensch in seiner zufälligen Existenz, der Mensch, wie er geht und steht, der Mensch, wie er durch die ganze Organisation unserer Gesellschaft verdorben, sich selbst verloren, veräußert, unter die Herrschaft unmenschlicher Verhältnisse und Elemente gegeben ist, mit einem Wort, der Mensch, der noch kein *wirkliches* Gattungswesen ist[97]«, d.h. kein wirklich gesellschaftliches Wesen.

Hier ist natürlich nicht der Ort, um bei der Analyse einer Problematik zu verweilen, die, wie man sich vorstellen kann, recht komplex ist. Der Zusammenhang von Christentum und bürgerlicher Gesellschaft ist im übrigen ein zentrales (wenn auch noch unerforschtes) Thema des gesamten Marxschen Werks, von den

Pariser Manuskripten zum *Kapital,* von der *Judenfrage* bis zu den *Theorien über den Mehrwert.* Hier soll lediglich betont werden, daß die ursprünglich Rousseausche Problematik bei Marx fortbesteht, und dieser Fortbestand ist um so klarer, könnte man sagen, je mehr sich dieser immer vollkommen unwissend über die hohe Schuld, in der er bei dem Genfer Philosophen stand, gezeigt hat. Der Mensch »in seiner unkultivierten Erscheinung«, der Mensch, »wie er durch die ganze Organisation unserer Gesellschaft verdorben«, ist der Mensch des ›Naturzustandes‹ selbst, der, Rousseau zufolge, innerhalb der modernen ›bürgerlichen Gesellschaft‹ weiterlebt und den diese nicht soweit hat ›denaturieren‹ können, daß sie ihm eine neue Natur verliehen hätte. Die Spaltung dieses Menschen, seine Verdoppelung in *citoyen* und *bourgeois,* das doppelte Leben, himmlisches und irdisches, das er führt, ist die Folge des lediglich formalen abstrakten oder ›negativen‹ Charakters, den die aus dem ›ungerechten Vertrag‹ hervorgegangene Gesellschaft hat. Obwohl alle gleich und alle Mitglieder der politischen ›Gemeinschaft‹, insofern als sie den ursprünglichen Vertrag abgeschlossen haben, bilden die Menschen auf diese Weise dennoch nur eine abstrakte oder himmlische Gemeinschaft, weil ihre Übereinkunft keine wirkliche Vergesellschaftung ihrer Interessen und ihrer Willen ausdrückt, sondern nur danach trachtet, diese in ihrer ›Ungeselligkeit‹ und wechselseitigen Trennung von dem ›Naturzustand‹ zu garantieren.

Mit anderen Worten entsteht die Gesellschaft, um die ›vorgesellschaftlichen Rechte des Menschen‹ zu bestätigen, jene Rechte also, mit denen er sich direkt von der Transzendenz ausgestattet glaubt, insofern alle ›Kinder Gottes‹ sind, bevor sie Kinder der ›realen‹ Gesellschaft, der sie angehören, sind: mit der Folge, daß durch den Vertrag nicht eigentlich eine Gesellschaft, sondern lediglich ein ›Staat‹ begründet wird, der zur Wahrung des Wettstreits und der Konkurrenz zwischen den Privatinteressen eingerichtet ist. Wie Jellinek[98] gezeigt hat, hat die »Erklärung der Menschenrechte« die christliche Idee zum Modell, derzufolge alle Menschen als Geschöpfe Gottes gleich geboren sind. Über diese »Erklärung« ist die *Civitas Dei* auf der Erde zum Gesellschaftsvertrag geworden, und das christliche Geschöpf hat sich in jenen ›Naturmenschen‹ verwandelt, dessen bürgerliche Freiheit ›von‹ der Gesellschaft durch den Staat garantiert werden muß.

»Keines der sogenannten Menschenrechte – schreibt Marx –

geht also über den egoistischen Menschen hinaus, über den Menschen, wie er Mitglied der bürgerlichen Gesellschaft, nämlich auf sich, auf sein Privatinteresse und seine Privatwillkür zurückgezogenes und vom Gemeinwesen abgesondertes Individuum ist. Weit entfernt, daß der Mensch in ihnen als Gattungswesen aufgefaßt wurde, erscheint vielmehr das Gattungsleben selbst, die Gesellschaft, als ein den Individuen äußerlicher Rahmen, als Beschränkung ihrer ursprünglichen Selbständigkeit. Das einzige Band, das sie zusammenhält, ist die Naturnotwendigkeit, das Bedürfnis und das Privatinteresse, die Konservation ihres Eigentums und ihrer egoistischen Person[99].«

7. Volkssouveränität und Kritik der Repräsentanz

Es bleibt nun etwas über die beiden zentralen Begriffe der im *Vertrag* ausgearbeiteten politischen Theorie zu sagen: den Begriff der Souveränität und die Kritik der parlamentarischen Repräsentanz. Der entscheidende Ansatz – der auch in einigen neueren Studien, die wir haben einsehen können, bestätigt wird – scheint uns auch weiterhin derjenige zu bleiben, den das klassische Werk von Otto v. Gierke, *J. Althusius und die Entwicklung der naturrechtlichen Staatstheorie*[100] enthält.

Die alte naturrechtliche Theorie nahm einen doppelten Vertrag an: den Vertrag, kraft dessen die Menschen übereinkommen, sich zu vereinigen, um in gegenseitigem Einvernehmen ihre Sicherheit und Erhaltung zu regeln – den *pactum societatis* (Gesellschaftsvertrag) –; und jenen, durch den sie, nachdem sie sich untereinander geeinigt haben, die Macht in die Hände des Herrschers übertragen – den *pactum subjectionis* (Unterwerfungsvertrag). Dieser ›dualistische‹ Ansatz, der von Pufendorf wiederaufgenommen wurde und sich bis zu Locke hinzog, wurde von Hobbes und von Rousseau in jeweils entgegengesetzter Richtung verworfen. Hobbes eliminiert den *pactum societatis,* indem er ihn vollkommen in dem Unterwerfungsvertrag aufgehen läßt: »Im konstituierten Staat geht alle Persönlichkeit des Volkes ohne jeden Rückstand in der Persönlichkeit des Herrschers, sei es in der physischen Persönlichkeit eines Einzelnen oder sei es in der künstlichen Persönlichkeit einer Versammlung auf: das Volk ist nur in ihm und durch ihn Person, ohne ihn eine bloße Menge, und kann daher schlechthin nicht als Subjekt irgend eines Rechtes gegen den Herrscher gedacht werden[101].« Rousseau löst dagegen den Dualismus auf, indem er den *pactum subjectionis* eliminiert, d.h. indem er die Souveränität vollkommen und ausschließlich dem Volk zuerkennt und die ›institution du gouvernement‹ (Einrichtung der Regierung) – die ursprünglich eine Vereinbarung zwischen Volk und Herrscher war – in eine einfache ›commission‹ verwandelt, die nicht einmal bilateral ist, und über die der Herrscher (der dieses Mal das Volk selbst ist) die Ausübung einiger Funktionen an ihm untergeordnete Beamte oder ›Kommissäre‹ überträgt. Die Vielfalt von Bezügen und historischen Zusammenhängen, die sich auf der Grundlage dieses Ansatzes, in dem Gierke das Problem gestellt hat, entwickeln lassen, liegt auf der Hand. Er erlaubt den zentralen Punkt, der Hobbes und Rousseau trotz ihrer entgegengesetzten Orientierung verbindet, zu erfassen: nämlich die Tatsache, daß mit ihnen zum ersten Mal ein einheitlicher und vollständiger Begriff der ›Souveränität‹ möglich geworden ist; ein Begriff, der dagegen bei Locke fehlt, wie im besonderen von H. Laski[102] betont worden ist und ebenso in der gesamten traditionellen naturrechtlichen Auffassung, in der die Entscheidungs- und Machtzentren formal immer mindestens zwei sind, der Herrscher ›und‹ das Volk und in Wirklichkeit unendlich viele, angesichts dessen, daß die fiktive Allgemeinheit des Volkes ihrerseits aus zahllosen Individuen gebildet ist, die alle Inhaber angeborener und unveräußerlicher natürlicher Rechte sind (zu der Herkunft der modernen liberalen Konzeption von den Grenzen der Macht aus dem Mittelalter verdient auch das klassische Buch von C. H. McIlwain, *Constitutionalism: ancient and modern* Beachtung)[103].

In diesem Sinne kann man sagen, daß ebenso wie es keine Untersuchung über Rousseau gibt, die nicht zu dem Problem seiner Beziehungen zu Hobbes Stellung nehmen müßte, umgekehrt auch Rousseausche Elemente mit belebendem Einfluß auf das Studium der Entwicklung des politischen Denkens Hobbes' rückzuwirken scheinen. H. Warrender[104] bemerkt zum Beispiel, daß Hobbes, vor allem in seinen ersten Schriften die Rousseausche Theorie der volonté générale vorausgeahnt zu haben scheint.« Eine ähnliche Stellungnahme hat auch M. Davy in einem umfangreichen Aufsatz, der in den Protokollen der Studientage von Dijon enthalten ist, entwickelt (Le Corps politique selon le »Contrat social« de J.–J. Rousseau et ses antécédents chez Hobbes – Der politische Körper gemäß dem »Gesellschaftsvertrag« von

J.–J. Rousseau und seine Vorläufer bei Hobbes). Davy – der den Veränderungen der ursprünglichen Theorie Hobbes' durch die Hinzufügung des 16. Kapitels des *Leviathan* große Bedeutung beimißt – behauptet, »die Grundauffassung des frühen Hobbes ist realistisch und demokratisch im Sinne der direkten Demokratie, wie der *De Cive* nach den *Elements* deutlich zeigt«[105]. Er hebt auch die Unterscheidung hervor, die Hobbes zwischen ›Naturrecht‹ und ›Naturgesetz‹ getroffen hat, jedoch ist diese Bemerkung nicht neu, da sie sich bereits in den Hobbes gewidmeten Seiten von Meineckes *Idee der Staatsraison in der neueren Geschichte* findet. Diese Unterscheidung ist später, nicht ohne einige terminologische Unsicherheit auch auf Rousseau übergegangen und hat nicht wenig dazu beigetragen, daß er die Naturrechtslehre in die Krise brachte. (Zu Hobbes ist auch das entsprechende Kapitel des alten Buches von C. E. Vaughan, *The History of Political Philosophy before and after Rousseau* wichtig)[106].

In der gleichen Weise wird der Zusammenhang zwischen dem *Gesellschaftsvertrag* und Hobbes auch von R. Polin[107] betont, der feststellt, daß Rousseaus These, nach der die Volkssouveränität derart ›absolut‹ ist, daß sie auch das Gesetz übertreten kann, das sie sich selbst gegeben hat, aus dem *De Cive* herrührt. Allerdings muß hier hinzugefügt werden, daß andererseits gerade Polin das Verdienst zukommt, zu Recht auf die in dieser Richtung bestehenden Grenzen hingewiesen zu haben, indem er aufzeigt, daß der Hobbessche Begriff des Herrschers als ›Person‹, die die Rechte und die Macht der Einzelnen ›repräsentiert‹, der sich zwischen 1642 und 1651 entwickelt, sich auf dem Weg der Theorie der *translatio* oder *concessio* befindet, die später in der liberalen Theorie der politischen ›Repräsentanz‹ zur Reife gelangte (und daher zu Locke, statt zu Rousseau führt).

Kommen wir auf Gierke zurück, so liegt das Verdienst seiner Interpretation darin, daß er (trotz all des inneren Widerstandes, den er gegenüber dem Rousseauschen Denken empfand) entschieden auf die beiden Schlüsselbegriffe des *Gesellschaftsvertrages* zusteuerte: die Unterscheidung von Herrscher und Regierung und die Theorie der Volkssouveränität.

Der erste Punkt, der direkt aus Rousseaus Ablehnung des *pactum subjectionis* (Unterwerfungsvertrag) folgt (»es gibt im Staat nur einen Vertrag«, sagt Rousseau, »den der gesellschaftlichen Vereinigung. Dieser schließt bereits jeden andern aus. Kein öffentlicher Vertrag ist denkbar, der nicht eine Verletzung des ersteren wäre.« – *Gesellschaftsvertrag,* S. 111), stellt auf dem Gebiet der politischen Theorie, wie Gierke richtig gesehen hat, eine wahre Revolution dar. Denn in der Tat schließt dies ein, daß die Regierung nicht länger als das ›Gefäß‹ der ihr vom Volk übertragenen Souveränität erscheint (wie es dagegen bei Locke der Fall ist), sondern als ein einfaches Exekutivorgan, oder eben eine ›commission‹.

Die »... Regierung, die fälschlicherweise gar oft mit dem Oberhaupt verwechselt wird«, heißt es im Gesellschaftsvertrag (S. 64), »obgleich sie nur dessen Werkzeug ist. [...] Es ist lediglich ein Auftrag, ein Amt, in dem einfache Beamte des Staatsoberhauptes in seinem Namen die Macht ausüben, die er ihnen übertragen hat, und die er, sobald es ihm gefällt, beschränken, abändern und ganz zurücknehmen kann.«

»Gerade hierin aber lag«, erläuterte Gierke, »der eigentlich neue Fundamentalgedanke« von Rousseaus Lehre, »aus welchem sich alle von ihm wirklich zuerst ausgesprochenen und vor ihm unerhörten Sätze als Schlußfolgerungen ergaben. Denn die Zerstörung des Herrschaftsvertrages bahnte ihm den Weg zur Zerstörung jeglichen Herrscherrechts; und aus der allein aufrecht bleibenden schrankenlosen Machtvollkommenheit der mit ihrem bloßen Zusammentritt alle konstituierten Gewalten und die ganze bestehende Verfassung zu Boden legenden Volksversammlung entwickelte er sein Programm der permanenten Revolution[109].«

Der zweite Punkt – demzufolge die Volkssouveränität von Rousseau als ›unveräußerlich‹, ›unübertragbar‹ und ›unteilbar‹ behauptet wird – hat die radikale Kritik des repräsentativen Staates oder der parlamentarischen Regierung im Namen der ›direkten Demokratie‹ zur Folge.

»Die Staatshoheit«, heißt es im *Gesellschaftsvertrag,* »kann aus demselben Grund, der ihre Veräußerung unstatthaft macht, auch nicht vertreten werden; sie besteht wesentlich im allgemeinen Willen, und der Wille läßt sich nicht vertreten; er bleibt derselbe oder er ist ein anderer; ein mittleres kann nicht stattfinden. Die Abgeordneten des Volkes sind also nicht seine Vertreter und können es gar nicht sein; sie sind nur seine Bevollmächtigten und dürfen nichts beschließen. Jedes Gesetz, das das Volk nicht persönlich bestätigt hat, ist null und nichtig; es ist kein Gesetz. Das englische Volk wähnt frei zu sein; es täuscht sich außerordentlich; nur während der Wahlen der Parlamentsmitglieder ist es frei; haben diese stattgefunden, dann lebt es wieder in Knechtschaft, ist es nichts. Die Anwendung, die es in den kurzen Augenblicken seiner Freiheit von ihr macht, verdient auch wahrlich, daß es sie wieder verliert.« (S. 107.)

Es braucht nun keine besondere Abhandlung, um den Sinn dieser Thesen Rousseaus voll zu erfassen. Die Theorie der unveräußerlichen und unteilbaren Volkssouveränität bringt die Abschaffung des *pactum subjectionis* (Unterwerfungsvertrag) als der Übertragung der Souveränität vom Volk auf den Herrscher mit sich; die Zerstörung dieses Herrschaftsvertrages schließt ihrerseits die Deklassierung der Regierung von der ›souveränen Macht‹, als die sie traditionell verstanden wurde, auf ein einfaches Organ von ›Kommissären‹ des Volkes ein. Der Sinn dieser Theorie ist, kurz gesagt, der einer direkten Wiederübernahme der Macht oder Souveränität durch die Gesellschaft, während diese in der naturrechtlichen Vertragslehre auf die getrennte und unabhängige Sphäre der ›Politik‹ übertragen war. Diese Wiederübernahme bedeutet faktisch die Aufhebung der Trennung zwischen ›Gesellschaft‹ und bürgerlicher ›Regierung‹ oder zwischen ›bürgerlicher‹ und ›politischer‹ Gesellschaft, zwischen Gesellschaft und Staat und somit zwischen *bourgeois* und *citoyen*. Sie drückt sich einerseits in der Vereinigung (gegen die ›Gewaltenteilung‹) von Regierung und Parlament, von Exekutive und Legislative aus und andererseits in ihrer ›gemeinsamen Herabsetzung‹ auf einfache ›Aufträge‹ oder ›Arbeitsfunktionen‹, welche nicht allein einigen ihrer Mitglieder von der Gesellschaft übertragen (genauso wie übrigens alle anderen Arbeitsfunktionen), sondern im Auftrage und unter der direkten Kontrolle der Mandanten (Theorie des *imperativen Mandats)* durchgeführt werden, wobei letztere die unversehrte Macht bewahren, die sofortige Aufhebung des Mandats vorzunehmen.

Es drängt sich die Schlußfolgerung auf, daß der Sinn der »neuen Vereinbarung«, die die Gesellschaft begründet, die äußerste Entwicklung, auf die die gesamte Theorie des *Gesellschaftsvertrages* zustrebt, buchstäblich in der Forderung nach der Abschaffung oder dem ›Absterben‹ des Staats besteht. Die Gesellschaft ist eine wahre ›Gesellschaft‹, wenn sie Ausdruck der volonté générale, d.h. einer wirklichen Vergesellschaftung, eines realen Gemeininteresses ist; doch die Überwindung des Auseinanderfallens der Privatinteressen schließt gleichzeitig die Aufhebung jener ›bürgerlichen Regierung‹

oder Staates ein, deren Entstehung, wie wir gesehen haben, mit der Notwendigkeit verbunden ist, die soziale Ungleichheit zu bekräftigen und abzusichern. Der Sinn der Theorie ist dieser. Was die Tatsache anbelangt, daß Rousseau dennoch fortfährt, von *État* (Staat) zu sprechen, so erklärt sich dies einzig daraus (keine Hilfe bietet in dieser Hinsicht der Artikel von A. D. Chajutin, *Zur politischen Terminologie J.-J. Rousseaus*[110]), daß er vom Staat im Sinne der antiken *civitas* spricht oder wie J.-J. Chevallier[111] in Dijon bemerkt hat, daß »in der Sprache des Autors, strenggenommen, der Staat die Gesamtheit der *Subjekte* oder das Volk ist« und zwar ist es genau das Volk, insofern es den Normen gehorcht, die es sich selbst gegeben hat.

Wir führen nun unsere These bis zu ihren äußersten Schlußfolgerungen aus. Wir behaupten, daß die revolutionäre ›politische‹ Theorie, wie sie sich nach Rousseau entwickelt hat, bereits ganz im *Gesellschaftsvertrag* vorgezeichnet und enthalten ist; oder, um es noch expliziter auszudrücken, daß, soweit es die ›politische‹ Theorie im engen Sinne betrifft, Marx und Lenin Rousseau nichts hinzugefügt haben, außer der Analyse (die gewiß recht wichtig ist) der ›ökonomischen Grundlagen‹ für das Absterben des Staates.

Ein unmittelbarer Nachweis dafür ist in der *Kritik des Hegelschen Staatsrechts* zu finden, die, obwohl vermutlich 1843 von Marx verfaßt und somit etliche Jahre vor der eigentlichen Entstehung des ›historischen Materialismus‹, bereits die wesentlichen Grundzüge seiner gesamten späteren politischen Theorie enthält. Und zwar: a) die Aussage über die ›Auflösung des Staates‹[112] gleichzeitig mit der ›Auflösung der bürgerlichen Gesellschaft‹ (da der Wegfall des einen den der anderen mit sich bringt und vice versa).

b) Die Kritik des Parlamentarismus als ›Volk in Miniatur‹ – ein Begriff, der in kritischer Form an die ›Epitome Regni‹ des Junius Brutus erinnert oder besser noch an den Ausdruck von Nicolaus v. Cues, demzufolge die versammelten Vertreter das gesamte Volk *in uno compendio repraesentativo* darstellen[113]. c) Die Erkenntnis des der parlamentarischen Vertretung innewohnenden Widerspruchs (»Der Widerspruch«, sagt Marx, (MEW 1, S. 329) – »erscheint doppelt: 1. *formell.* Die Abgeordneten der bürgerlichen Gesellschaft sind eine Gesellschaft, die nicht durch die Form der »Instruktion«, des Auftrages mit ihren Kommittenten in Verbindung stehen. Sie sind formell kommittiert, aber sobald sie *wirklich* sind, sind sie *nicht* mehr *Kommittierte*. Sie sollen *Abgeordnete sein* und sind es *nicht.*

2. *materiell.* In bezug auf die Interessen. [...]. Hier findet das Umgekehrte statt. Sie sind als Repräsentanten der *allgemeinen* Angelegenheiten kommittiert, aber sie repräsentieren wirklich *besondre* Angelegenheiten.«)

d) Die Ersetzung der als ›Arbeitsfunktion‹ verstandenen Vertretung durch die Vertretung im ›politischen‹ Sinn (»Die gesetzgebende Gewalt ist hier Repräsentation in dem Sinne«, sagt Marx[114], wie *jede* Funktion repräsentativ ist, wie z.B. der Schuster, insofern er ein soziales Bedürfnis verrichtet, mein Repräsentant ist, [...]. Er ist hier Repräsentant nicht durch ein anderes, was er vorstellt, sondern durch das, was er *ist* und *tut.*«)

Ein weiterer Nachweis unserer These von der grundlegenden Abhängigkeit der marxistischen ›politischen‹ Theorie von Rousseau findet sich schließlich in der Schrift *Der Bürgerkrieg in Frankreich,* wo Marx, indem er die Erfahrung der Pariser Kommune und deren nicht mehr staatlichen Charakter analysiert, betont: »Die Kommune sollte nicht eine parlamentarische, sondern eine arbeitende Körperschaft sein, vollziehend und gesetzgebend zu gleicher Zeit«, und dies setzte voraus, daß »die Abgeordneten jederzeit absetzbar und an die bestimmten Instruktionen ihrer Wähler gebunden sein« sollten, um dann zu schließen, daß unter diesen neuen Bedingungen, »statt einmal in drei oder sechs Jahren zu entscheiden« – man erinnere sich an das, was Rousseau über das englische Parlament sagte! – »welches Mitglied der herrschenden Klasse das Volk im Parlament ver- und zertreten soll, sollte das allgemeine Stimmrecht dem in Kommunen konstituierten Volk dienen, wie das individuelle Stimmrecht jedem andern Arbeitgeber dazu dient, Arbeiter, Aufseher und Buchhalter in seinem Geschäft auszusuchen«[115].

Diese Begriffe sind bekanntlich sämtlich und wörtlich von Lenin in *Staat und Revolution* (man vergleiche vor allem das Kapitel über die ›Aufhebung des Parlamentarismus‹) wiederaufgenommen worden und in ihnen ist in der Tat die gesamte Bedeutung und Tragweite der ›politischen‹ Theorie des Marxismus erfaßt und erschöpft (außer, wie bereits gesagt, der Analyse der ›ökonomischen Grundlagen‹ für das Absterben des Staates). Sie verbleiben klar innerhalb des Horizonts des Rousseauschen Denkens. (Einige interessante Betrachtungen zu diesem Punkt enthält der Aufsatz von Guy Besse, *De Rousseau au communisme*[116]. Nachdem der Autor das Wesen des Rousseauschen ›Antiparlamentarismus‹ untersucht hat, schreibt er: »Hier besteht zweifellos ein Zusammenhang zwischen dem *Gesellschaftsvertrag* und den leninistischen Thesen, den Prinzipien der proletarischen Demokratie. Und siehe da, wie der *Gesellschaftsvertrag,* der uns noch vor einem Augenblick zu ›abstrakt‹ erschien, sich am Ende, jenseits des 18. und 19. Jahrhunderts, wieder mit der gegenwärtigen Erfahrung zusammenfügt«.)

Andererseits scheint uns ein weiteres Argument zur Unterstützung unserer These darin zu liegen, daß ein Autor, wie Hans Kelsen, obwohl er gewiß recht weit vom Marxismus entfernt ist, einige seiner grundlegenden Prinzipien der politischen Theorie immer dann teilt, wenn diese an Rousseaus Lehren wiederanknüpfen (und es ist hier unwichtig, ob dies seinem übrigen Denken kohärent ist oder nicht). Als Beleg dafür seien die Aussagen angeführt, die in dem Kapitel ›The Fiction of Representation‹ der *General Theory of Law and State*[117] enthalten sind. Nachdem Kelsen festgestellt hat, daß im parlamentarischen System »die Regierungsfunktion von den in einer Volksversammlung organisierten Staatsbürgern speziellen Organen übertragen wird«, schreibt er, »daß dies eine beträchtliche Schwächung des Prinzips der politischen Selbstbestimmung« und »für die sogenannte indirekte oder repräsentative Demokratie charakteristisch« ist, wobei er dann zu dem Schluß gelangt, daß »kein Zweifel darüber bestehen kann, daß keine der als repräsentativ bezeichneten bestehenden Demokratien wirklich repräsentativ ist«. Während es in der Tat »nicht ausreicht, um ein wahres Repräsentationsverhältnis einzurichten, daß die Repräsentanten von den Repräsentierten ernannt oder gewählt werden«, sondern vielmehr »notwendig ist, daß die Repräsentanten gesetzlich dazu verpflichtet sind, den Willen der Repräsentierten auszuführen und die Erfüllung dieser Verpflichtung rechtlich gewährleistet wird«, »sind die gewählten Mitglieder eines modernen Parlaments rechtlich an keinerlei Instruktionen ihrer Wählerschaft gebunden. Ihr gesetzgebendes Mandat hat nicht den Charakter eines *mandat impératif*«.

»Die Formel, daß das Parlamentsmitglied nicht der Repräsentant seiner Wähler, sondern des gesamten Volkes oder, wie einige Schriftsteller sagen, des gesamten Staates ist und es aus diesem Grunde an keinerlei Instruktionen seiner Wähler gebunden ist und nicht von ihm abberufen werden kann, ist eine politische Fiktion. Rechtliche Unabhängigkeit der Gewählten von den Wählern ist mit der rechtlichen Repräsentation unvereinbar.«

Wenn daher

»politische Schriftsteller nicht davon ablassen, das Parlament der modernen Demokratie trotz seiner rechtlichen Unabhängigkeit von der Wählerschaft als ein repräsentatives Organ zu kennzeichnen, wenn einige Schriftsteller sogar erklären, daß das *mandat impératif* dem Prinzip der repräsentativen Regierung entgegensteht, so vertreten sie keine wissenschaftliche Theorie, sondern verfechten eine politische Ideologie. Die Funktion dieser Ideologie ist es, die wirkliche Situation zu verschleiern, die Illusion aufrechtzuerhalten, daß das Volk der Gesetzgeber ist, trotz der Tatsache, daß in Wirklichkeit die Funktion des Volkes oder richtiger ausgedrückt, die der Wählerschaft darauf beschränkt ist, ein gesetzgebendes Organ zu schaffen.«

Und mit einer typisch Rousseauschen Argumentation schließt Kelsen:

»Rechtliche Unabhängigkeit des Parlaments von der Wählerschaft bedeutet, daß das Prinzip der Demokratie gewissermaßen durch das der Arbeitsteilung ersetzt ist. Um diesen Übergang von einem Prinzip zu einem anderen zu verbergen, wird die Fiktion benutzt, derzufolge das Parlament das Volk ›repräsentiert‹.«

8. Rousseau und Marx

Ein heikler und auch schwer zu erklärender Punkt an dieser ganzen Angelegenheit ist, daß Marx trotz des Ausmaßes dessen, was er Rousseau verdankt, nie hat erkennen lassen, ob er sich darüber auch nur im entferntesten bewußt war. Mehr oder weniger ausführliche Beweise für diese Verständnislosigkeit haben Della Volpe in einem Artikel der bereits zitierten Nummer des »Europe« (*Du »Discours sur l'inégalité« à »L'État et la Révolution«* – Vom »Diskurs über die Ungleichheit« zu »Staat und Revolution«), René de Lacharrière[118] in seinem Dijoner Beitrag *(Rousseau et le socialisme*[119] – Rousseau und der Sozialismus), B. Gagnebin in seiner Einleitung zu dem bereits angeführten Band der *Écrits politiques* und abermals Della Volpe in seinem Beitrag zu den Studientagen von Dijon[120] vorgelegt. Diese Verständnislosigkeit überrascht um so mehr, wenn man bedenkt, daß Marx in einem Text wie der *Judenfrage* – der ohne Rousseau buchstäblich undenkbar wäre – den Genfer Philosophen nicht nur lediglich einmal erwähnt, sondern dabei auch noch eine grundlegende Stelle des *Gesellschaftsvertrags* (die wir bereits wiedergegeben haben) mißdeutet, und zwar jene, die von der ›Denaturierung‹ handelt, die die Gesellschaft an dem Menschen vollbringen muß, um ihn von einem einfachen ›Naturmenschen‹ in ein wahrhaft ›gesellschaftliches‹ Wesen zu verwandeln.

Eine mögliche Erklärung dafür kann vielleicht in der Rousseau-Interpretation gesucht werden, die in Deutschland zu dem Zeitpunkt geläufig war, in dem sich Marxens Denken ausbildete. Hegel z.B. hat den *Gesellschaftsvertrag* wesentlich im naturrechtlichen Sinne interpretiert. Rousseau ist für ihn der Theoretiker des ›atomistischen‹ liberalen Individualismus. Im § 258 der *Rechtsphilosophie* heißt es (man vergleiche jedoch auch den § 98 der *Enzyklopädie*):

»... in dem er den Willen nur in bestimmter Form des einzelnen Willens (wie nachher auch Fichte) und den allgemeinen Willen nicht als das an und für sich Vernünftige des Willens, sondern nur als das *Gemeinschaftliche,* das aus diesem einzelnen Willen *als bewußtem* hervorgehe, faßte, so wird die Vereinigung der Einzelnen im Staat zu einem *Vertrag,* der somit ihre Willkür, Meinung und beliebige, ausdrückliche Einwilligung zur Grundlage hat und es folgen die weitern bloß verständigen, das an und für sich seiende Göttliche und dessen absolute Autorität und Majestät zerstörenden Konsequenzen.«

(Ähnliche Einschätzungen finden sich auch in dem Zusatz 1 zu § 163 der *Enzyklopädie*).

Diese Lesart, die Hegel von Rousseau gegeben hat, hat Marx' Urteil möglicherweise entscheidend geprägt (wie es übrigens in verschiedenen anderen Fällen geschah, so auch hinsichtlich der Beurteilung des Kant der *Kritik der reinen Vernunft*). Die Einleitung zu den *Grundrissen der Kritik der politischen Ökonomie* von 1857 fängt zum Beispiel mit der Feststellung an, daß die *Robinsonaden* der Ökonomen, die mit dem »einzelnen und vereinzelten Jäger und Fischer« beginnen, wie bei Smith und Ricardo, »keineswegs, wie Kulturhistoriker sich einbilden, bloß einen Rückschlag gegen Überfeinerung und Rückkehr zu einem mißverstandenen Naturleben ausdrücken. Sowenig wie Rousseaus contrat social, der die von Natur independenten Subjekte durch Vertrag in Verhältnis und Verbindung bringt, auf solchem Naturalismus beruht.« Marx fährt fort: »Dies Schein und nur der ästhetische Schein der kleinen und großen Robinsonaden. Es ist vielmehr die Vorwegnahme der ›bürgerlichen Gesellschaft‹, die seit dem 16. Jahrhundert sich vorbereitete und im 18. Riesenschritte zu ihrer Reife machte. In dieser Gesellschaft der freien Konkurrenz erscheint der Einzelne losgelöst von den Naturbanden usw., die ihn in früheren Geschichtsepochen zum Zubehör eines bestimmten, begrenzten menschlichen Konglomerats machen. Den Propheten des 18. Jahrhunderts, auf deren Schultern Smith und Ricardo noch ganz stehn, schwebt dieses Individuum des 18. Jahrhunderts – das Produkt einerseits der Auflösung der feudalen Gesellschaftsformen, andrerseits der seit dem 16. Jahrhundert neuentwickelten Produktivkräfte – als Ideal vor, dessen Existenz eine vergangne sei. Nicht als ein historisches Resultat, sondern als Ausgangspunkt der Geschichte.«[121]

Wie diesem recht beachtenswerten Passus leicht zu entnehmen ist, in dem auf die realen historischen Ursachen (die Entwicklung der Warenproduktion und die sich daraus ergebende Gestaltung aller gesellschaftlichen Verhältnisse zu »vertraglichen« oder »Tauschverhältnissen«) hingewiesen wird, die dem ›independenten‹ Individuum der Naturrechtslehre des 18. Jahrhunderts zugrunde liegen, wird Rousseau dieser Tradition vollkommen gleichgestellt. Was immer jedoch die Gründe gewesen sein mögen, die Marx' Urteil bedingt haben, so steht fest, daß sich dieses als Verzögerungsmoment und als Hemmnis ausgewirkt hat, ehe man von marxistischer Seite zu einer erneuten Untersuchung des Rousseauschen Denkens gelangen konnte. Dies soll nachdrücklich betont werden, damit der Originalitäts- und Neuheitswert richtig gewürdigt werden kann, den Della Volpes Buch über *Rousseau und Marx*[122] hatte – und dies nicht nur innerhalb der italienischen marxistischen Forschung –, ein Werk, das viel dazu beigetragen hat, das Problem der Beziehung zwischen diesen beiden Denkern, das seit langem archiviert und abgeschlossen war, erneut zu stellen.

Ohne eine Gesamtuntersuchung dieses Buches, mit dem wir uns schon anderweitig auseinandergesetzt haben, wiederaufnehmen zu wollen, beschränken wir uns hier darauf, einen Beitrag zu diskutieren, der den neueren Ausgaben hinzugefügt worden ist (genauer der 4. Auflage von 1964), der die Interpretation des *Diskurs über die Ungleichheit* betrifft. Della Volpes These, die wir hier in skizzenhafter Form wiedergeben, geht von der Unterscheidung zwischen zwei Arten von Ungleichheit aus, die Rousseau in seinem Werk trifft.

»Ich finde in der menschlichen Gattung zwei Arten der Ungleichheit. Die eine, die ich natürlich oder physisch nenne, weil sie von der Natur gesetzt ist und im Unterschied des Alters, der Gesundheit, der Körperkraft und der Eigenschaften des Geistes und der Seele besteht. Die andere, die man die moralische oder politische Ungleichheit nennen kann (oder auch: *»inégalité d'institution«*), weil sie von einer Art Übereinkunft abhängt. Sie ist durch die Zustimmung der Menschen gesetzt oder wenigstens ins Recht gesetzt worden. Diese besteht in den verschiedenen Privilegien, die einige zum Nachteil der andern genießen, wie etwa reicher, angesehener, mächtiger zu sein als andere oder gar Gehorsam von ihnen verlangen zu können.« (S. 77)

Der Schluß des Rousseauschen *Diskurs* dreht sich um das Argument, daß zwischen diesen beiden Arten von Ungleichheit notwendig eine Beziehung oder ein ›Verhältnis‹ bestehen müsse und daß die Ungleichheit immer dann ›ungerecht‹ ist, wenn die moralische oder ›politische‹ Disparität (also der ›Stellung‹) nicht im gleichen Verhältnis zu der ›natürlichen‹ Ungleichheit, also den Unterschieden in Talenten, Verdiensten und Fähigkeiten steht.

»Aus diesem Entwurf folgt«, schreibt Rousseau am Ende des *Diskurs,* [. . .] daß die bloß auf das positive Recht gestützte soziale* Ungleichheit im Gegensatz zum natürlichen Recht steht, und zwar immer dann, wenn sie nicht mit der naturgegebenen Ungleichheit im gleichen Verhältnis übereinstimmt. Diese Unterscheidung bestimmt zureichend, was man in dieser Hinsicht von jener Art Ungleichheit zu denken hat, die unter allen zivilisierten Völkern herrscht. Denn es ist offensichtlich gegen das Gesetz der Natur, auf welche Weise man es auch definiere, daß ein Kind einem Greis befiehlt, daß ein Idiot einen Weisen leitet und daß eine Handvoll Leute im Überfluß schwelgt, während die ausgehungerte Masse des Notwendigen entbehrt.« (S. 267 f.)

Aus dieser Art, den *Diskurs über die Ungleichheit* zu lesen, die einmal angeregt, recht selbstverständlich erschien (auch wenn man sie sicher nicht als die traditionelle betrachten kann), folgert Della Volpe zwei Überlegungen, die beide von beträchtlichem Interesse sind. Erstens, daß der ›Egalitarismus‹ Rousseaus kein ›nivellierender‹ Egalitarismus à la Babeuf ist (mit dem er indes häufig ver-

---

* an dieser Stelle heißt es im Original: »[. . .] que l'inégalité *morale,* autorisée par le seul droit positif . . .« (A.d.Ü.)

wechselt worden ist), sondern im Gegenteil, ein Egalitarismus, der den ›Unterschieden‹ zwischen den Individuen Rechnung trägt und daher zu einer Gleichheit führt, die nicht im Gegensatz zur Freiheit steht, sondern vielmehr (eine Behauptung, die er mit Rousseaus Argument abstützt, daß »der Rang der Bürger ... nach dem tatsächlich dem Staat erwiesenen Diensten (bestimmt werden muß)« (*Diskurs,* S. 255, Fußnote). Zweitens, daß dieser nicht nivellierende Egalitarismus Rousseaus an die Problematik der *Kritik des Gothaer Programms* erinnert, die hier vorweggenommen ist. Darin vertritt Marx die Notwendigkeit, daß im ›zweiten‹ Stadium der sozialistischen (oder der im eigentlichen Sinne ›kommunistischen‹) Gesellschaft das Kriterium der Teilung auf der Basis des ›gleichen‹ oder ›bürgerlichen‹ Rechts – das in der ›ersten‹ ›sozialistischen‹ Phase noch Geltung habe – überwunden werden müsse: und zwar deswegen, weil die Anwendung einer ›gleichen‹ Norm auf untereinander ›ungleiche‹ Personen offenkundig eine Ungerechtigkeit ist.

»Das *gleiche Recht*«, demzufolge jeder in der ersten Phase des Sozialismus gemäß dem von ihm geleisteten Arbeitsquantum entlohnt wird, »ist hier daher immer noch dem Prinzip nach – das *bürgerliche Recht*«. In der Tat ist hier »das Recht der Produzenten [...] ihren Arbeitslieferungen *proportional;* die Gleichheit besteht darin, daß an *gleichem Maßstab,* der Arbeit, gemessen wird. Der eine ist aber physisch oder geistig dem anderen überlegen, liefert also in derselben Zeit mehr Arbeiten oder kann während mehr Zeit arbeiten; [...]. Dies *gleiche* Recht ist ungleiches Recht für ungleiche Arbeit. Es erkennt keine Klassenunterschiede an, weil jeder nur Arbeiter ist wie der andere; aber es erkennt stillschweigend die ungleiche individuelle Begabung und daher Leistungsfähigkeit als natürliche Privilegien an. *Es ist daher ein Recht der Ungleichheit, seinem Inhalt nach, wie alles Recht.* Das Recht kann seiner Natur nach nur in Anwendung von gleichem Maßstab bestehn; aber die ungleichen Individuen (und sie wären nicht verschiedene Individuen, wenn sie nicht ungleiche wären) sind nur an gleichem Maßstab meßbar, soweit man sie unter einen gleichen Gesichtspunkt bringt, sie nur von einer *bestimmten* Seite faßt, z.B. im gegebenen Fall sie *nur als Arbeiter* betrachtet; und weiter nichts in ihnen sieht, von allem anderen absieht. Ferner: Ein Arbeiter ist verheiratet, der andere nicht; einer hat mehr Kinder als der andere usw. usw. Bei gleicher Arbeitsleistung und daher gleichem Anteil an dem gesellschaftlichen Konsumtionsfonds erhält also der eine faktisch mehr als der andere, ist der eine reicher als der andere usw. Um alle diese Mißstände zu vermeiden, müßte das Recht, statt gleich, ungleich sein.« Und Marx schließt:

»In einer höheren Phase der kommunistischen Gesellschaft, [. . .]; nachdem die Arbeit nicht nur Mittel zum Leben, sondern selbst das erste Lebensbedürfnis geworden; nachdem mit der allseitigen Entwicklung der Individuen auch die Produktionskräfte gewachsen sind und alle Springquellen des genossenschaftlichen Reichtums voller fließen – erst dann kann der enge bürgerliche Rechtshorizont ganz überschritten werden und die Gesellschaft auf ihre Fahnen schreiben: Jeder nach seinen Fähigkeiten, Jedem nach seinen Bedürfnissen[123]!«

Kehren wir nun zu den beiden Schlußfolgerungen zurück, die Della Volpe gezogen hat. Seine Interpretation des Rousseauschen *Diskurs* erscheint uns korrekt (in einem Sinne, den wir in Kürze klären werden): übrigens hat auch Starobinski sie in seiner Einleitung zu dem Band der *Écrits politiques* anerkannt und zu seiner eigenen gemacht. Dagegen glauben wir, unser früheres zustimmendes Urteil[124] berichtigen zu müssen, was die Verbindung angeht, die Della Volpe zwischen dem Schluß des Rousseauschen *Diskurs* und dem oben angeführten Text von Marx hergestellt hat.

Daß sich die Problematik des *Diskurs* um die ›Verhältnismäßigkeit‹ der beiden Arten von Ungleichheit dreht, scheint uns unanfechtbar, ebenso wie uns richtig scheint, daß der Egalitarismus Rousseaus nicht nur kein nivellierender ist, sondern im allgemeinen derartige Egalitarismen nicht wünschenswert sind. Der Zweifel betrifft vielmehr die Gleichartigkeit der Lösungen von Rousseau und Marx, was indes der Punkt ist, auf dem Della Volpe in seinen Ausführungen am stärksten beharrt.

Unsere These ist, kurz gesagt, daß Rousseau auf die Notwendigkeit der sozialen Anerkennung der ›Verdienste‹ des Individuums abzielt, während sich Marx dagegen für die soziale Anerkennung seiner ›Bedürfnisse‹ einsetzt. Beide wünschen eine Gleichheit, die auf die Anerkennung der zwischen den Individuen bestehenden ›Unterschiede‹ gründet. Jedoch, wenn uns dieses Wortspiel erlaubt ist, mit dem Unterschied: daß Rousseau es für notwendig hält, den individuellen Unterschieden Rechnung zu tragen, damit die Gesellschaft die unterschiedlichen ›Verdienste‹ anerkennen und demgemäß eine soziale Rangfolge einführen kann, die den von den

Individuen geleisteten ›Diensten‹ und somit ihren unterschiedlichen Fähigkeiten und Leistungsvermögen entspricht; während Marx wünscht, daß die Gesellschaft in Zukunft die Unterschiede zwischen den Individuen berücksichtigen kann, gerade um die ›Bedürfnisse‹ der von der Natur geringer Bedachten zu befriedigen und das Aufkommen jedweder Hierarchie zu verhindern.

Rousseau will, daß die Gesellschaft die ›natürlichen Unterschiede‹ berücksichtigt, damit sie anerkannt und auf irgend eine Weise bestätigt werden. Marx verlangt das gleiche von der Gesellschaft, jedoch nicht, damit jene Unterschiede bestätigt werden, sondern vielmehr, damit – indem sie erkannt werden – ihre Nachteile abgeschafft werden können, d.h. um zu verhindern, daß »die ungleiche individuelle Begabung und daher Leistungsfähigkeit« sich – »stillschweigend« – »als natürliche Privilegien« auswirken können. Damit geht Marx, so scheint uns, über die Klassenunterschiede selbst hinaus, um an das noch radikalere Problem der ›natürlichen Unterschiede‹ heranzugehen (Rousseau gelangte nie dahin, sich dieses Problem zu stellen). Und natürlich nicht, um diese Unterschiede zu nivellieren (wie es geschähe, wenn man von allen die gleiche Leistung erwartete oder die soziale ›Anwendung‹ des Individuums nicht seinen besonderen Fähigkeiten Rechnung trüge), sondern um zu verhindern, daß sich die verschiedenen individuellen Begabungen zu Privilegien verfestigen können. (Genau dies konnte Rousseau dagegen nicht sehen, da seine Polemik auch von dem Überleben der Hierarchien und ›Stände‹ des ancien régime in Frankreich geprägt war und er sich daher zum Wortführer der Ansprüche und des Talentes des neuen Menschen des Dritten Standes machte.)

Was ferner die Tatsache angeht, daß der Unterschied zwischen den beiden Arten der sozialen Anerkennung – die Anerkennung der Verdienste und die der Bedürfnisse – kein scheinbarer oder belangloser Unterschied ist, beweist ein wenig bekannter Passus der *Deutschen Ideologie*[125], der die in der *Kritik des Gothaer Programms* enthaltenen Ausführungen vorwegnimmt und gut erläutert, eben wo Marx schreibt:

»Nun aber besteht eines der wesentlichsten Prinzipien des Kommunismus, wodurch er sich von jedem reaktionären Sozialismus unterscheidet, in der auf die Natur des Menschen begründeten empirischen Ansicht, daß die Unterschiede des *Kopfes* und der intellektuellen Fähigkeiten überhaupt keine Unterschiede des

Magens und der physischen *Bedürfnisse* bedingen; daß mithin der falsche, auf unsere bestehenden Verhältnisse begründete Satz: »Jedem nach seinen Fähigkeiten«, sofern er sich auf den Genuß im engeren Sinne bezieht, umgewandelt werden muß in den Satz: *Jedem nach Bedürfnis;* daß mit andern Worten, die Verschiedenheit in der Tätigkeit, in den Arbeiten, keine Ungleichheit, kein Vorrecht des Besitzes und Genusses begründet.«

Das bedeutet in bezug auf Rousseau, daß es unmöglich ist, nicht dem im Vergleich mit dem späteren und reiferen *Gesellschaftsvertrag* noch unvermeidlich freiheitlich-anarchistischen und individualistischen (und daher ungenügend egalitaristischen) Charakter, der den *Diskurs über die Ungleichheit* auszeichnet, Rechnung zu tragen und dies trotz der Genialität der Kritik der ›bürgerlichen Gesellschaft‹, die darin entworfen ist. Dies bedeutet jedoch auch im allgemeinen die Unmöglichkeit, selbst für die offensten und vorausblickendsten Köpfe, über die Schranken und die historischen Vorstellungen der eigenen Zeit hinausgehen zu können.

Anmerkungen

1 Études sur le Contrat social de J.-J. Rousseau (Actes des journées d'étude tenues à Dijon les 3, 4, 5, et 6 Mai 1962), Paris 1964, S. 177–90. Im folgenden werden Hinweise auf diese *Études* mit der Abkürzung Prot. Dijon, gefolgt von der Seitenangabe bezeichnet.
2 Prot. Dijon, S. 179
3 Ebda., S. 182
4 In: Archiv für Geschichte der Philosophie Bd. 41, Berlin 1932,3 S. 177–213
5 Ebda., S. 208
6 a.a.O.
7 Ebda., S. 209
8 Ebda., S. 207
9 Ebda., S. 208
10 Ebda., S. 203
11 Prot. Dijon, S. 185 ff.
12 The Origins of Totalitarian Democracy, London 1955
13 Prot. Dijon, S. 190
14 Écrits politiques, Paris 1964, S. LXXII–CXIX
15 Cambridge 1915, 1962 Neudruck bei Basil Blackwell, Oxford
16 Rousseau, J.-J., Œuvres complètes, III, a.a.O., S. XCI
17 Ebda., S. XCVIII
18 Casini, P., Rousseau, Rom-Mailand 1966, S. 75
19 Vgl. z.B. P. D. Jimack, Rousseau and the Primacy of Self. In: »Studies on Voltaire and the Eighteenth Century, Genf 1965, Vol. XXXIII, S. 73–90
20 Siehe z.B. A. D. Regibus, Il problema morale in J.-J. Rousseau e la validità dell' interpretazione kantiana, Turin 1957; oder sehr viel kürzer, Aimé Forest, Les principes du droit politique selon Rousseau. In: Il problema del potere politico, Atti del XVIII Congresso del Centro di Studi filosofici di Gallarate, Brescia 1964
21 Göttingen 1963
22 Ebda., S. 67
23 Ebda., S. 93
24 Ebda., S. 208–9
25 Göttingen 1959
26 Œuvres complètes, III, a.a.O., S. LVIII
27 Baltimore 1948
28 Gierke, O. von, Johannes Althusius und die Entwicklung der naturrechtlichen Staatstheorien, Scientia Aalen 1958, S. 275
29 La dialectique de la souveraine liberté dans le Contrat social, Prot. Dijon, a.a.O., S. 124
30 Le social et le politique chez Rousseau, Prot. Dijon, S. 171
31 L'homme selon Rousseau, Prot. Dijon, S. 207
32 Polin, R., La politique morale de J. Locke, Paris 1960, S. 193
33 Burgelin, P., La philosophie de l'existence de J.-J. Rousseau, Paris 1952, S. 218 f.
34 Le citoyen selon Rousseau, Prot. Dijon, S. 224
35 Solari, G., Studi storici di filosofia del diritto, Turin 1948
36 Œuvres complètes, III, a.a.O., S. LXII–LXIII
37 Ebda., S. LXVIII–IL

38 London 1963, S. 48 f.
39 Vgl. »Studies on Voltaire and the Eighteenth Century«, Genf 1964, Vol. XXX, S. 311–49
40 Ebda., S. 312
41 Ebda., S. 348
42 Ebda., S. 329
43 Ebda., S. 343
44 Vgl. »Yale French Studies«, 1961–62, XXVIII, S. 83–96
45 1. Aufl. Neuwied 1960; ab 3. Aufl. Frankfurt 1975
46 Vgl. »Annales J.-J. Rousseau«, 1959–62, XXXV, S. 181–216
47 Ebda., S. 223–31
48 Smith, A., Der Reichtum der Nationen, hrsg. von Dr. Heinz Schmidt, (nach der Übersetzung von Max Stirner und der englischen Ausgabe von Cannan (1904)), Leipzig 1910, 2 Bde., 1. Bd., S. 9
Diese Textstelle zitiert Colletti aus dem »Frühen Entwurf« zum »Reichtum der Nationen« (Smith, La richezza della Nazioni (Abozzo), Turin 1959, S. 44)
Der englische Originaltext dieses »Frühen Entwurfs« ist abgedruckt bei: Scott, W. R., Adam Smith as a student and professor, (Unpublished documents, including parts of the ›Edinburgh Lectures‹, a draft of the Wealth of Nations etc.), New York 1965
49 Übers. nach dem italien. Text des »Frühen Entwurfs«, a.a.O., S. 45
50 Smith, Reichtum der Nationen, a.a.O., 1. Bd., S. 4
51 Übers. nach dem italien. Text des »Frühen Entwurfs«, a.a.O., S. 18 ff.
52 Übers. nach dem italien. Text des »Frühen Entwurfs«, a.a.O., S. 15 (Vgl. die ganz ähnliche Textstelle im »Reichtum der Nationen«, 1. Bd., S. 8)
53 Fetscher, I., Rousseau's Concepts of Freedom in the Light of his Philosophy of History. In: NOMOS IV – Liberty hrsg. von Carl J. Friedrich, New York 1962, S. 40 f.
54 Ebda., S. 46
55 Vgl. Deux collaborateurs de l'Encyclopédie: Quesnay et Rousseau. In: »La Pensée«, 1951, n.s. XXXVIII, S. 44–54
56 Übers. nach dem italien. Text des »Frühen Entwurfs«, a.a.O., S. 39 (Vgl. die fast identische Textstelle im »Reichtum der Nationen«, 1. Bd., S. 8)
57 Zit. nach »Der Reichtum der Nationen«, a.a.O., 1. Bd., S. 9 (hier findet sich identisch die Textstelle, die Colletti aus dem »Frühen Entwurf«, S. 41 f. zitiert)
58 Marx, K., Ökonomisch-philosophische Manuskripte (1844). In: MEW, Ergänzungsband, Erster Teil, Berlin 1973, S. 557
59 Ebda., S. 562
60 ders., Das Kapital, Erster Band, MEW 23, S. 190
61 In: Kant, Kleinere Schriften zur Geschichtsphilosophie, Ethik und Politik, Hamburg 1964, S. 9 f.
62 Ebda., S. 10
63 Ebda., S. 11
64 a.a.O.
65 Fetscher, Rousseau's Conzepts . . ., a.a.O., S. 54
66 Marx, K., Lohnarbeit und Kapital. Ausgewählte Schriften Bd. 1, Berlin

1966, S. 85
67 Siehe S. 103 f. des Textes.
68 Prot. Dijon, S. 126
69 Paris 1950
70 Polin, La politique morale de J. Locke, a.a.O., S. 205
71 Ebda., S. 208
72 Ebda., S. 259
73 Ebda., S. 260
74 Ebda., S. 281
75 Ebda., S. 274
76 Hrsg. von Otis Fellows und Gita May, Genf 1961, S. 155–213
77 Ebda., S. 170–5
78 Ebda., S. 195
79 Ebda., S. 219–61
80 Ebda., S. 251
81 Ebda., S. 239
82 Rousseau et l'Encyclopédie, Paris 1928
83 Vgl. »Studies on Voltaire and the Eighteenth Century«, Genf 1963, Vol. XXVI, S. 1085–107
84 Ebda., Genf 1964, Vol. XXX, S. 247–310
85 Ebda., Genf 1961, Vol. XVIII, S. 77–94
86 Ebda., Genf 1963, Vol. XXVII, S. 1545–74
87 Ebda., S. 1552
88 Ebda., S. 1563
89 Kant, I., Handschriftlicher Nachlaß, Dritte Abt., Siebenter Band, Kants gesammelte Schriften, hrsg. von der Preußischen Akademie der Wissenschaften, Bd. XX, Berlin 1942, S. 43
90 Œuvres complètes, a.a.O., S. LXIV–XV
91 Smith, Der Reichtum der Nationen, a.a.O., 2. Bd., S. 172
92 Löwith, K., Von Hegel zu Nietzsche. Der revolutionäre Bruch im Denken des neunzehnten Jahrhunderts, Frankfurt 1969, S. 257
93 Prot. Dijon, S. 221
94 Ebda., S. 223
95 Ebda., S. 140
96 Marx, K., Zur Judenfrage. In: MEW 1, Berlin 1974, S. 355
97 Ebda., S. 355 u. 360
98 Die Erklärung der Menschen- und Bürgerrechte, München 1927
99 Marx, Judenfrage, a.a.O., S. 366
100 Erste Ausgabe, Breslau 1880
101 Gierke, Johannes Althusius, a.a.O., S. 86
102 Political Thought in England from Locke to Bentham, London 1955, S. 32
103 New York, 1947
104 The Political Philosophy of Hobbes, Oxford 1957, S. 129 f.
105 Prot. Dijon, S. 72
106 Manchester 1925, Neudruck New York 1960
107 Polin, R., Politique et philosophie chez Thomas Hobbes, Paris 1953, S. 248
108 Ebda., S. 231 ff.
109 Gierke, Johannes Althusius, a.a.O., S. 92
110 Vgl. Neue Beiträge zur Literatur der Aufklärung, Berlin 1964, S. 215 ff.
111 Prot. Dijon, S. 294

112 In: MEW 1, a.a.O., S. 327
113 Gierke, Johannes Althusius, a.a.O., S. 216
114 Marx, Kritik des Hegelschen Staatsrechts, a.a.O., S. 325
115 ders.; Der Bürgerkrieg in Frankreich. In: Ausgewählte Schriften, Bd. 1, S. 487–89
116 »Europe«, Nov.Dez., 1961, S. 167–80
117 Cambridge/Massachusetts, 3. Aufl. 1949, S. 289 ff.
118 René de Lacharrière ist auch der Autor des Buches »Études sur la théorie démocratique (Spinoza, Rousseau, Hegel, Marx)«, Paris 1963, das jedoch von der Analyse her wenig bietet und auch insgesamt mäßig ist.
119 Rousseau et le socialisme, Prot. Dijon, S. 515–35
120 Critique marxiste de Rousseau, ebda., S. 503–14
121 Marx, K., Grundrisse der Kritik der politischen Ökonomie, Frankfurt, S. 5
122 1. Aufl., Rom 1957
123 Marx, K., Kritik des Gothaer Programms. In: Ausgewählte Schriften Bd. 2, S. 17
124 Vgl. Rousseau politico. In: »Cultura e Scuola«, Dez. 1962 – Febr. 1963
125 In: MEW Bd. 3, Berlin 1968, S. 528

Mandeville, Rousseau und Smith

I

Will man die Smith'-Beziehung zu Rousseau untersuchen, so ist der Brief, den Smith 1755 an die »Edinburgh Review«[1] richtete, von großem Interesse, worin er ausführlich den *Diskurs über die Ungleichheit* behandelt. Es ist recht bedeutsam, auf welche Weise in diesem Brief die Untersuchung der Rousseauschen Schrift eingeführt wird. Smith erinnert an den Primat, den England im Vergleich zu Frankreich in der modernen Zeit nicht nur auf dem Gebiet der »Naturphilosophie« (Bacon, Boyle, Newton etc.), sondern auch auf dem der »Moral« und der »Metaphysik« erlangt hat. »Die Meditationen Descartes ausgenommen«, schreibt er, »kenne ich in den Werken der Franzosen nichts, das danach trachtete, auf diesem Gebiet originär zu sein, da die Philosophie von Régis ebenso wie die Malebranches nichts weiter ist als die Meditationen Descartes kunstvoller und verfeinerter ausgeführt. In England dagegen »waren Hobbes, Locke, Mandeville, Lord Shaftesbury, Butler, Clarke und Hutcheson« – jeder in seinem »verschiedenen« und mit dem der anderen »unvereinbaren« System – »darum bemüht, wenigstens in einigen Punkten originär zu sein«[2]. Allerdings hat sich diese Situation des Primats, den England auf dem Gebiet der Moralphilosophie hatte, in den letzten Jahren verändert, sagt Smith. »Dieser Zweig der Philosophie, den die Engländer selbst gegenwärtig gänzlich zu vernachlässigen scheinen, ist letzthin nach Frankreich verbracht worden. Die Spuren davon entdecke ich nicht nur in der *Enzyklopädie,* sondern auch in der *Théorie des sentiments agréables* von Pouilly, einer in vieler Hinsicht originären Arbeit; und sehr viel stärker noch in dem unlängst veröffentlichten *Diskurs über den Ursprung und die Grundlagen der Ungleichheit unter den Menschen* des Mr. Rousseau aus Genf[3].«

Nach einigen Bemerkungen über die Beziehungen zwischen der Schrift Rousseaus und Mandevilles *Bienenfabel,* auf die wir später zurückkommen wollen, läßt Smith, um den Lesern der »Edinburgh Review« eine Vorstellung von dem Inhalt des Werkes zu vermitteln, Auszüge einiger Seiten der Rousseauschen Schrift folgen, und zwar der Seiten 117, 126 und 134 der ersten Ausgabe des *Diskurs.* Das außergewöhnliche Interesse, das diesem »Auszug«

unserer Ansicht nach zukommt, liegt darin, daß hier einige der wichtigsten Aussagen wiederaufgenommen sind, in denen Rousseau die Struktur der *Konkurrenzbeziehungen* in der modernen »bürgerlichen Gesellschaft« zusammenfaßte und bloßlegte, Aussagen, die es aufgrund ihrer Prägnanz und Eindringlichkeit verdienen, in der gleichen Reihenfolge, in der Smith sie aufgezeichnet hat, der Aufmerksamkeit des Lesers unterbreitet zu werden:

»Er muß sie (nämlich das Individuum der »bürgerlichen Gesellschaft«) deshalb ständig für sein Schicksal zu interessieren suchen (die anderen) und sie ihren Gewinn wirklich oder scheinbar darin finden lassen, für den seinen zu arbeiten. Das macht ihn spitzbübisch und arglistig gegenüber den einen, gebieterisch und hart gegenüber den anderen. Das versetzt ihn in die Notwendigkeit, alle, die er nötig hat, zu betrügen, wenn er sie nicht einzuschüchtern vermag, und falls er nicht seinen Vorteil dabei findet, wenn er in ihre Dienste tritt. Schließlich geben der verzehrende Ehrgeiz, der Eifer ihr Vermögen zu vermehren – weniger aus echtem Bedürfnis als um sich über die anderen zu setzen – allen Menschen die dunkle Neigung ein, sich gegenseitig Schaden zuzufügen. Dies ist eine um so gefährlichere heimliche Eifersucht, als sie oft, um mit größerer Sicherheit zu siegen, die Maske des Wohlwollens annimmt – kurzum: Konkurrenz und Rivalität von der einen Seite, von der anderen Gegensatz der Interessen und immer der versteckte Wunsch, seinen Gewinn auf Kosten des anderen zu erlangen. Alle diese Übel sind die erste Wirkung des Eigentums und das unzertrennliche Begleitgefolge der entstehenden Ungleichheit« (Rousseau, J.–J., Diskurs über die Ungleichheit. Zweiter Teil. S. 221/3. In: ders., Schriften zur Kulturkritik, Hamburg 1971).

In dem vorangegangenen Aufsatz über Rousseau haben wir bereits – neben anderen Berührungspunkten – die Ähnlichkeit (was die Struktur betrifft, wohlverstanden, denn was den Sinn und die Beurteilung anlangt, so unterscheiden sie sich grundlegend) hervorgehoben, die zwischen einigen Aussagen des *Diskurs* und einigen Formulierungen, die im *Early Draft* (dem frühen Entwurf zum *Reichtum der Nationen)* und dem *Reichtum der Nationen* wiederkehren, besteht (exemplarisch jene, in der Smith bemerkt, daß der Mensch, der fortwährend »die Hilfe seiner Mitmenschen braucht«, diese vergeblich »von ihrem Wohlwollen allein« erwartete und er »viel eher zum Ziele (kommen wird), wenn er ihren Egoismus zu seinen Gunsten interessieren und ihnen zeigen kann, daß sie ihren eigenen Nutzen davon haben, wenn sie für ihn tun, was er von ihnen haben will«). Da wir jedoch seinerzeit den Inhalt des Briefes an die »Edinburgh Review« noch nicht kannten, aus dem Smith' unmittelbare und direkte Kenntnis des Rousseauschen *Diskurs* hervorgeht, handelte es sich nur um eine Vermutung oder lediglich eine einfache Hypothese, als wir die beiden Autoren in eine nahe Verbindung zueinander brachten, jetzt erweist sich dies als voll gültig und bestätigt.

Was Smith' Brief anlangt, so muß ferner der Zusammenhang hervorgehoben werden, den er zwischen der *Bienenfabel* Mandevilles und Rousseaus *Diskurs* herstellt.

»Wer immer dieses Werk aufmerksam liest«, schreibt Smith, »wird bemerken, daß der zweite Band der *Bienenfabel* den Anlaß zu Rousseaus System gegeben hat, in welchem jedoch die Grundsätze des englischen Autors gemildert, vervollkommnet, ausgeschmückt und aller jener Tendenzen zur Korruption und Ausschweifung entkleidet sind, die sie bei ihrem ursprünglichen Autor entstellten (. . .). Mandeville stellt den ursprünglichen Zustand der Menschheit als den erbärmlichsten und elendesten dar, den man sich vorstellen kann: Rousseau dagegen schildert ihn als den glücklichsten und als den der menschlichen Natur am meisten entsprechenden. Beide unterstellen jedoch, daß im Menschen kein kräftiger Instinkt vorhanden ist, der ihn notwendig dazu veranlaßt, die Gesellschaft um ihretwillen zu suchen, sondern dem einen zufolge, nötigt ihn das Elend seines ursprünglichen Zustandes dazu, zu dieser unangenehmen Abhilfe Zuflucht zu nehmen, dem anderen zufolge, einige unglückliche Zufälle (. . .). Beide unterstellen den gleichen langsamen Fortschritt und die stufenweise Entwicklung der Talente, Gewohnheiten und Kunstfertigkeiten, die die Menschen dazu befähigen, miteinander in Gesellschaft zu leben, und beide beschreiben diesen Fortschritt auf nahezu die gleiche Weise. Beiden zufolge sind die Gesetze, die die gegenwärtige Ungleichheit unter den Menschen aufrechterhalten, ursprünglich die Erfindung der Listigen und Mächtigen, um so ihre unnatürliche und ungerechte Überlegenheit über den Rest ihrer Mitmenschen zu bewahren oder zu erwerben[4].«

Diese Annäherung Rousseaus an Mandeville kann zu Recht Überraschung hervorrufen. Dennoch scheint sie – beschränkt auf die Aspekte, unter denen Smith sie vornimmt – berechtigt, und zwar 1. daß beide dem Naturmenschen das Gefühl des »Mitleids« zuschreiben (wofür Rousseau selbst sich im *Diskurs* auf Mandeville beruft) und 2. die Negation der »ursprünglichen Geselligkeit« und die Weigerung, den Menschen schon von Natur aus als ein »gesellschaftliches« Wesen und als »moralische« Person zu betrachten und somit *a priori* –, beschränkt auf diese Aspekte, scheint die von Smith vorgenommene Annäherung, wie wir bereits sagten, begründet. Was dagegen den Rest, und das heißt die Substanz ihrer Auffassungen anlangt, so ist klar, daß sich Rousseau und Mandeville auf einander völlig entgegengesetzten Positionen befinden (wie Smith im übrigen selbst bemerkt, »ficht Rousseau Mandeville an«)[5]. Dieser Gegensatz geht besonders deutlich aus dem bereits angeführten Vorwort zu *Narcisse* hervor, wo Rousseaus Kritik an der »bürgerlichen Gesellschaft« als direkte und bewußte Antithese zum Werk Mandevilles formuliert erscheint, das er übrigens explizit anführt.

Das Grundthema dieser Seiten besteht in der Entgegensetzung, die Rousseau zwischen den Bindungen oder *sozialen Beziehungen* vornimmt, die von der gegenseitigen *Solidarität* und somit vom »Wohlwollen« geprägt sind und denjenigen sozialen Beziehungen, die dagegen auf die *Konkurrenz* und den Handel, d.h. auf den Tausch und das persönliche Interesse begründet sind. »On ne peut resserrer un de ces liens«, sagt er, »sans que l'autre ne se relâche d'autant.« (»Man kann nicht eines dieser Bande enger knüpfen, ohne daß sich das andere um ebensoviel lockert.«) Und kurz darauf fügt er hinzu:

»Je crois qu'on peut faire une très juste estimation des mœurs des hommes sur la multitude des affaires qu'ils ont entre eux: plus ils commercent ensemble, plus ils admirent leur industrie, plus ils se friponnent décemment et adroitement, et plus ils sont dignes de mépris*.«

Was Rousseau hier sagt, kann auch das ins Gedächtnis zurückrufen, was bereits über die Rückständigkeit und den Archaismus seines ökonomischen Denkens geschrieben wurde. Das Wichtigste ist jedoch, daß über den Bezug auf Mandeville (weit mehr als auf die

* Ich glaube, man kann die Sitten der Menschen sehr richtig einschätzen nach der Menge der Geschäfte, die sie miteinander tätigen: je mehr sie miteinander Handel treiben, je mehr sie ihren Gewerbefleiß bewundern, desto mehr begaunern sie sich mit Anstand und Geschick und desto verachtungswürdiger sind sie.« (Œuvres complètes, tome II, S. 970)

Physiokraten) Rousseau hier zur Entdeckung einiger der bedeutendsten *Widersprüche* der modernen »bürgerlichen Gesellschaft« gelangt: – Widersprüche, überflüssig, dies hinzuzufügen –, die Mandeville seinerseits nicht anprangert, sondern vielmehr preist, weil er in ihnen die bewegenden Kräfte der modernen »Entwicklung« sieht. Unter diesem Gesichtspunkt offenbart die von Smith vorgenommene Annäherung zwischen den beiden Autoren eine umfassendere und tiefere Bedeutung. Sowohl Mandeville als auch Rousseau betrachten die Gesetze als ein Instrument zur Aufrechterhaltung der Ungleichheit unter den Menschen. Beide sehen, daß die »Tugend« in der modernen Gesellschaft nur eine Maske ist, hinter der sich »Eigenliebe«, Eitelkeit und die eigennützigen Interessen der Menschen verbergen. Beide sehen, daß der Mechanismus des wirtschaftlichen Wohlstands die Ungleichheit voraussetzt, nämlich Reichtum und Verschwendung an einem Pol der Gesellschaft, Entbehrung und Elend an dem anderen.

»Etrange et funeste constitution« – schreibt Rousseau – »où les richesses accumulées facilitent toujours les moyens d'en accumuler de plus grandes, et où il est impossible à celui qui n'a rien d'acquérir quelque chose; où l'homme de bien n'a nul moyen de sortir de la misère; où les plus fripons sont les plus honorés, et où il faut necessairement rénoncer à la vertu pour devenir un honnête homme*!«

Die Perspektive ist, wie man sieht, in gewissem Sinn die gleiche wie bei den Mandeville. Was sich in der modernen Gesellschaft dem Schein nach als »Tugend« darstellt, ist in Wirklichkeit »Egoismus«. Der *bourgeois*, den Voltaire als den »honnête homme« preist, ist und kann nichts anderes sein als ein Schurke, und nicht, weil eine moralistische Kritik dies so will, sondern weil die *Konkurrenzbeziehungen*, innerhalb derer er handelt, ihn so zu sein zwingen. (»En Europe – erklärt Rousseau – les gouvernements, les lois, les coutumes, l'intérêt, tout met les particuliers dans la nécessité de se tromper mutuellement et sans cesse; il faut qu'ils

* »Welch absonderliche und verhängnisvolle Einrichtung der Dinge«, schreibt Rousseau, »wo die angehäuften Reichtümer stets die Mittel erleichtern, noch größere anzuhäufen, und wo es dem, der nichts hat, unmöglich ist, etwas zu erwerben, wo ein anständiger Mensch keinerlei Mittel hat, seinem Elend zu entkommen, wo die größten Schurken das größte Ansehen genießen und wo man notwendig der Tugend abschwören muß, um ein Ehrenmann zu werden!« (*Narcisse*, a.a.O., S. 969)

soient méchants pour être sages, car il n'y a de plus grande folie que de faire le bonheur des fripons aux dépens du sien« – »In Europa zwingen die Regierungen, die Gesetze, die Bräuche, der Eigennutz die Einzelnen dazu, sich gegenseitig unaufhörlich zu betrügen; sie müssen bösartig sein, um als klug zu gelten; denn es gibt keine größere Torheit als auf eigene Kosten zum Glück der Schurken beizutragen« – *Narcisse,* a.a.O., S. 966). Und noch erfolgt zwischen den beiden Argumentationen eine Übereinstimmung auf der Basis ihrer antithetischen Gegensätzlichkeit. Für Mandeville sind es der Kampf der Privatinteressen, das Aufwallen der miteinander im Streit liegenden Egoismen, die der modernen Gesellschaft Vitalität und Schwung verleihen: die »privaten Laster« sind »öffentliche Vorteile«; die Konkurrenz ist der Hebel des Fortschritts; die individuellen Egoismen die Fundamente des nationalen Wohlstands[6]. Für Rousseau dagegen enthält das wahrheitsgetreue Bild, das Mandeville von der modernen Gesellschaft zeichnet, alle Gründe ihrer Verurteilung. Die Tierhaftigkeit des Menschen der »bürgerlichen Gesellschaft« löst bei Mandeville *Freude*[7] aus. »Seine Ethik«, sagt Kaye, »ist eine Verbindung von philosophischem Anarchismus in der Theorie und Utilitarismus in der Praxis[8].« Der Mensch ist ein Tier, im ständigen Kampf mit seinesgleichen. Für Rousseau dagegen, wiederholt Mandeville in gewisser Weise den Irrtum Hobbes': er verwechselt den Menschen, wie er durch *diese* Gesellschaft gemacht worden ist, mit dem Menschen im allgemeinen; er sieht nicht, daß »tous ces vices n'appartiennent pas tant à l'homme, qu'à l'homme mal gouverné« (alle diese Laster nicht so sehr dem Menschen zugehörig sind, als vielmehr dem schlecht regierten Menschen« – *Narcisse,* a.a.O., S. 969).

»Je remarque – schreibt Rousseau – qu'il règne actuellement dans le monde multitude de petites maximes qui séduisent les simples par un faux air de philosophie [. . .]. Telle est celle-ci: ›les hommes ont partout les mêmes passions; partout l'amour-propre et l'intérêt les conduisent; donc ils sont partout les mêmes*.«

Das stimmt heute, in dieser vom Privateigentum beherrschten

* »Ich bemerke, wie gegenwärtig auf der Welt eine Vielzahl kleiner Grundsätze herrschen, die die einfachen Gemüter durch einen trügerischen Schein von Philosophie verführen [. . .]. Folgende Maxime gehört dazu: ›Überall haben die Menschen die gleichen Leidenschaften; überall leitet sie die Eigenliebe und der Eigennutz; überall sind sie also gleich‹«. *(Narcisse,* a.a.O., S. 969)

Gesellschaft, in der die Beziehungen zwischen den Menschen auf den Handel und die Konkurrenz gegründet sind. Dagegen stimmt es nicht, wo die Menschen – in Abwesenheit des Eigentums – zu einem gemeinsamen Ziel zusammenarbeiten und die persönlichen Interessen untereinander solidarisch sind.

»Parmi les Sauvages (man vgl. den »Ur-Kommunismus« Marx' und Engels), l'intérêt personnel parle aussi fortement que parmi nous, mais il ne dit pas les mêmes choses: l'amour de la société et le soin de leur commune défense sont les seuls liens qui les unissent: ce mot de *propriété*, qui coûte tant de crimes à nos honnêtes gens, n'a presque aucun sens parmi eux: ils n'ont eutre eux nulle discussion d'intérêt qui les divise; rien ne les porte à se tromper l'un l'autre; l'estime publique est le seul bien auquel chacun aspire, et qu'ils méritent tous*.«

II

Diese Verbindung zwischen Rousseau und Mandeville erhält ihre volle Bedeutung, wenn man sich Mandevilles Stellung in der Geschichte des ökonomischen Denkens und die Beziehung klarmacht, in der er zu den Begründern der politischen Ökonomie steht. Auf diesem Wege wird es in der Tat nicht nur möglich, zu verstehen, was wir uns bisher zu zeigen bemüht haben, nämlich daß die Rousseausche Kritik der »bürgerlichen Gesellschaft« keine (oder nicht nur eine) moralistische Kritik, sondern auch und vor allem eine historisch bedingte Kritik ist, d.h. eine Kritik, die in gewisser Weise – trotz allem gravierenden Unverständnis und allen ihren Schranken – die ersten theoretischen »Modelle« des entstehenden ökonomischen Denkens berücksichtigt hat. Gleichfalls wird es auch möglich zu verstehen – vor allem, wenn man die Beziehungen zwischen Smith und Mandeville betrachtet – wie durch die

* »Die Stimme des Eigennutzes ist unter den Wilden ebenso stark wie bei uns, aber sie sagt nicht die gleichen Dinge: die Liebe zur Gesellschaft und die Sorge der gemeinsamen Verteidigung sind die einzigen Bande, die sie einigen: jenes Wort *Eigentum*, das unsere ehrenwerten Leute so viele Verbrechen kostet, hat bei ihnen fast gar keinen Sinn: Es gibt zwischen ihnen keinerlei Streitigkeiten in Fragen des persönlichen Nutzens, die sie entzweien könnten, nichts führt sie dazu, sich gegenseitig zu betrügen; die öffentliche Achtung ist das einzige Gut, nach dem jeder trachtet und dessen sie sich alle würdig erweisen.« (*Narcisse*, a.a.O.)

Kritik des letzteren Rousseaus Denken auch gegenüber dem Autor des *Reichtum der Nationen* etwas von seiner Wirksamkeit bewahren kann und damit sozusagen eine Projektion in die Zukunft erwirbt.

Das Grundthema, das hier in den Vordergrund gerät, ist jener komplexe Prozeß, der vor allem in England in der Zeit zwischen den letzten Jahrzehnten des 17. und den ersten Jahrzehnten des 18. Jahrhunderts heranreifte und der den Höhepunkt und gleichzeitig den Beginn des Niedergangs der merkantilistischen Doktrin erlebte – die Zeit, in der auch die Reflexion und das Werk Mandevilles stehen. Die größte Aufmerksamkeit der zeitgenössischen Gelehrten für die sogenannten »Vorläufer von Smith«[9] und die Erkenntnis der Themen, deren Herausarbeitung damals begann, (und die dann in der großen Anlage des *Reichtum der Nationen* gesammelt, vereint und organisiert werden sollten), legte den Akzent vor allem auf die Wende, die in jener Periode im Verhältnis von *Ethik* und *Ökonomie,* zwischen *»Allgemeininteresse«* und *»Privatinteresse«* definitiv zur Reife gelangte.

Auch in diesem Fall läßt sich, wohlverstanden, in einem gewissen Sinne sagen: *nihil novi sub sole.* In seinen *Studies in the Theory of International Trade*[10] hat Jacob Viner gezeigt, von wie großer und reicher Vielfalt die Themen und Variationen »antimerkantilistischer« Motive waren: einer Schule, die die Tradition häufig ein wenig allzu bequem als eine geschlossene und homogene Denkrichtung betrachtet hat. »Hätte Adam Smith«, so schreibt er, »die alte englische Wirtschaftsliteratur sorgfältig überprüft [. . .], so hätte er darin nahezu alle die Materialien finden können, derer er sich für seinen Angriff auf die protektionistischen Aspekte der merkantilistischen Doktrin bediente[11].« In diesem Sinn »war auch der Begriff des ›homo oeconomicus‹ keine Erfindung der klassischen Schule des 19. Jahrhunderts, wie indes häufig behauptet wird, sondern ein wichtiges Element der merkantilistischen Doktrin[12].« Doch ebenso wie »die Bedeutung der Verbreitung der Freihandelsüberzeugungen in der englischen Wirtschaftsliteratur vor A. Smith« nicht übertrieben werden darf, – wie Viner selbst anerkennt – stimmt auch, daß zwischen der klassischen Schule und dem Merkantilismus ein gründlicher Unterschied besteht, was das Verständnis der Wirtschaftstätigkeit anlangt.

»Zwischen den Einstellungen der beiden Schulen hinsichtlich des ›homo oeconomicus‹ bestand – betrachtet man die extremen Positionen beider – ein wichtiger Unterschied: die klassischen Ökonomen argumentierten, daß die Menschen, selbst dann, wenn sie ihre eigenen egoistischen Interessen verfolgten, aufgrund einer vorbestimmten Harmonie der Interessen, gleichzeitig dem Gemeinwohl den besten Dienst erwiesen oder zumindest einen besseren Dienst, als wenn ihre Tätigkeiten streng von der Regierung geregelt worden wären; die Merkantilisten dagegen mißbilligten den Egoismus des Händlers und vertraten, die einzige Weise, ihn daran zu hindern, die Nation zu ruinieren sei es, seine Tätigkeit einer strengen Kontrolle zu unterwerfen[13].«

Dies ist bekanntlich das Problem der verschiedenen Weise, das Verhältnis von Ethik und Ökonomie, von Interesse des Gemeinschaftskörpers und Interesse des Individuums zu konzepieren, die das Mittelalter von der modernen Ära im eigentlichen Sinne unterscheidet. In der mittelalterlichen Theorie ist kein Platz für eine Wirtschaftstätigkeit, die keinen moralischen Endzweck hätte. Die Wirtschaft ist noch ein Zweig der Ethik. Die Tätigkeit und das Interesse des Individuums sind dem »Gemeinwohl« untergeordnet und auf dieses ausgerichtet. Die soziale Ordnung stellt sich hier als ein wohlgegliederter »Organismus« dar, dessen Glieder auf verschiedene Weise zu einem gemeinsamen Ziel beisteuern. Alle menschlichen Tätigkeiten werden als Teil eines einheitlichen Systems betrieben, dessen Charakter von der spirituellen Bestimmung der Menschheit determiniert ist. Die Konzeption des Eigentums, die daraus hervorgeht, wird, wie Tawney bemerkt hat, gut verdeutlicht in der Frage der »Gemeindeländereien«. »Wenn der Bauer (im Mittelalter) gegen die Einhegungen geschützt worden war, so war das aus der Überzeugung geschehen, daß der Landbesitz nicht nur Rechte, sondern auch Pflichten in sich schließe, und daß das Eigentum nicht nur eine Erwerbsquelle sei, sondern auch eine Funktion in der Öffentlichkeit habe: der Eigentümer war im Genuß seines Eigentums eingeschränkt durch soziale Verpflichtungen und durch die Bedürfnisse des Staates[14].« Im Zusammenhang mit diesem Verständnis des Eigentums erscheint die Haltung gegenüber dem *Pauperismus* ausgerichtet auf Maßnahmen der Hilfeleistung und der Fürsorge. Das herrschende Kriterium ist das der *Nächstenliebe.* »Bauer und Grundherr sind, in unterschiedlichem Grade, Glieder eines und desselben christlichen Staates, und das Gebot der Nächstenliebe hat die zersetzende wirtschaftliche Erwerbsgier im Zaum zu halten. Niemand darf, eingefügt, wie er ist, in eine mystische Körperschaft und gebunden durch gegenseitige Verpflichtungen, seinen Vorteil bis zum letzten verfolgen, denn niemand darf danach trachten, außerhalb ›des Leibes der Kirche‹ zu leben.« (Tawney, S. 258.)

»An die Stelle der bisherigen Anschauungen«, – trat nach der »Glorreichen Revolution« – »die von Locke verfochtene, im 18. Jahrhundert fast zum Rang einer Religion erhobene Theorie, wonach das Eigentum schon vor dem Staate bestanden habe und daß ›die höchste Gewalt keinem etwas von seinem Eigentum wegnehmen dürfe ohne seine Zustimmung‹«[15], sagt Tawney. Man muß kaum daran erinnern, daß hier die Gesellschaft nicht erscheint als »eine Gemeinschaft von Ständen mit bestimmten Funktionen, welche durch gegenseitige Pflichten, die sich aus einer gemeinsamen Zwecksetzung ergeben, zusammengeschlossen sind; die Gesellschaft ist eher eine Aktiengesellschaft als ein Organismus, und die Haftpflicht der Aktionäre ist streng beschränkt. Sie treten der Gesellschaft bei, um sich die Rechte zu sichern, mit denen sie nach den unveränderlichen Gesetzen der Natur ausgestattet worden sind. Der Staat, eine Sache der Übereinkunft, nicht übernatürlich verankert, existiert zum Schutze jener Rechte und erfüllt seine Bestimmung, insofern er nichts vorschreibt und die ungebundene Ausübung jener Rechte gewährleistet[16].«

Nun kann man Mandeville nicht als Ökonomen *stricto sensu* bezeichnen, gleichwohl ist er einer der Hauptinterpreten der neuen Situation, die aus der Auflösungsphase des Merkantilismus hervorgeht, als der Motor der »kapitalistischen Akkumulation« schon mit voller Drehzahl zu arbeiten begonnen hatte. Bei Macfie finden wir eine Seite von beachtlichem Scharfsinn, wo er an eine recht bedeutende Stelle des III. Dialogs des Zweiten Teils der *Bienenfabel*[17] erinnert und bemerkt, daß Mandeville nicht nur bereits einen Begriff von der »ökonomischen Entwicklung« hatte, sondern daß die Vorstellung des *economic growth,* die Smith hat, »zweifellos durch diese Quelle angeregt worden ist«[18]. In der gleichen Weise bemerkt Viner, auch wenn er zuvor an die Beiträge so bedeutender Schriftsteller ökonomischer Literatur, wie es Davenant und North waren, erinnert hat, »wichtiger, in dem Sinne, daß sie stärker dazu beitrugen, den Weg für Adam Smith vorzubereiten, waren die ausgefeilteren Argumentationen Mandevilles zur Unterstüzung des Individualismus und des *laissez-faire,* die auf das berühmte Argument gründeten, »private Laster«, wie »Geiz« und die Vorliebe für den

Luxus, seien »öffentliche Vorteile«: wobei Viner in einer Anmerkung hinzufügt, daß »Mandeville seine Schlußfolgerungen mit Vorbedacht auf diese Weise formulierte, um sie für die Moralisten verletzend zu machen, aber (daß) Smith sie von der Substanz her akzeptierte und ihnen lediglich eine schicklichere Ausdrucksform verlieh«[19].

An dieser Stelle wollen wir nicht länger ausführlich bei anderen Aspekten von Mandevilles Denken verweilen. Die Rolle, die er in der Ausarbeitung der Theorie der Arbeitsteilung hatte und den außerordentlichen Einfluß, den er auch in dieser Hinsicht auf Smith ausübte, hat Marx seinerzeit bereits hervorgehoben. In dem Kapitel über *Teilung der Arbeit und Manufaktur,* wo er sich auf den berühmten Passus am Anfang des *Reichtum der Nationen* bezieht, in dem Smith beschreibt, wie zahllose und mannigfaltige Gewerbe zur Befriedigung der Bedürfnisse eines gewöhnlichen Arbeiters in einem »zivilisierten« Land zusammenwirken, bemerkt Marx, daß der gesamte Abschnitt »ziemlich *wörtlich* kopiert (ist) aus B. de Mandevilles *Remarks* zu seiner ›Fable of the Bees, or, Private Vices, Publick Benefits‹«[20]. Die gleiche Bemerkung findet sich später auch in Edwin Cannans Kommentar[21] zu Smith' Text und in Kayes Einführung zur Ausgabe der *Bienenfabel*[22].

Dasselbe läßt sich von jenem anderen wichtigen Aspekt im Denken Mandevilles sagen, der seine Theorie von der Funktion des *Luxus*[23] darstellt (ein Problem, das bekanntlich im Verlauf des gesamten 18. Jahrhunderts erörtert wurde, sowohl unter dem ethischen als auch unter ökonomischem Gesichtspunkt: es genügt hier nur an Montesquieu zu denken): Funktion des Luxus[24] für die Sicherstellung eines ständigen Stimulus für die Produktion und somit für die Erfüllung der Rolle eines Antriebselements des ökonomischen Systems. Wenn diese Theorie Mandevilles ganz gewiß nicht Smith beeinflußte, so beeinflußte sie jedoch, zumindest teilweise, Hume[25] (um nicht von der Wirkung zu sprechen, die er in dieser Hinsicht nicht nur auf das Denken Malthus ausübte, sondern sogar auf die Theorie der »effektiven Nachfrage« von Keynes, wie aus Kapitel XXIII der *Allgemeinen Theorie der Beschäftigung, des Zinses und des Geldes* hervorgeht).

Lassen wir die nebensächlichen Aspekte beiseite und kommen wir zur Substanz des Problems. Das Thema, in dem alle bisher umrissenen Motive übereinstimmen und zur Verknüpfung gelangen, ist das Problem der *kapitalistischen Akkumulation.* Mandevilles Werk enthält gewiß keine organisch ausgearbeitete Theorie der »ökonomischen Entwicklung«[26], jedoch bewegen sich die bedeutendsten Aspekte seines Denkens in diese Richtung und verbinden sich zu diesem Zweck. Die Arbeitsteilung bewirkt die »Geschicklichkeit« und die »Fähigkeit« des Arbeiters und damit die Erhöhung der Arbeitsproduktivität. Der Anstoß, der davon für die »Kunst« und die »erfinderische Arbeit« ausgeht, rüttelt den menschlichen Geist aus der Lethargie auf und bringt ihn in Gärung, fördert damit die Entwicklung der Wissenschaft und der Technik[27]. Die gewachsene Arbeitsproduktivität führt ihrerseits zu einer Steigerung des Exports, was als Rückwirkung eine Zunahme der Beschäftigung von Arbeitskräften in den Manufakturen des eigenen Landes und größere Investitionsgelegenheiten mit sich bringt. Schließlich, da »Kauf gleich Tausch« ist, können die anderen Nationen nicht mehr mit einer Nation Handel treiben, wenn sich diese weigert, Waren als Zahlung der eigenen Manufakturgüter anzunehmen[28]: Freihandel statt Handelsmonopole. Die einheitliche Perspektive, die aus diesem dichten Gewebe wechselseitiger Beziehungen und Rückwirkungen innerhalb des Systems hervorgeht, ist diejenige, die ihren höchsten Ausdruck in Smith finden sollte: die Zivilisation ist Produktion und Handel[29]; die technische Geschicklichkeit, die individuelle Initiative und der Wettbewerbsgeist sind die Pfeiler, auf denen die menschliche »Zivilisierung« ruht. Daß die Behauptung dieser Beziehung Mandevilles zu den Problemen der »ökonomischen Entwicklung« keineswegs in der Luft schwebt, läßt sich auch daraus ersehen, daß Marx am ausführlichsten von ihm handelt in dem Kapitel, das dem *Allgemeinen Gesetz der kapitalistischen Akkumulation*[30] gewidmet ist. Das Problem, das Marx am Anfang dieses Kapitels angeht, ist das der »wachsenden Nachfrage nach Arbeitskräften, die die Akkumulation des Kapitals begleitet«, wenn die technische Zusammensetzung des Kapitals unverändert bleibt, was offensichtlich vor allem vor dem Beginn der industriellen Revolution der Fall ist. Wie Marx bemerkt, schließt unter diesen Umständen »*Wachstum des Kapitals* [. . .], Wachstum seines variablen oder in Arbeitskraft umgesetzten Bestandteils« ein: »*Akkumulation des Kapitals ist also Vermehrung des Proletariats*«[31]. Gleich darauf fügt er hinzu: »Die klassische Ökonomie begriff diesen Satz so wohl, daß A. Smith, Ricardo usw., [. . .], die Akkumulation sogar fälschlich identifizieren mit Konsum des *ganzen* kapitalisierten Teils des Mehrprodukts durch produktive Arbeiter, oder mit seiner Verwandlung in zuschüssige Lohnarbeiter«. Darauf läßt er ein langes Zitat aus Mandevilles *Bienenfabel* folgen[32].

Wenn man nun die hier von Marx zitierten Abschnitte aus der *Bienenfabel* überdenkt, so sieht man gleich, daß sie dasselbe »Paradox« enthalten, auf dem das gesamte Werk Mandevilles gründet: doch dieses Mal in einem besonderen und historisch recht viel bestimmteren Sinn. Die »privaten Laster« sind »öffentliche Vorteile« – was nicht lediglich heißen will, daß *das Gute aus dem Bösen entsteht,* d.h. die Immoralität der Individuen, ihr Eigennutz, der im Wettstreit mit dem der anderen liegt, die Kultur und die »Zivilisierung« der Menschheit insgesamt hervorbringen; sondern will auch heißen, daß *der Reichtum aus der Armut entsteht* (man beachte diese neue Wendung!), der Wohlstand aus dem Elend, daß es die *Lohnarbeit* ist, die die *Prosperität* erzeugt, oder auch anders gesagt, daß *der Reichtum einer Nation aus einer Menge arbeitsamer Armen besteht,* eine Nation desto reicher ist, je zahlreicher ihre Proletarier sind; desto reicher, je mehr die kapitalistische Investition über Arbeitskräfte im Überfluß und zu niedrigem Preis verfügen kann. Der wahre Reichtum ist also nicht Gold oder Silber, sondern die Tagelöhnerarbeit – die einzige unerschöpfliche Goldader, die bisher entdeckt worden ist.

»Aus dem bisher Entwickelten folgt«, schreibt Mandeville, »daß in einer *freien Nation,* wo *Sklaven* nicht erlaubt sind, *der sicherste Reichtum aus einer Menge arbeitsamer Armen besteht.* Außerdem, daß sie die nie versagende Zufuhrquelle für Flotte und Armee, gäbe es ohne sie keinen Genuß und wäre das Produkt keines Landes verwertbar. Um die *Gesellschaft glücklich* und das Volk selbst in kümmerlichen Zuständen zufrieden zu machen, *ist es nötig, daß die große Majorität sowohl unwissend als arm bleibt«*[33]. (Hervorhebungen L. C.)

Also darin liegt der letzte Sinn von Mandevilles »Paradox«: was der »ökonomischen Entwicklung« nützt, d.h. der kapitalistischen Akkumulation, ist Überfluß an billiger Lohnarbeit; um die Gesellschaft (also alle diejenigen, die nicht arbeiten) glücklich zu machen, ist es nötig, daß die Mehrheit unwissend und arm ist. Kurz, eine Nation ist reich, wenn sie über eine Menge arbeitsamer Arme verfügt. Und da »das einzige Ding, das den arbeitenden Mann fleißig machen kann, [. . .] ein mäßiger Arbeitslohn (ist)«, weil »ein zu geringer (Arbeitslohn) ihn je nach Temperament kleinmütig oder verzweifelt (macht), ein zu großer insolent und faul«, liegt es im Interesse aller reichen Nationen, daß »der größte Teil der Armen nie untätig sei und sie dennoch stets verausgaben, was sie einnehmen«. Tatsächlich haben »diejenigen, die ihr Leben durch ihre tägliche Arbeit gewinnen, [. . .] nichts, was sie anstachelt, dienstlich zu sein außer ihren Bedürfnissen, welche es Klugheit ist zu lindern, aber Narrheit wäre zu kurieren«[34].

Die Armut also als notwendige Bedingung und gleichzeitig als Quelle des Reichtums. Da diese Aussage nicht nur ein geistreiches Paradox ist, sondern den »antagonistischen Charakter der kapitalistischen Akkumulation« ausdrückt[35], überrascht es nicht, daß sie nach Mandeville weitere Verbreitung gefunden hat. Destutt de Tracy – »der fischblütige Bourgeoisdoktrinär« (wie Marx sagt) – spricht die Sache brutal aus: »Die armen Nationen sind die, wo das Volk gut dran ist, und die reichen Nationen sind die, wo es gewöhnlich arm ist[36].« Und wie mit dem Reichtum, so ist es auch mit der Kultur.

»Der Fortschritt des gesellschaftlichen Reichtums«, sagt Storch (der von Marx zitiert wird[37]), »erzeugt jene nützliche Klasse der Gesellschaft . . . welche die langweiligsten, gemeinsten und ekelhaftesten Beschäftigungen ausübt, in einem Wort alles, was das Leben Unangenehmes und Knechtendes hat, auf ihre Schultern nimmt und ebendadurch den andren Klassen die Zeit, die Heiterkeit des Geistes und die konventionelle Charakterwürde verschafft etc.«

In einem Wort: Entwicklung durch Ausbeutung, Fortschritt und Steigerung des Reichtums *auf der Basis der sozialen Ungleichheit*, Erhöhung der »Geschicklichkeit«, der Technik und der »Zivilisierung« durch die Klassenunterdrückung. Dies sind die Wendungen, auf die auch die Geschichtsphilosophie Kants gründet: die Wendungen (wer hätte dies je vermutet!), in denen Kant den Sinn der *historischen Entwicklung* auf der Grundlage der kapitalistischen Bedingungen reflektiert und zusammenfaßt.

»Die Geschicklichkeit kann in der Menschengattung nicht wohl entwickelt werden« – wird in der *Kritik der Urteilskraft* gesagt – »als vermittelst der Ungleichheit unter den Menschen; da die größte Zahl die Notwendigkeiten des Lebens gleichsam mechanisch, ohne dazu besonders Kunst zu bedürfen, zur Gemächlichkeit und Muße anderer, besorget, welche die minder notwendigen Stücke der Kultur, Wissenschaft und Kunst bearbeiten, und von diesen in einem Stande des Drucks, saurer Arbeit und wenig Genusses gehalten wird[38].«

Dies ist ein weiteres Mal das Gleiche, was Mandeville sagt (an den Kant übrigens auch in der *Kritik der praktischen Vernunft* erinnert): die gleichen Einsichten, die – wie in den Schlußseiten der *Antropologie in pragmatischer Hinsicht* gesagt wird – die historische Entwicklung nützlich, aber auch hart und roh erscheinen läßt und als den Sinn der Tätigkeit, die die Menschengattung über Generationen hinweg erfüllt, die Tendenz auszudrücken scheint, »durch ihre eigene Tätigkeit die Entwicklung des Guten aus dem Bösen dereinst zustande zu bringen«[39].

Aus dem *Bösen,* das *Gute:* die gleiche Formulierung wie bei Mandeville! »Der Charakter der Gattung«, fährt Kant fort, »ist dieser: Daß sie [. . .] eine nach – und neben einander existierende Menge von Personen ist, die das friedliche Beisammensein *nicht entbehren* und dabei dennoch einander beständig widerwärtig zu sein nicht *vermeiden* können [. . .]; eine [. . .] beständig mit Entzweiung bedrohten, aber allgemein fortschreitenden Koalition in eine *weltbürgerliche Gesellschaft«*[40]. (Hervorhebungen L. C.) Kurz, jene besondere Koalition oder Gesellschaft, die die Gesellschaft der *ungeselligen Geselligkeit* ist, d.h. die Gesellschaft des Wettstreits und der Konkurrenz.

Um zu Mandeville zurückzukehren: größtmögliche Beschäftigung von Arbeitskraft also, jedoch bei gleichzeitigem Niedrighalten der Löhne. Und da – wie auch Kaye anführt[41] – »der nationale Reichtum nicht im Geld besteht, sondern in einer ›multitude of laborious Poor‹«, wird verständlich, warum Mandeville nicht nur die Perspektive der »Abschaffung der Armut«, sondern auch das System der Armenfürsorge durch die alten charity-schools (siehe seinen Aufsatz *»An Essay on Charity, and Charity-schools«),* »verderblich« erscheinen muß. Den Armen – d.h. *the vile and brutish part of mankind,* wie William Petty sie bezeichnet – darf nicht mit Barmherzigkeit beigestanden werden, vielmehr müssen sie in Arbeitshäusern – die Konzentrationslager der »aufgeklärten Bourgeoisie« – eingesperrt werden. Das Mitleid macht faul und aufsässig; die Arbeit genügsam und tugendhaft.

Hier nimmt man erneut die gegenüber dem Mittelalter veränderte Beziehung zwischen Ethik und Ökonomie wahr, auf die zuvor bereits hingewiesen wurde. Im Mittelalter glaubte man, daß »die Armen dem Erlöser ganz besonders nahestünden«, schreibt

Tawney, »und wenn früher die lieblose Habsucht im Zentrum frommer Mahnreden gestanden hatte, so waren es jetzt nicht nur der Leichtsinn und der Müßiggang der Armen, sondern auch derjenigen, die ihnen beistehen wollten«[42]. Es ist dies klar eine neue Betrachtungsweise:

»Immer weniger fanden sich die Leute bereit, die Not auf wirtschaftliche Ursachen zurückzuführen und einen Rechtsanspruch der Opfer auf öffentliche Unterstützung anzuerkennen.« Der wachsende Individualismus der Zeit reagierte darauf mit kühler Ablehnung. »Aus der Überlegung, daß der Müßiggang das größte aller Übel und der Arme das Opfer seiner ›trägen, regellosen und bösen Lebensweise‹ sei, daß die zweckmäßigste Fürsorge nicht im Almosengeben bestehe, sondern in der Charakterbildung, welche die Fürsorge überflüssig machte, folgte ganz natürlich der Schluß, Strenge sei Pflicht und Mitleid verwerflich, da es die mißlichen Verhältnisse nur verewigte[43].«

Es ist dies die wohlbekannte Verbindung, die die Ethik des *Puritanismus* und der *Utilitarismus* in der entstehenden politischen Ökonomie eingehen. Und wie der Moralist behauptete, bereitwillige Nachsicht verderbe den Charakter, so zeigte der Ökonom, wie verderblich sie für die Wirtschaft und Finanzen sei. In einem berühmten Passus in seinem *Kommunistischen Manifest* von 1848 bemerkt Marx – wie Tawney anführt – daß »die Bourgeoisie, wo sie zur Herrschaft gekommen, [. . .] alle feudalen, patriarchalischen, idyllischen Verhältnisse zerstört (hat). Sie hat die buntscheckigen Feudalbande, die den Menschen an seinen natürlichen Vorgesetzten knüpfte, unbarmherzig zerrissen und kein anderes Band zwischen Mensch und Mensch übriggelassen als das nackte Interesse, als die gefühllose bare Zahlung.« »Aufschlußreiche Belege für seine These«, fährt Tawney fort, »ließen sich in den Diskussionen zusammenstellen, welche englische Publizisten zwischen 1660 und 1760 über die Arbeitsverhältnisse führten«, gegenüber dem neuen Industrieproletariat sprach sich darin eine unerhörte Schärfe aus, »wie sie sonst vielleicht nur noch im Ton weißer Kolonisten der schlechteren Sorte gegenüber farbigen Arbeitern anzutreffen ist[44]«.

III

Kommen wir nun aber zum Wesentlichen. Mandevilles Paradox – »private Laster«, »öffentliche Vorteile« – bedeutet klar, daß obwohl jeder das eigene *egoistische* Interesse verfolgt, das Gesamtergebnis die Prosperität der Nation, der Wohlstand der gesamten *Gesellschaft* ist. In diesem Sinne scheint Mandevilles Formulierung, wie häufig bemerkt worden ist, eine Vorwegnahme der Smithschen Theorie der »unsichtbaren Hand« zu sein: ein Verweis auf jenes Werk der Vorsehung (das mehrfach in der *Theorie der ethischen Gefühle* und im *Reichtum der Nationen* angeführt wird), die, wie durch ein Wunder, aus dem Chaos der miteinander im Streit liegenden Privatinteressen die *allgemeine Harmonie* entspringen läßt. Jacob Viner hat, wie wir gesehen haben, die Beziehung Mandeville–Smith in dieser Weise ausgelegt, d.h. als eine kontinuierliche Linie. Ebenso wurde sie vor und nach ihm von vielen anderen Autoren interpretiert. In seinen *Epochen der Dogmen- und Methodengeschichte* scheint Schumpeter – um nur einen großen Namen anzuführen – das Gleiche aussagen zu wollen:

In diesem Werk – der *Bienenfabel* Mandevilles – schreibt er, »steht die beste und klarste Darstellung des Gedankens, daß das individuelle Eigeninteresse auf wirtschaftlichem Gebiet eine wesentliche soziale Funktion hat. Nun gab es genug andere Quellen für ähnliche Gedanken. Aber manche Wendung Smith' weist auf eine Beeinflussung gerade durch Mandeville hin[45].«

Andererseits scheinen zwei Umstände gegen diese These zu sprechen (oder diese doch zumindest abzuschwächen). Erstens, daß Mandeville nicht viel mit der Vorsehung im Sinn zu haben scheint: bezeichnend ist in dieser Hinsicht seine Beziehung zu P. Bayle, auf den Mandeville – wie er selbst zugibt – stärker zurückgegriffen, als er ihn zitiert hat[46]. Zweitens, daß Smith das Paradox Mandevilles bekanntlich in seiner *Theorie der ethischen Gefühle* stark kritisiert hat. Obwohl nun unbestreitbare Berührungspunkte zwischen Mandeville und Smith bestehen, sind wir der Ansicht, daß die beiden Theorien der »Harmonie« einige Unterschiede aufweisen, die verdienen hervorgehoben zu werden: auch um jenes komplexen Problems willen (das hier natürlich nur gestreift werden kann), das die *vexata quaestio* der Konkordanz-Diskordanz in Smith' Werk ist: des Smith der *Theorie der ethischen Gefühle* (dem Theoretiker der »Sympathie« und des Wohlwollens) und dem

Smith des *Reichtums der Nationen* (der behauptet: »Nicht von dem Wohlwollen des Fleischers, Brauers oder Bäckers erwarten wir unsere Mahlzeit, sondern von ihrer Bedachtnahme auf ihr eigenes Interesse. Wir wenden uns nicht an ihre Humanität, sondern an ihren Egoismus, und sprechen ihnen nie von unseren Bedürfnissen, sondern von ihren Vorteilen«).

Was uns in dieser Hinsicht sicher zu sein scheint, ist die Schwäche und man könnte fast sagen, rhetorische Hohlheit – die im übrigen bereits in bezug auf fast die gesamte *Theory* in der strengen Analyse von Leslie Stephen[47] bemerkt wurde – die Smith' Kritik an Mandeville in diesem Werk auszeichnet. Wir sagen gleich vorweg, daß wir mit denen übereinstimmen, die festgestellt haben, daß sich der Smith der *Theory* nicht auf Hutcheson reduzieren läßt, und auch darin zustimmen, daß L. Stephen zumindest dort zu weit gegangen ist, wo er geschrieben hat: »Smith ist in Wirklichkeit ein vollendeter Repräsentant jenes optimistischen Deismus, den wir bei Shaftesbury und Hutcheson veranschaulicht finden«, um dann zu schließen, »Hutcheson – Smith' Vorgänger auf dem Lehrstuhl für Moralphilosophie in Glasgow – ist in dieser Hinsicht Smith näher als dessen Freund und Lehrer Hume es wäre«[48]. In seiner klassischen Einleitung von 1904 zu *Wealth of Nations* hat Edwin Cannan umfangreich belegt, wie Smith bereits in der *Theory* eine explizite Kritik an Hutcheson entwickelt hat, die gerade auf das Argument gründet, daß dieser in seinem System dem persönlichen Interesse nicht genügend Bedeutung beigemessen habe und er den Ursachen unserer Anerkennung der bescheidensten Tugenden der »Vorsicht«, der »Wachsamkeit«, der »Bedachtsamkeit« etc. keine Aufmerksamkeit geschenkt habe[49]. In dieser Richtung scheinen sich andererseits außer Kaye selbst[50] alle neueren Autoren, darunter Macfie zu bewegen, die versucht haben, die Kontinuität der *Theorie der ethischen Gefühle* und des *Reichtum der Nationen* gegen die vielleicht traditionellere These, die zwischen diesen beiden Werken einen antithetischen Gegensatz sah, zu betonen[51]. All dies zugegeben, einschließlich der Notwendigkeit, daß wir unsererseits diese Frage weiter vertiefen müßten, bleibt, wie wir meinen, die Tatsache bestehen, daß die Polemik Smith mit Mandeville in der *Theory* recht schwach ist und dies, wie wir sehen werden, weil sie am Ziel vorbeischießt.

»Es ist der große Trugschluß von Dr. Mandevilles Buch«, schreibt Smith[52], »daß es jeden Affekt als durchaus lasterhaft hinstellt, der, wenn er in einem gewissen Grade und in einer gewissen Richtung auftritt, allerdings lasterhaft ist. So kommt es, daß er alles als Eitelkeit behandelt, was irgendeine Beziehung auf die Empfindungen anderer in sich enthält, sei es, wie diese nun wirklich sind, oder wie sie sein sollten; und mittels dieses Sophismas begründet er seinen Lieblingsschluß, daß die Laster des einzelnen Wohltaten für die Allgemeinheit seien. Wenn Prachtliebe, wenn Geschmack an den Künsten der Eleganz und der verfeinerten Kultur des menschlichen Lebens, an allem, was angenehm und bequem ist von Kleidung, Hausgerät oder Einrichtung, wenn Geschmack an der Baukunst, an Bildhauerei, Malerei und Musik als Schwelgerei, Sinnlichkeit und Prahlerei angesehen werden müßten, und zwar auch bei solchen Menschen, deren Situation es ihnen erlaubt, diesen Neigungen ohne irgendwelche ungünstige Folgen nachzugeben, dann ist es sicher, daß Schwelgerei, Sinnlichkeit und Prahlerei Wohltaten für die Allgemeinheit sind; da ja ohne diese Eigenschaften – denen er solch schimpfliche Namen beizulegen für richtig findet – die höheren Künste niemals irgendeine Ermunterung finden könnten und aus Mangel an Beschäftigung dahinschwinden müßten. Gewisse populäre asketische Lehren, die vor seiner Zeit im Umlauf gewesen waren, und welche die Tugend in die vollständige Ausrottung und Vernichtung aller unserer Affekte setzten, waren die wahre Grundlage dieses Systems, welches jede sittliche Bindung aufhob. Es war für Dr. Mandeville leicht, zu beweisen, erstens, daß diese vollständige Besiegung der Affekte sich tatsächlich niemals unter Menschen findet, und daß zweitens, wenn es möglich wäre, daß sie allgemein verwirklicht werden würde, dies für die Gesellschaft verderblich wäre, da es allem Handel und Gewerbefleiß, ja, in gewissem Sinn sogar dem ganzen Getriebe des menschlichen Lebens ein Ende setzen müßte.« Es stimmt, daß Smith wenig später anerkennt, daß nach allem irgendetwas Wahres oder der Wahrheit nahekommendes im System Mandevilles doch vorhanden sein muß: »so zerstörerisch auch ein solches System erscheinen mag, hätte es doch niemals das Aufsehen einer so großen Zahl von Personen erregen, ein so allgemeines Gefühl von Beunruhigung unter denen, die Freunde der besten Grundsätze sind, hervorrufen können, wenn es nicht in mancher Hinsicht die Wahrheit gestreift hätte[53].« Und dennoch bleiben wir dabei, Joan Robinson Recht zu geben, wenn sie bemerkt, daß »nach Mandevilles scharfer Satire« Smith' Antwort »matt und kraftlos« klingt[54]. Sie ist gewiß nicht aus stilistischen oder literarischen Gründen schwach, fügen wir hinzu, sondern von der Substanz her.

Gegen Mandeville verbreitet sich Smith darüber zu zeigen, daß die Leidenschaften oder die individuellen *Interessen* nicht immer und nicht notwendig *Laster*, nämlich die *Interessen der anderen verletzende* Leidenschaften sind. An und für sich genommen ist an diesem Argument nicht das mindeste auszusetzen. Es ist in der Tat klar, daß niemand sich je vernünftigerweise vornehmen könnte, die Interessen der Individuen eliminieren zu wollen, d.h. ihre Leidenschaften auszulöschen. »Die Stimme des Eigennutzes ist unter den Wilden ebenso stark wie bei uns«, gibt Rousseau selbst zu. Was Smith jedoch nicht sieht, ist, daß die Ausführungen der *Bienenfabel* – unabhängig von dem Grad an historischem Bewußtsein, den Mandeville selbst besitzen konnte – nicht von den individuellen Interessen und Leidenschaften *im allgemeinen* handeln (d.h. gleich, welches auch immer die Gesellschaftsform wäre, in der sie sich entwickelten), sondern von den persönlichen Interessen und Leidenschaften in einer historisch bestimmten Gesellschaft, in der sich die Individuen *untereinander in Konkurrenz* befinden. Interesse und Leidenschaft des Individuums, die – überall dort, wo eine fest verbundene Gemeinschaft besteht (Rousseaus »Wilde« oder Marx' »Urkommunismus«) – nicht nur niemanden schädigen, sondern sich vielmehr in einen Vorteil für die anderen übersetzen können, werden unvermeidlich zu etwas anderem, wenn diese Gemeinschaft nicht besteht und die *Konkurrenz* herrscht. Das persönliche Interesse macht in beiden Fällen seine starke Stimme geltend, aber, wie Rousseau bemerkt, »il ne dit pas les mêmes choses« (»sagt sie nicht die gleichen Dinge«). In dem einen Fall ist das Interesse des Individuums, da homogen und solidarisch mit den Interessen der anderen, nur *ein* Aspekt oder ein besonderer Ausdruck des *Gesamtinteresses:* in dem anderen Fall, dagegen, wo diese »Gemeinschaft« nicht besteht, ist es ein Interesse, das sich, da es mit denen der anderen kollidiert, nur unter der Bedingung verwirklichen läßt, letztere zu verletzen, d.h. in Wirklichkeit als Immoralität und Schaden zu wirken.

Sicher kann sich, wer reich ist, angenehme Kleidung, Einrichtung u.a. beschaffen – wie Smith sagt, ohne daß dies als »Prahlerei« und »Luxus« erscheinen müßte. Aber das Problem besteht ja gerade darin, zu sehen woher dieser Reichtum stammt. Und da, wie Smith selbst zugibt, »in einem zivilisierten Land [. . .] die Armen für sich selbst und für den ungeheuren Luxus ihrer Herren (sorgen)« und »die Rente, die dazu dient, den Prunk des trägen Grundherrn zu bestreiten, [. . .] ganz durch den Fleiß des Bauern gewonnen (wurde)«, scheint schwerlich bestreitbar, daß dieser Reichtum, selbst wenn er zu solch ehrlichen Freuden bestimmt ist, *Laster* ist, da er den Ruin und die Unterdrückung der anderen zu seiner Voraussetzung hat.

Die »bürgerliche Gesellschaft« ist die Gesellschaft der freien Konkurrenz. In dieser gesellschaftlichen Verfassung, schrieb Kant, der doch ein begeisterter Anhänger der »bürgerlichen Gesellschaft« war, »ist doch die *Tierheit* früher und im Grunde mächtiger als die reine *Menschheit* in ihren Äußerungen und das zahme Vieh ist nur durch *Schwächung* dem Menschen nützlicher als das wilde. Der eigene Wille ist immer in Bereitschaft, in Widerwillen gegen seinen Nebenmenschen auszubrechen, und strebt jederzeit, seinen Anspruch auf unbedingte Freiheit, nicht bloß unabhängig, sondern selbst über andere ihm von Natur gleiche Wesen Gebieter zu sein[55].« (Hervorhebungen L. C.)

Nun scheint uns, daß gerade diese Tierhaftigkeit oder Animalität dasjenige ist, was Mandeville – »ehrlicher Mann und heller Kopf« – mit Verwunderung (und vielleicht auch mit einer Spur ästhetischer Genugtuung) im Angesicht jenes außergewöhnlichen Schauspiels (weit außergewöhnlicher als das plötzliche Auftauchen eines Atolls im Pazifik) festgestellt hat, das die volle Entfaltung der neuen Gesellschaft war: ein Phänomen, das er mit der verwunderten »Naivität« dessen wahrnahm, der die Dinge zum ersten Mal sieht und mit Aufrichtigkeit von ihnen berichtet, womit er sich – auch von seiten Smith' – die Anschuldigung zuzog, ein »zügelloses« Prinzip geschaffen zu haben.

Daß Smith' Kritik übrigens in dieser Hinsicht am Ziel vorbeitrifft, wird durch eine genaue Tatsache bewiesen, nämlich dadurch, daß er, wo er aufhört, die Interessen und menschlichen Leidenschaften *im allgemeinen* zu erörtern, um zu einer direkteren Untersuchung der Beziehungen der Individuen untereinander in *dieser* Gesellschaft überzugehen, wie es im *Reichtum der Nationen* und hier vor allem an den der freien Konkurrenz gewidmeten Stellen geschieht, nicht davon absehen kann, zu Mandeville zurückzukehren (wie Cannan und viele weitere Autoren[57] in bezug auf den Passus über den Brauer, den Bäcker usw. bemerkt haben), höchstens daß er den ungezügelten Individualismus Mandevilles und seinen »naturalistischen« Wettstreit der Egoismen um ein weniges abschwächt und mildert, indem er sie mit Hutchesons Prinzip der »Freiheit« umhüllt. So auch in dem berühmten Passus, in dem Smith schreibt, »das natürliche Bestreben jedes Menschen, seine Lage zu verbessern, ist, wenn es sich mit Freiheit und Sicherheit geltend machen darf, ein so mächtiges Prinzip, daß es nicht nur allein und ohne alle Hilfe die Gesellschaft zu Reichtum und Wohlstand führt, sondern auch hundert arge Hindernisse überwindet, mit denen die Torheit menschlicher Gesetze es nur allzu oft zu hemmen suchte[58].«

Der Unterschied zwischen Smith und Mandeville beginnt an diesem Punkt klar hervorzutreten. Für Mandeville ist die egoistische Handlungsweise des Menschen ein *Laster:* ein Laster, das er gegen die Hypokrisie und Bigotterie der Puritaner und Priester gewiß freudig feststellt, das aber dennoch ein Laster bleibt, zumindest in dem Sinne, daß ihm die miteinander konkurrierenden Individuen darauf bedacht scheinen, sich gegenseitig zu betrügen und zu übertölpeln. Für Smith dagegen gewinnt die egoistische Handlungsweise des Individuums (jener Handlungsweise, angesichts derer es, wie er selbst bemerkt, vergeblich wäre, an das »Wohlwollen« und die »Menschlichkeit« zu appellieren) tendenziell positiven Charakter und wird fast zu einer »Tugend«: gerade weil er bereits als sicher voraussetzt, daß das Individuum, wenn es sein eigenes *Privat*interesse verfolgt, an der Förderung des *Gesamt*interesses mitwirkt. Im ersten Fall bringen *negative* Größen ein positives Ergebnis hervor; im zweiten Fall entspringt das positive Resultat umgekehrt aus der Summe in sich selbst bereits *positiver* Teilfaktoren.

Die Konsequenz daraus verdient weiter vertieft zu werden. Mandeville, der nicht weiß und den es in gewissem Sinn nicht einmal interessiert zu wissen, wie das Schwarze weiß, das Böse Gutes wird, beschränkt sich darauf, die gegebene Situation festzustellen und liefert uns auf diese Weise ein *Paradox,* d.h., wie man dem Wörterbuch entnehmen kann, »eine Argumentation, die einen Widerspruch in sich enthält, der keine Lösungsmöglichkeit zu haben scheint«. Kurz, er liefert uns das *Problem,* ohne zu beanspruchen, uns auch die Lösung zu bieten, bereits zufrieden mit dem »Ärgernis« und der intellektuellen Provokation, die die einfache Benennung des Problems enthält. Smith dagegen (zumindest in dem Teil, in dem er sich von Mandeville abwendet) liefert uns – er ja! – eine regelrechte *Theorie der Harmonie* und das heißt, nicht den Widerspruch, sondern die *Lösung,* oder besser gesagt, eine Lösung ohne Problem, da es offensichtlich ist, daß wenn bereits die Teilfaktoren als positive zu betrachten sind (die »egoistischen Interessen«), auch ihre Summe nicht anders als positiv sein kann. Dies einerseits. Auf der anderen Seite dagegen, d.h. wo Smith unter dem Einfluß Mandevilles steht und sich an den *Widerspruch* hält, den dieser ausspricht, nimmt er das *Problem,* nämlich die widersprüchliche Natur der kapitalistischen Entwicklung in seine Analyse auf, mehr noch: er nimmt es nicht nur auf, sondern zergliedert und vertieft es (wenn er dann auch, was verständlich ist, häufig der Versuchung erliegt, dem Problem den *Schein* einer Lösung zu geben, indem er auf die »unsichtbare Hand« und die Intervention der Vorsehung rekurriert).

In einem Fall haben wir es mit dem Wissenschaftler Smith zu tun, in dem anderen mit dem Smith, der die »Harmonien« der »Vulgärökonomie« vorwegnimmt und vor allem den utilitaristischen Optimismus Benthams[59] mit seiner »Berechnung der Freuden und der Leiden« und der platten Apologetik des »größten Glücks der größten Zahl«. Was den ersten Aspekt anlangt, so erscheint Smith als der Erbe des entwickeltsten Zweiges des englischen Empirismus, des Zweiges, der von Hobbes herkommt[60]: jenes Hobbes, dem Mandeville nicht wenig verdankt. Was den zweiten Aspekt betrifft, so erscheint Smith – wie L. Stephen, wenn auch zu einseitig betont hat – als der Nachfolger Hutchesons, auf den genau die berühmte Wendung »the greatest happiness of the greatest number«[61] zurückgeht; und über Hutcheson – von Shaftesbury, dem Theoretiker jener Lehre von der »universellen Harmonie« (»Shaftesbury und Mandeville« – bemerkt Stephen richtig[62] – repräsentieren in ihrer reinsten Form die entgegengesetzten Tendenzen« der englischen Ethik des 17. Jahrhunderts), in der, ebenso wie der Mensch als ein Moment der kosmischen und göttlichen Totalität erscheint, kein Gegensatz zwischen »Interesse« und »Tugend« bestehen kann (Thus God and the Nature fixed the general Frame, and bad Self-love and social be the same«). Die Doktrin der »universellen Harmonie«, die – wie man weiß – Shaftesbury mit den Platonikern von Cambridge, das heißt mit den entschiedensten Gegnern Hobbes' verbindet[63].

Kurz: nicht zwei Theorien der »Harmonie«, sondern nur eine;

und dies, weil das »Paradox« Mandevilles – streng genommen – keine Theorie der »Harmonie« im eigentlichen Sinne enthält, sondern allenfalls ihr Gegenteil, wenn es stimmt – was wir uns zu zeigen bemüht haben –, daß dieses nicht nur lediglich ein Problem und nicht auch die Lösung ausspricht, sondern geradezu ein *unlösbares* Problem, nämlich, wie es möglich ist, unter Aufrechterhaltung der egoistischen Einzelinteressen, das Gesamtinteresse – unter Beibehaltung der Ungeselligkeit, die Gesellschaft zu erzielen. Dies ist genau das, was Myrdal, unserer Ansicht nach, richtig gesehen hat: daß die *Bienenfabel* keine Theorie der »Harmonie« anbietet (die immer aus der Leugnung von Interessengegensätzen entsteht), sondern vielmehr »das Verdienst, diese Harmoniekonstruktion schon früh bloßgestellt zu haben, [. . .] ohne Zweifel Mandeville (gebührt)«[64], – dem Mandeville, fügen wir hinzu, der nicht zufällig entschiedener Gegner Shaftesburys war. Dem Liberalismus zufolge, so ist, schreibt Myrdal, »wenn jemand sein Einkommen zu erhöhen strebt, [. . .] das gleichzeitig zum Nutzen für alle anderen. Er kann es nämlich nicht erhöhen, ohne daß er seinen Mitmenschen bessere und billigere Dienste anbietet als seine Konkurrenten«. Und er fährt fort, »Im klassischen Liberalismus erhält dieser Gedankengang einen fast religiösen Anstrich. Adam Smith hat ihm seinen unsterblichen Ausdruck gegeben in den ständig zitierten Worten, daß der ›einzelne von einer unsichtbaren Hand geführt wird, ein Ziel zu verwirklichen, das nicht Teil seiner Absichten war‹.« Mandeville hat dagegen in seiner Schrift »die Harmonienlehre in dieser ihrer uneingeschränkten Form in der englischen Moralphilosophie unmöglich gemacht«, indem er den Interessenkonflikt klar herausgestellt hat, als er schrieb »Das Erwerbsstreben hat jedoch seine Wurzel in einer Serie unmoralischer Eigenschaften: Machtbegehren, Ehrgeiz, Genußstreben usw.[65].«

Ökonomie und Ethik lassen sich also in dieser Gesellschaft nicht in Einklang bringen. Das Privatinteresse läßt sich nicht mit dem Gesamtinteresse (oder den Interessen der anderen) vereinbaren, sondern widerspricht ihm. Und da der Vorteil, die Befriedigung seines Interesses und seiner Leidenschaften des einen, sich nicht ohne Schaden und Verderb für den anderen verwirklichen läßt, scheint uns das mindeste, was sich sagen läßt, mit Joan Robinson zu erkennen: »In Wirklichkeit bekam Mandeville niemals eine Antwort« und daß unsere (bürgerliche) Moral, mehr als zwei Jahrhunderte später immer noch »schief« ist[66]. Dies ist das Wenigste!

Das Höchstmaß dagegen wäre anzuerkennen, daß Mandevilles Paradox – nämlich seine These, daß das Gute aus dem Bösen entsteht und der »sicherste Reichtum aus einer Menge arbeitssamer Armen besteht« – ein Paradox ist und immer bleiben wird, d.h. ein *rational* nicht lösbares Problem, wenigstens bis zu dem Tage, an dem man sich entscheidet, es ... *praktisch* zu lösen.

In Kants *Antropologie in pragmatischer Hinsicht* gibt es eine Bemerkung, die uns wegen ihrer Intelligenz und ihres Scharfblicks bewundernswert erscheint. »Man darf eben nicht«, schreibt Kant, »die hypochondrische (übellaunige) Schilderung, die Rousseau vom Menschengeschlecht macht, das aus dem Naturzustande herauszugehen wagt, für Anpreisung wieder [...] in die Wälder zurück zu kehren, als dessen wirkliche Meinung annehmen, womit er die Schwierigkeit für unsere Gattung, in das Gleis der kontinuierlichen Annäherung zu ihrer Bestimmung zu kommen, ausdrückte[67].« Und wenig später, wo er von den Übeln spricht, die Rousseau in seinem Werk anprangert, stellt Kant fest: »die *Zivilisierung,* durch Ungleichheit und wechselseitige Unterdrückung«[68].

Dies ist, wenn man es recht bedenkt, eine Formulierung, die alles enthält: den Fortschritt durch die Ausbeutung; die Entwicklung der Wissenschaft und der Technik durch die Lohnarbeit; die Schaffung von Reichtum und Wohlstand aus dem und durch das Elend; die Entwicklung der Kultur auf der Grundlage der Unwissenheit und der Dummhaltung der Massen. Es ist dies in einem Wort, das Paradox Mandevilles (das bei Rousseau natürlich kein Grund zur Verherrlichung, sondern für Abscheu ist): der Ausdruck (noch in allgemeinster Form und dennoch treffend) des antagonistischen Charakters der Akkumulation und der Entwicklung unter den Bedingungen der Konkurrenzgesellschaft.

Rousseau, der als erster dieses Paradox in seiner »rationalen« Unlösbarkeit erfaßt hatte, blieb davon am Ende selbst überwältigt. Marx dagegen, der später und somit unter günstigeren historischen Umständen dazu gelangte, konnte die ursprüngliche Intuition vertiefen. Die kapitalistische Akkumulation hat einen antagonistischen Charakter. Sie ist ein Gewirr von Widersprüchen, die die Entwicklung des Kapitalismus nicht überwindet. Doch wenn er sie auch nicht überwindet, so schafft er dennoch die »Form, innerhalb derer sie sich bewegen können«.

Der Sinn dieser Ausführungen scheint uns klar. Trotz der Ungleichheit und gegenseitigen Unterwerfung, ist der Kapitalismus

Entwicklung, *Zivilisierung*. Der Kapitalismus ist ein Fluß, der sich sein Bett zu graben versteht. Mandeville und Smith, die ihn feiern, haben also irgendwie Recht. Andererseits stimmt jedoch auch, daß der Kapitalismus nur *durch Ungleichheit* und *Unterdrückung* Zivilisierung ist und er daher kein Fortschritt ist, der den Menschen humanisiert, sondern vielmehr seine Tierhaftigkeit und animalische Natur verstärkt.

Diese beiden Aspekte des Widerspruchs nun, zusammen gedacht, ermöglichen es uns, sowohl die intellektuelle Faszination zu verstehen, die die *Bienenfabel* und der *Reichtum der Nationen* noch immer auf uns ausüben, als auch zu begreifen, warum sie uns dennoch unbefriedigt und moralisch tief beunruhigt lassen. Das bedeutet nicht nur, daß das moderne »moralische Bewußtsein« sich eher an Rousseaus *Diskurs* halten muß, als an jene Werke, wenn es sein »Schielen« heilen will, sondern daß es, will es die Behandlung gründlich zu Ende führen und gleichzeitig mit dem Verständnis der realen Situation unterstützen, vom *Diskurs* zum *Kapital* übergehen muß, um dann am Ende schließlich seine volle Erfüllung nicht länger in der Kontemplation, sondern in der »umwälzenden Praxis« zu finden.

Anmerkungen

1 Smith, A., *A Letter to the Author of the Edinburgh Review.* In: »The Works of Adam Smith« (in five volumes). Reprint of the edition 1811–1812, edited by Dugald Stewart, Aalen 1963, Bd. V, S. 567–584.
2 Ebda., S. 577/78
3 a.a.O.
4 a.a.O.
5 a.a.O., S. 578
6 Mandeville, B., *The fable of the Bees: or, Private Vices, Publick Benefits,* with a Commentary critical, historical, and explanatory by F. B. Kaye, Oxford 1924 (lithographische Reproduktion 1966), Vol. I, S. XLVII
7 Kaye, F. B., a.a.O., S. LIII
8 Ebda., S. LVI
9 Das in diesem Sinn klassische Werk ist das von E. A. J. Johnson, *Predecessors of Adam Smith (The Growth of British Economic Thought),* New York 1937 und 1965. Zu J. Stewart ist interessant der kritische Aufsatz von R. L. Meek, *The Rehabilitation of Sir James Stewart.* In: ders., *Economics and Ideology and Other Essays (Studies in the Development of Economic Thought),* London 1967.
10 Viner, J., *Studies in the Theory of International Trade,* London 1937. Colletti zitiert aus der unvollständigen italienischen Übersetzung, in der diese Arbeit zusammen mit *International Economics* und *International Trade and Economic Development* unter dem Titel J. Viner: *Commercio internazionale e sviluppo economico,* Turin 1968, veröffentlicht wurde.
11 Ebda., S. 97
12 Ebda., S. 99
13 a.a.O., wo Viner in bezug auf Malynes bemerkt, »in Extremfällen gewann die Anklage gegen die Händler allgemeinen Charakter, und die Überzeugung, die Händler seien einzig durch ihr egoistisches Interesse geleitet, liegt der wichtigen merkantilistischen Lehre von der Notwendigkeit einer staatlichen Regulierung des Handels zugrunde.« Zu Gerard dé Malynes vgl. auch: E. A. Johnson, a.a.O., S. 41–54
14 Tawney, R. H., *Religion und Frühkapitalismus – Eine historische Studie,* Bern 1946, S. 260
15 Ebda., S. 261
16 Ebda., S. 195 f.
17 Mandeville, B., *The Fable of the Bees,* a.a.O. II, S. 141
18 Macfie, A. L., *The Individual in Society (Papers on Adam Smith),* London 1967, S. 116
19 Viner, a.a.O., S. 105. Siehe auch: Kaye, a.a.O., S. CXXXIX–CXL–CXLI.
20 Marx, K., Das Kapital, Bd. 1, MEW 23, S. 375
21 Smith, A., *The Wealth of Nations,* edited by Edwin Cannan, London 1904 und London 1961, Vol. I, S. 7 in der Anmerkung.
22 Kaye, a.a.O., S. CXXXV
23 Ebda., S. CXXXVI, wo Kaye unter anderem an den bereits bekannten Einfluß Mandevilles auf Rousseau erinnert (vgl. dazu: *Le Mondain* und *Défende du Mondain ou l'Apologie du Luxe*).
24 Siehe Schumpeter, J. A., *History of Economic Analysis,* New York 1954, S. 324/5 in der Anmerkung.

25 Vgl. Johnson, *Predecessors of Adam Smith,* a.a.O., S. 295 ff, wo auch Humes kritische Position gegenüber Mandeville dargestellt wird. Jedoch siehe man auch das gesamte, recht beachtliche Kapitel *Idleness and Luxury.*
26 Um dies zu beweisen, genügte es bereits, auf die Unbestimmtheit hinzuweisen, die der Begriff der »produktiven Arbeit« bei Mandeville noch hat (der nicht mit dem Begriff der »Arbeitsproduktivität« verwechselt werden sollte), eine Unbestimmtheit, auf die auch Marx aufmerksam macht.
27 Vgl. hierzu: Johnson, a.a.O., Kap. XIII *(»Art« and »Ingenious Labour«)* S. 259–77
28 Dobb, M., Entwicklung des Kapitalismus. Vom Spätfeudalismus bis zur Gegenwart. Köln/Berlin, 1970, S. 221
29 Vgl. Cropsey, J., *Politics and Economy (An Interpretation of the Principles of A. Smith),* Den Haag 1957, S. 94 f.
30 Marx, Das Kapital, a.a.O., 23. Kapitel, S. 640 ff.
31 Ebda., S. 641 f.
32 Für die von Marx zitierten Abschnitte aus Mandeville vgl. die von Kaye herausgegebene engl. Ausgabe der *Bienenfabel,* Vol. I, S. 193–4 und Vol. II, S. 287.
33 Marx, Das Kapital, a.a.O., S. 643
34 a.a.O.
35 Ebda., S. 675
36 Ebda., S. 677
37 a.a.O.
38 Kant, I., *Kritik der Urteilskraft,* Hrsg. von Otto Buek, Werke Bd. V, Berlin 1914, S. 512
39 Kant, I., *Antropologie in pragmatischer Hinsicht,* Zweiter Teil, hrsg. von W. Weischedel, Werke Bd. 10, Darmstadt 1970, S. 684
40 Ebda., S. 687
41 Kaye, a.a.O., S. LXIX–LXX
42 Tawney, a.a.O., S. 268
43 Ebda., S. 267 und S. 269
44 Ebda., S. 272
45 Schumpeter, J. A. *Grundriß der Sozioökonomik* Bd. I, Tübingen 1914, S. 52
46 Vgl. Thijssen-Schouten, C. L., *La diffusion européenne des idées de Bayle.* In: P. Bayle, *Le philosophe de Rotterdam,* Etudes et documents publiés sous la direction de P. Didon, Paris 1959, S. 157 sowie auch: Kaye in dem *Index th the Commentary.*
47 Stephen, L., *History of English Thought in the Eighteenth Century,* London 1962 (das Werk ist jedoch aus dem Jahre 1876), vol. II, S. 65, wo Stephen über den Smith der *Theory* schreibt: ». . . wenn wir seine üppige Rhetorik lesen und bemerken, wie leicht er die bereits von seinem Lehrer Hume liquidierten theologischen Grundsätze akzeptiert, so ist es unmöglich, sich des Eindrucks zu erwehren, daß wir nicht einen Denker vor uns haben, der sich wirklich mit einem schwierigen Problem auseinandersetzt, sondern vielmehr einen ehrgeizigen Professor, der eine prächtige Gelegenheit gefunden hat, um seine meisterhafte Redefertigkeit zu entfalten und brillante Lektionen abzuhalten.«
48 Ebda., S. 50
49 Einleitung von E. Cannan zu A. Smith, *The Wealth,* a.a.O., S. XLII.
50 Kaye, a.a.O., S. CXLI und S. CXLII in der Anmerkung

51 Für einen kurzen Hinweis auf diese Frage siehe: Bagolini, L., *La simpatia nella morale e nel diritto,* Bologna 1952, S. 95 ff., außerdem natürlich auch das alte, jedoch immer noch verdienstvolle Buch von Limentani, L., *La morale della simpatia,* Genova 1914, S. 187 ff.
52 Smith, A., *Theorie der ethischen Gefühle,* 2. Bd., hrsg. von W. Eckstein, Leipzig 1926, S. 520/1
53 Ebda.,
54 Robinson, J., *Doktrinen der Wirtschaftswissenschaft. Eine Auseinandersetzung mit ihren Grundgedanken und Ideologien,* München 1965, S. 27
55 Kant, Antropologie, a.a.O., S. 681/2
56 Cannan, a.a.O., S. XLVI
57 Unter diesen auch kürzlich: Macfie, *The Individual in Society,* a.a.O., S. 116
58 Smith, A., *Der Reichtum der Nationen* (Nach der Übersetzung von Max Stirner und der englischen Ausgabe von Cannan (1904), hrsg. von Dr. Heinz Schmidt, 2 Bde., Leipzig 1910, 2. Bd., S. 69
59 Über die Beziehung zwischen Bentham und Smith vgl. Halévy, E., *La formation du radicalisme philosophique,* Vol. I *(La Jeunesse de Bentham)* Paris 1901, S. 159–219. Zum Überleben der »Theorie der Harmonie« bei Ricardo vgl. Vol. III, S. 19 ff. Was die Beziehung Smith-Mandeville angeht, so ist Haléys Ansatz zu diesem Problem folgender: »La doctrine économique d'Adam Smith, c'est la doctrine de Mandeville, exposée sous une forme non plus paradoxale et littéraire, mais rationnelle et scientifique; le principe de l'identité des intérêts n'est peut-être pas un principe vrai à l'exclusion de tous les autres, mais c'est un principe d'application constante – générale sinon universelle – en matière d'économie politique« (Vol. I, S. 162) (Die ökonomische Doktrin Adam Smith' ist Mandevilles Doktrin, nicht länger in einer paradoxalen und literarischen, sondern in einer rationalen und wissenschaftlichen Form dargelegt; das Prinzip der Interessenidentität kann kein Prinzip sein, das unter Ausschluß aller anderen Prinzipien stimmt, aber es ist ein Prinzip, das in der Materie der politischen Ökonomie konstante Anwendung findet).
60 Vgl. Jonas, F., Geschichte der Soziologie, 1. Bd., Hamburg 1968, S. 99
61 Stephen, a.a.O., II, S. 51
62 Ebda., S. 67
63 Vgl. Cassirer, E., Die platonische Renaissance in England und die Schule von Cambridge, Leipzig/Berlin 1932
64 Myrdal, G., Das politische Element in der nationalökonomischen Doktrinbildung, Hannover 1963, S. 38. Auf S. 37 hatte Myrdal bereits hervorgehoben, was unserer Ansicht nach der wesentliche Punkt ist, nämlich, daß in der Doktrin der »Harmonie« »die Möglichkeit von Interessenkonflikten ganz einfach ignoriert wird«.
65 Ebda., S. 39
66 Robinson, a.a.O., S. 28
67 Kant, Antropologie, a.a.O., S. 680
68 a.a.O.

Lucio Colletti

Hegel und der Marxismus

Ullstein Buch 3171

ein Ullstein Buch

Inhalt: Vorwort / Hegel und die »Dialektik der Materie« / Hegel und Spinoza / Der dialektische Materialismus und Hegel / Hegel und die »Widerspiegelungstheorie« / Hegel und der Skeptizismus / Skepsis gegen die Materie und Skepsis gegenüber der Vernunft / Cassirer über Kant und Hegel / Kant, Hegel, Marx / Hegel und Jacobi / Von Bergson zu Lukács / Der Begriff der »gesellschaftlichen Produktionsverhältnisse« / Die Idee der »christlich-bürgerlichen« Gesellschaft / Anmerkungen. Erstmals in deutscher Sprache

Geschichte der Philosophie

Herausgegeben von
François Châtelet

ein Ullstein Buch

Band I
Die heidnische Philosophie
Ullstein Buch 2991

Band II
Die Philosophie des Mittelalters
Ullstein Buch 3014

Band III
Die Philosophie der Neuzeit
Ullstein Buch 3040

Band IV
Die Aufklärung
Ullstein Buch 3063

Band V
Philosophie und Geschichte
Ullstein Buch 3084

Band VI
Die Philosophie im Zeitalter von Industrie und Wissenschaft
Ullstein Buch 3112

Band VII
Die Philosophie der Sozialwissenschaften
Ullstein Buch 3135

In Vorbereitung
Band VIII
Das XX. Jahrhundert
Ullstein Buch 3170

Thomas Hobbes

Leviathan oder Stoff, Form und Gewalt eines bürgerlichen und kirchlichen Staates

Herausgegeben
und eingeleitet von
Iring Fetscher

Ullstein Buch 3240

ein Ullstein Buch

Thomas Hobbes' »Leviathan« von 1651 hat seit seinem Erscheinen die gesamte Gelehrtenrepublik Europas in seinen Bann geschlagen. Auch heute noch wird der »Leviathan« beschworen, wenn es um das Verhältnis von Freiheit und Zwang im Staate, um Rechte und Pflichten der Bürger und der Obrigkeit, kurz um die vernünftige Ordnung eines Gemeinwesens geht.

Inhalt: Iring Fetscher: Einleitung · Thomas Hobbes: Leviathan (Einleitung) · Teil I: Vom Menschen · Teil II: Vom Staat · Teil III: Vom christlichen Staat · Teil IV: Vom Reich der Finsternis · Literaturverzeichnis · Sach- und Personenregister.